JN041927

〈超個人主義〉の逆説

AI社会への憲法的警句

山本龍彦
Tatsuhiko Yamamoto

弘文堂

はしがき

人工知能（ＡＩ）の進化を伴う情報技術の加速度的発展は、しばしばかつての産業革命と比較される。確かに、蒸気機関の開発を軸としたその「革命」は、経済構造だけでなく社会構造をも大きく変えるものであった。この点で、近時の情報技術の発展と比較するのに相応しいもののように思える。

しかし、本当にそうなのだろうか。例えば、蒸気機関という「技術」は、人間の心を覗けるものではない。また、人間の心を操作できるものでもない。蒸気機関の開発というイノベーションは、あくまでも我々のフィジカルな営みに作用する動力源に関するものだったからである。かくして、18世紀半ばから19世紀に起こったこの革命は、人間の〈思考〉様式ではなく、人間の〈行動〉様式に直接の影響を及ぼしたものと言うことができる。

情報技術の発展は、違う。個人データとアルゴリズムにより個人の属性を詳細に分析するプロファイリングは、本人すら気づかない心の奥底の認知過程（cognitive process）を透明化しつつある。最近では、脳画像にもとづき、ＡＩが人間の思考を的確に予測できるようにもなっている（日本経済新聞２０２３年5月2日「脳内の言語文字化するＡＩ、米大学開発」）。また、ＣｈａｔＧＰＴ等の対話型生成ＡＩは、我々の意思決定プロセスや「考え方」それ自体を大きく変容させるものとなろう。戦争が、ＡＩを用いた偽情報等の戦略的・組織的拡散によって人間の認知領域を制する「認知戦（cognitive warfare）」へと重点を移しつつあるという事実は、近時の情報技術の特徴を象徴的に表している。

　そう。近時の情報技術の発展は、産業革命や（生成ＡＩの活用に躍起な政治家がしばしば援用する）自動車の開発・普及などと異なり、人間の外面的な行動ではなく、内面的な精神作用に直接働きかけるものなのである。あえて「革命」という名を使うならば、ＡＩの発達を伴う情報革命の本質は、それが人間精神の革命たるところにある。

　これと同様の経験を探すならば、我々は18世紀ではなく、15・16世紀まで遡らなければならない。今から約５００年以上前のこの時期、ヨーロッパでルネサンスが広がり、そして宗教改革が起きた。ここで経験したのは、〈我々〉自身が決めない世界——他者としての〈神〉が決める世界——から、〈我々〉自身が決める世界への、意思決定主体ないし意思決定プロセスの本質的な転換である。ルネサンス以前には、ヨーロッパ人の記憶の中から、かつてアリストテレスが強調した人間理性は忘却されており、個人の自己決定およびその集積であるところの民主的決定は否定的に捉えられた。カトリック教会ないし神学が支配する中世的世界において、アダムが自らの決定において木の実を食したことで人間は原罪を負ったとされ（アウグスティヌス）、人間はただひたすら神の決定に従うべき受動的存在とされた。もっとも、おそらくは自然言語で思考しない神は、〈解釈者〉を必要とするはずで、より正確に言えば、我々は「主権者」たる神だけでなく、その解釈者たる教会の「決めた」ことに従う世界の中にいた、ということになろう。いずれにせよ、この世界で、我々の「こころ」は、決して自由ではなかった。

この抑圧的精神構造を転換させたのが、15・16世紀に起きたルネサンスであり、宗教改革であった。前者において、人間の理性を探求する「哲学」（人文主義（ヒューマニズム））が、神学からその支配的地位を奪い、理性にもとづく個人の自己決定と、その集積たる民主的決定の価値が——古代ギリシア以来久々に——復活した。また後者において、ルターによる言語的解放（一般市民にとって読解困難であったラテン語聖書の翻訳）などにより、〈解釈者〉たるカトリック教会の独占的地位が揺らぎ、聖書解釈権が個人にも分配されたことで、意思決定主体としての〈個人〉の地位が飛躍的に向上した。こうした精神史的なパラダイム変化を受けて、やがて近代という時代が幕を開けるのである。

したがって、この「近代」と呼ばれる時代は、宗教的寛容に由来する個人の「こころ」の自由（良心の自由）、人文主義に基礎を持つ個人の自己決定権（いわゆる自由意思）、個人の自由を前提とした民主的決定（国民主権）をとにかく重視する。それは、15・16世紀に生じた精神的革命の成果、すなわち、神から人間へという主権者の変更、「〈我々〉が決めない世界」から「〈我々〉が決める世界」へという意思決定のあり方に関する構造転換を保存し、中世的帰結としての宗教戦争——「血で血を洗う」戦争——を繰り返さないようにするためである。かくして、約５００年前の革命の成果は、「近代立憲主義」として定式化され、「（近代）憲法」というかたちで刻印されることになる。

我々がいま目撃している情報技術の加速度的発展が引き起こしつつあるのは、２００年ぶりの産業の革命ではない。500年ぶりの精神の革命である。もちろんそれは、約500年前に起きたその精神的革命を刻印した近代憲法ないし近代立憲主義への挑戦という意味を持つ（詳細は、拙稿「デジタル化と憲法（学）――〈civitas terrena〉と〈civitas dei〉」自治研究99巻4号〔2023年〕）。先述のように、確かにAIを含むテクノロジーは、プライバシーなる概念を過去のものにし、我々の認知過程を透明化し、我々の「こころ」をハッキングし得る。それは、意思決定の主体を、〈個人〉ないしその集合体としての〈我々〉から、再び〈他者〉の手へと譲り渡す契機にもなり得よう。その〈他者〉とは誰か。今回は、神ではない。AIないしアルゴリズムと、その〈解釈者〉たるプラットフォーマーである。かつて精神的革命の震源地となったヨーロッパでは、これを反革命だと捉え、近代立憲主義の危機と捉えるからこそ、AIの開発や利活用にあたって、声高に「人間中心」を叫び、個人の自律性とプライバシー、さらには民主主義にプライオリティを置くのである。

では、日本はどうか。我々は、先述のような革命史を持たない。だから、内閣府が「人間中心のAI社会原則」（2019年）を打ち立てても、「人間中心」の意味を表層的にしか理解できない。それは、個人情報保護の問題を「基本的人権」の問題として意識することが困難であったこと（未だ困難であること！）と似ている。しかし、我々は、国体思想の下で「こころ」がハッキングされた歴史を持ち、思想・良心の自由をわざわざ明文化した日本国憲法を持っている（憲法19条参照）。だとすれば、情報技術の加速度的発展がもたらす精神構造への影響や近代立憲主義へのリスクを、もっと真剣に考えてよいはずである。

とはいえ、データやＡＩがよりよい世界――より効率的で合理的な世界――を構築してくれるならば、「〈我々〉が決める世界」にこだわるべきではないとの批判も、十分にあり得るだろう。事実、アカデミアの世界では、ルネサンス期に人文主義が神学からその主導的地位を奪ったように、情報科学（データサイエンス）が人文主義からその地位を奪いつつある。この学問上の布置転換が真に成就したとき、「〈我々〉が決めない世界」――ＡＩやプラットフォーマーが決める世界――は、人間にとっての危機ではなく、その進化のための好機として広く認識されることになろう。先述の革命史を持たない日本では、こうした理解はそれなりに受容されるようにも思われる。しかし、もしそうした「世界」を実現しようとするならば、個人の「こころ」の自由（憲法19条）を保障し、その自律的・主体的な意思決定（13条）を尊重し、国民主権（前文）を高らかに宣言する日本国憲法を大きく改正する必要がある（憲法改正の限界という論点はここでは措いておく）。加えて、その改正権を有するのは、現行憲法上は、まだ我々国民であるとされている。とすれば、テクノロジーをとことんまで加速させ、人間を次の発展段階に引き上げるべきとする加速主義者も、その主権者国民のひとりとして、情報技術と現行憲法との関係について知っておく必要があるように思われる。

本書は、憲法の研究を生業とする筆者が、近時の情報技術の発展が憲法の基本的価値に及ぼす影響について考察し、憲法と調和的な技術利用のあり方を思索した足跡を記録した論文集である。序論には、ＡＩの進化を含む情報技術と憲法との関係を総論的に考察した小論をあてた。第Ｉ部には「個人の尊重」原理との関係、第Ⅱ部にはプライバシー・個人データ保護との関係、第Ⅲ部には表現の自由との関係、第Ⅳ部にはＡＩの〈解釈者〉たるプラットフォーム権力との関係を検討した論稿やエッセイを収録した。

なお、本書のタイトル（『〈超個人主義〉の逆説』）と同じ副題を持つ論稿は、第Ⅰ部の冒頭に収めた。この論稿は、ＡＩ・アルゴリズムが行う「個別化（personalization）」（個人向け最適化）は、一見、個人に寄り添うもののように思えるが、個人を「確率」にもとづき自動的に分類・選別するといった側面があり（セグメンテーション）、かえって個人の尊厳（dignity）を否定することに連なるのではないか、という問いを提起したものである。一部のデータサイエンティストが夢見る「個人主義」は、近代立憲主義の要諦である「個人の尊厳」原理とむしろ矛盾し得る。こうした問題意識は本書全体を貫くものでもあるため、同論稿の副題を本書のタイトルとして使用したわけである。かくして、その他の所収論文も、個人の尊重・尊厳をはじめとする日本国憲法の価値観が強く意識されているが、先述のとおり、そもそも近代立憲主義は神学と人文主義との相克の歴史を切り取ったものであるから、本書を、データサイエンスに対する人文主義的応答の記録としてお読みいただくこともできるだろう。

繰り返すが、本書は、憲法研究者によって書かれたものである。したがって、本書全体を通じて、現行憲法の枠内でＡＩ等の情報技術を利用することを主張しているが、ＡＩをより自由に、加速度的に発展させるために憲法を改正してその枠を取り除くべきだという見解を否定するものではない。しかし、現行憲法がなお憲法として存在している以上は、それが保障する基本的価値を、技術革新の「天井」としてまずは把握しておくべきだろう。近代立憲主義を乗り越えようという加速主義者も、まずは本書で示したような憲法上の課題について理解し、近代立憲主義を乗り越えた先にいかなる世界が広がるのかを、先に述べた精神的革命史にも想到しつつ、具体的に構想してほしい。そこに、対話のチャネルが開かれるはずである。

本書は、佐藤太樹氏（慶應義塾大学大学院法学研究科博士課程）、筆者のゼミのＯＢである北澤誠己氏（慶應義塾大学大学院法務研究科修了）、相馬諒太郎氏（東京大学法科大学院）による――ＡＩ以上に（？）――適確な校正作業、弘文堂の登健太郎氏の粘り強い編集作業がなければ世に出ることはなかった。記して感謝申し上げる。また、本書は既出の論稿および対談等を最小限の加筆・編集の上まとめたものであるが、それらの転載をご快諾いただいた各出版社、対談相手である鈴木正朝氏（新潟大学法学部教授）、曽我部真裕氏（京都大学大学院法学研究科教授）にも深く感謝の意を表したい。

２０２３年９月

山本　龍彦

目次

第Ⅱ部 漂流する日本の個人データ保護法制とプライバシー

第Ⅳ部　プラットフォーム権力とたじろぐ国家

【初出一覧】

序　論：「デジタル化する世界と憲法」世界2022年5月号

第Ⅰ部❶：「個人化される環境――『超個人主義』の逆説？」松尾陽編『アーキテクチャと法』（弘文堂・2017年）所収

❷：「ビッグデータ社会における『自己決定』の変容」NBL1089号（2017年）

❸：「『身体の自由』のゆくえ――〈サイバー／フィジカル〉が融解する世界の中で」法律時報90巻12号（2018年）

第Ⅱ部❶：「GDPRが突きつける日本の選択――求められる憲法調和的なAIネット化」Journalism 338号（2018年）

❷：「〝C〟の誘惑――スコア監視国家と『内心の自由』」世界2019年6月号

❸：「〔対談（鈴木正朝＝山本龍彦）〕個人情報保護法制のゆくえ」NBL1161号（2020年）

❹：「自己情報コントロール権について」憲法研究4号（2019年）

❺：「〔誌上対談（曽我部真裕＝山本龍彦）〕自己情報コントロール権をめぐって」情報法制研究7号（2020年）

❻：「新型コロナウイルス感染症対策とプライバシー――日本版接触確認アプリから考える」憲法問題32号（2021年）

第Ⅲ部❶：「思想の自由市場の落日――アテンション・エコノミー×AI」Nextcom 44号（2020年）

❷：「SNSとフェイクポピュリズム――『関心市場』の社会的デザインを探る」外交66号（2021年）

❸：「アテンション・エコノミーと報道――デジタル言論空間のあり方を問う」新聞研究837号（2021年）

❹：「アルゴリズム社会の〝統治者〟――プラットフォーム監視は責務」Journalism 380号（2022年）

❺：「原発と言論――『政府言論』を考える」法学セミナー６９１号（２０１２年）

❻：「続・原発と言論――政府による『言論』の統制について」大沢秀介編『フラット化社会における自由と安全』（尚学社・２０１４年）所収

第Ⅳ部

❶：「プラットフォームと戦略的関係を結べ」Ｖｏｉｃｅ２０２０年6月号

❷：「まつろわぬインフラ――情報通信、『情報戦』、グローバル・プラットフォーム」法律時報94巻10号（２０２２年）

❸：「【ＣＣＲＣインタビュー】デジタル空間とどう向き合うか」（２０２２年11月14日）<https://www.ccrc.keio.ac.jp/interview_prof_yamamoto/>

序論　デジタル化する世界と憲法

本書は、まず序論として、デジタル化がもたらす「憲法問題」を網羅的に検討した「デジタル化する世界と憲法」をおいた。この小論は、文字どおり小さな作品ながら、第Ⅰ部以下の各論につながる問題意識をコンパクトにまとめており、本書の冒頭（序論）に持ってくるのにふさわしいと考えた。

ここで示した問題意識は、衆議院憲法審査会で、同審査会に属する国会議員に対して開陳する機会を得た（2022年12月8日）。国会議員や同審査会事務局の関心が比較的高かったのに対し、メディアの関心が薄かったのが印象に残っている。AIを含む情報技術の「憲法論」が日本で進まないのは、憲法論＝護憲・改憲論、憲法審査会＝改憲準備の場、と短絡的に捉えるメディアの問題もあるのかもしれない。

近時、欧州などでは、国家権力だけでなく、GAFAMなどのプラットフォーム権力も立憲的に統制すべきという「デジタル立憲主義（Digital Constitutionalism）」が台頭してきているが、序論で展開した考えは、こうした立場とも共通している。関心のある読者は、山本健人「デジタル立憲主義と憲法学」情報法制研究13号（2023年）、山本龍彦「デジタル化と憲法（学）――〈civitas terrena〉と〈civitas dei〉」自治研究99巻4号（2023年）などを参照してほしい。

1　はじめに

※初出：2022年

我々日本人が「護憲／改憲」という二分法的憲法論に雁字搦めにされていることを尻目に、デジタル化はどんどんと先に進む。この国においてAI・アルゴリズム、あるいはその力を背景に加速度的に発展する巨大IT企業は、憲法の遥かかなた先を行き、立憲主義をせせら笑っているかのようである。

はたして、それでよいのか。我々が見るもの、聴くものの多くは、常に身体近くに存在する端末（スマートフォン）から収集される膨大な個人データにもとづいてアルゴリズムが決定している。それは、我々の「自己決定」に、無意識的にアルゴリズムの決定が交差している可能性を意味する。個人の自己決定可能性ないし意思決定の自由が、日本国憲法の三大原理のひとつである「基本的人権の尊重」の基礎を成しているとすれば、このこと自体が既に、デジタル化に対して有効な憲法論を構築する必要性を証明していよう。それだけではない。ロシアによるウクライナ侵攻は、SNSなどを通じた「情報戦」が、三大原理の残りふたつ――国民主権、平和主義――にもきわめて重要な影響を与えることを我々に知らしめた。

AIを含む情報通信技術の発展は、間違いなく、近代立憲主義の基本原理を動揺させる。二分法的憲法論から自由な欧米では、かかる事実を踏まえ、未来志向の創造的な憲法論が展開され始めている。例えば欧州委員会は2022年1月、21世紀の新たな人権宣言とも言うべき「デジタル時代のデジタル権利および原則に関する宣言」を公表した（同年12月に、欧州委員会、欧州議会、欧州理事会が署名）。詳細は割愛するが、同宣言が、①人間中心のデジタル変革、②連帯と包摂、③選択の自由、④デジタル公共圏への参加、⑤安全・セキュリティ・エンパワーメント、⑥持続可能性の全6章から構成され、2章で高速ネットへの接続可能性（connectivity）の保障、3章で自己決定権を保障するためのアルゴリズムの透明性確保、4章で偽情報対策に関するデジタル・プラットフォーマー（以下「DPF」）の責務、5章で自己情報コントロール権の保障が掲げられたことは、ここでも強調しておきたい。また、米国の科学技術政策局（OSTP）は2021年10月に、「AI権利章典」を提案している（バイデン政権は、2022年10月に正式に「青写真」版を公表した）。OSTPの意欲は、同局局長の以下の言葉に集約されている。

「憲法を承認した直後、アメリカ人は権利章典を採択した。それは、今まさに創造された強力な政府からの保護を目的とするものだった。そこでは表現・集会の自由、適正手続……などの権利が列挙された。我々は、その歴史を通じて、これらの諸権利を再解釈し、再確認し、周期的に拡大させてきた。この21世紀、我々は、今まさに創造された強力なテクノロジーからの保護を目的とする『権利章典』を必要としている」○1。

同様の動きは豪州やインドにもある。けれども、日本にはない。それが、テクノロジーの無軌道な発展を許し、立憲主義を危険に晒すことは明らかである。

○1 “Americans Need a Bill of Rights for an AI-Powered World,” *OSTP BLOG* (Oct. 22, 2021).

以下、デジタル化が日本国憲法の三大原理に与えるリスクを概観し、我が国においても、二分法的議論を克服し、憲法論の新たな地平を切り拓く必要性について論じたい。なお、ここで言う「憲法論」とは、憲法改正を前提とした狭義のそれではない。憲法に明文化されていない特定の原理ないし権利を憲法上保障されるべきものとして解釈上明確に位置づけるべきかという議論も含む。

2　個人の尊重原理

基本的人権の基底に、憲法13条の掲げる「個人の尊重」原理がある。この普遍的原理は、①人間の尊厳、②集団的拘束からの個人の解放、③個人の自己決定（自律）の尊重、④多様性の尊重という4層によって構成される。まず、①生命の不可侵など、人間としての類的な尊厳があり、次に、②封建的身分制への反省から、身分のような中間集団によって個人が縛られないという消極的自由がある。これらの自由を前提に、③個人が主体的に自らの人生を設計する自由が肯認される。そして、④この個々の自己決定の結果を、社会は可能な限り尊重すべしという多様性尊重の規範が生まれる。

例えばAIは、大量の個人データから属性等を推定し、「個別化」された情報やサービスを提供できる点で、一見、個人を集団的軛（くびき）から解放し、個人をより尊重することに貢献するように思える。しかし、この「個別化」は、実際には近代憲法が否定したはずの集団主義的側面を多分に有している。AIは、「40代、男性、○○在住、職業○○、収入○○……」といった共通の属性を持つ集団（セグメント）――の確率的傾向を見ているからである。そこでは、セグメントから零れ落ちる個人の具体的事情や文脈は顧みられない。もちろん、セグメントは、かつての身分団体のような大雑把な集団ではなく、その限りで実存個人にも近似するが、集団は集団である。かくしてAIの個別化は、セグメントという集団にもとづく統計的・確率的分類に過ぎないのだが、客観性を纏うだけに信憑しやすく、また効率性を重視する立場からは、実存個人との差分を意識したとしても、取るに足らないものとして無視される。欧州の一般データ保護規則（GDPR）が、AI等による完全自動意思決定に服しない権利（最終的に人間に判断してもらう権利）を個人に認めるのは（GDPR22条）、それなしでは個人を再び集団（セグメント）の中に埋没させ、一人ひとりの「かけがえのなさ」を否定する結果になることを懸念したからであろう。

個人の尊重原理へのリスクは、③層にも見られる。例えば、心理学や神経科学にAIが掛け合わされたことで、人間の認知過程はかなりの程度透明化され、実験動物を誘導するように――刺激と反射により――人間の意思決定を操作できるようになってきた。近代法が前提とする自由意思は、その虚構性が夙に指摘されてきたところであるが、「虚妄に賭ける」（丸山眞男）ことすら許さない暴力性が、近時のテクノロジーにはある。これを証明したのが、いわゆるケンブリッジ・アナリティカ事件である。この英国の選挙コンサルタント会社は、フェイスブック（現メタ）の個人データをもとに、サイコグラフィクスなる手法を用いてユーザーの心理傾向を徹底的に分析し、偽情報への脆弱性が高いと予測される者に選択的に偽情報を投下していたとされる。世界を震撼させた同事件は、データを駆使した微細(マイクロ)な政治的ターゲティングが、個人の意思決定を操作し、投票行動を変容させ、泡沫候補だった不動産王を大統領に押し上げるほどの力を有していることを明らかにした。

このような「マインド・ハッキング」（クリストファー・ワイリー）は、ＤＰＦのビジネスモデルそのものにもなりつつある。情報過剰時代には、供給される情報量に対し人々が払えるアテンションや費やせる時間が希少となるため、それらが経済価値をもって取引される。こうしたアテンション・エコノミー（以下「ＡＥ」）と呼ばれる経済圏では、いかにユーザーの認知過程をハックし、その者が最も強く反応するものを選択的に送り、彼らからアテンションを奪えるかが決定的な意味を持つ。かくしてマインド・ハッキングがマーケティングの典型となるわけである。

しかもそこでは、心理学（二重過程論）が前提とするふたつの思考モードのうち、システム１が主に刺激されていることに注意しなければならない。システム２が論理的・内省的で処理速度の遅い思考モードであるのに対し、システム１は直感的で処理速度の速いモードである。現代のマーケティングは、後者の反射系システムを刺激・膨張させることで、意味のある自己決定のために必要な前者の熟慮系システムを抑え込もうとするところにその本質がある。短尺動画ＤＰＦのＴｉｋＴｏｋは、強力なリコメンドをかけて若者を動画にハマらせる「デジタル・コカイン」であるとの指摘（ジョン・クーツィール）は、それを象徴的に表している。

今、②③へのリスクを見たが、遡って①人間の尊厳への影響についても簡単に言及しておきたい。まず、「認知過程を刺激して反射を引き出す」というＡＥの典型的コミュニケーション形式が、はたして人間的なのかが問われなければならない。それは、相手を、ドーパミン分泌を人為的に調整された実験動物のごとく客体化・手段化してはいないか。そもそも人間を数学に還元可能で自然科学的に解明可能な存在であるとする自然主義それ自体が、近代的なヒューマニズムとの緊張関係を孕む。それは、人間を、動物やＡＩと本質的に差分のないものとみなし、人間であることに由来する「尊厳」を否定することに連なるからである。もちろん自然主義は、人間の中心性を克服しようとする環境主義へと途を拓くのだが（左派加速主義）、ここでは、遺伝子改変を含むリバタリアン的な人間改良や、ＡＩを用いた死後のデジタル人格の復活（２０１９年紅白歌合戦に現れた「AI美空ひばり」！）などを積極的に肯定する見解（ポスト・ヒューマニズム）との相性の良さが論点となる。かようにデジタル化は、既にハーバーマスらが遺伝子操作に関して懸念していたように、「人間の尊厳」という個人の尊重原理の最も基底的な層をも動揺させる。

以上述べてきたような個人の尊重原理（①②③）へのリスクを最も効果的に抑止するのが、プライバシーないし自己情報コントロール権である。それは、ＡＩネットワークシステムにおいて個人の主体性を回復させ、認知過程を防御して個人の自己決定を守り、ひいては、謎めいた存在としての人間の特権性を守る。しかし、日本ではこの自己情報コントロール権が未だ公式には認められていない。

このこと自体がリスクである。

ドイツではＤＰＦが登場する遥か以前、１９８３年に憲法裁判所で「情報自己決定権」が承認され、その強い影響下で、欧州でもデータ保護が基本的人権として明文で保障された（２０００

年採択の基本権憲章8条）。厳格なデータ保護法として知られるGDPRは、法形式上は「規則」だが、「基本的人権としてのデータ保護」を欧州において広く実現するための憲法実現法として位置づけられている。GDPRは、自己のデータを自由に持ち運べるデータポータビリティ権や、「忘れられる権利」としても知られる消去権など、個人データに対する本人のコントローラビリティを実質化しているだけではなく、先述のように、AI等による完全自動意思決定に服しない権利など、個人がセグメント（集団）により機械的に分類・差別されないことも保障している。さらに今年1月、欧州委員会が、自己情報コントロール権を明記したデジタル権利宣言を公表したことは、先に紹介したとおりである。

他方、この国に目を転ずると、最高裁判所の判例上、自己情報コントロール権の承認は忌避され続け、個人情報保護法制も、憲法との結びつきを曖昧にしたまま、グロテスクなかたちで改正が積み重ねられてきている。日本でも、デジタル化が個人の尊重原理に与えるリスクを正視し、デジタル社会の基底的人権として自己情報コントロール権を承認・確立する必要があることは論を俟たない。個人情報保護法制はこの権利の実現を目的に再編成され、体系化されなければならないのである。そのためには、憲法改正までは必要なしとの結論が最終的に得られようとも、「日本国憲法及び日本国憲法に密接に関連する基本法制について広範かつ総合的に調査」する権限を付与された衆参憲法審査会で（国会法102条の6。傍点筆者）、自己情報コントロール権の位置づけやその保障のあり方を検討していく必要があるだろう。

3　国民主権原理・民主主義

　デジタル化が国民主権原理・民主主義に与えるリスクも、ＡＥとＡＩの協調・共犯関係と深く関連している。先述のように、ＡＥの宿命として、データとアルゴリズム・ＡＩを用いた強度のリコメンデーションやターゲティングが行なわれる。その結果形成されるのが、個人が「個別化」された情報に包み込まれるフィルターバブルであり、この閉鎖的情報空間から発生するのが、エコーチェンバー現象である。「反響室」とも訳されるこの現象は、個別化された空間の中に自らの政治傾向に似た見解が大量に流入し、それが閉じた空間内に強く響きわたることで、当初の政治傾向を次第に過激化・極端化させていくことを言う。こうした現象は、ネット・ユーザーを複数の集団に分断する「部族化（tribalization）」を招き、国民間の対話と統合を困難にすると言われる。かつて米国の憲法学者キャス・サンスティンは、他者の見解に晒されること、共同体の構成員が共通体験を持つことを民主主義の前提条件としたが、アテンション狙いの過度の「個別化」がもたらす部族化や分断は、この条件を破壊し得る。また、ＡＥとＡＩの協調・共犯関係は、偽情報の影響力を倍増させる。いかにアテンション（閲覧数やサイトでの滞在時間）を得られるかが重要となるＡＥ市場では、退屈な真実よりも、認知過程を強く刺激する偽情報のほうが拡散するからである。しかもＡＩは、先述のように、偽情報に脆弱な者をピンポイントで選び出すことができる。こうして虚偽に取り囲まれた者にとって、「真実は存在しない」（マイケル・パーソンズ）。

一定の批判能力（リテラシー）を持つ者も、人間のように振る舞うボット（自動投稿プログラム）やディープフェイク（敵対的生成ネットワークのような機械学習を使った素材加工）による攻勢からは逃れ難い。ディープフェイクの高精度化により、動画の中で演説する大統領が本物か偽物かの判別はきわめて難しくなるし、仮に偽物だと頭では理解しても、無意識下で当該大統領に対する印象が操作・改変されている可能性はある。民主主義は、ファクトを基礎にしてしか成り立たないのであり、その基礎が崩れた社会で、歴史上これまで試みられてきたものの中で最もマシなこの政治システムが、持続可能であるはずがない。

ではどうすればよいのか。端的に言えば、AEに一元支配された言論空間を健全化しなければならない。それには、表現の自由のパラダイム転換が必要となる。この権利は、情報の供給が過少で、我々が情報に飢えている時代に構築された。それがために、表現者（送り手）を保護して情報の供給量を増やすことに重点が置かれた。これに対し、ネットが極限まで発達したデジタル社会においては、誰もが容易に情報発信できるために、情報の供給量が圧倒的に過剰となり、我々は常に情報を浴びせられているような状況に置かれる。この情報過剰社会において、従前のように表現の国家からの自由を単調に叫ぶことは、アテンション狙いで偽情報等を送り、情報環境を汚染しようとする者を利するだけである。もちろん、このことは、偽情報等の駆逐のため、国家による情報統制や検閲を積極的に認めるべきとの主張をまったく意味しない。それは憲法上厳格に禁止されなければならない。重要なのは、言論の場を提供するＤＰＦの多元性を国家が維持しつつ、各ＤＰＦに対し、偽情報対策など、場の健全化に向けた自主的な取り組みを強く促していくことである。例えば、欧州の包括的なプラットフォーム規制法であるデジタルサービス法（DSA）は、影響力の強い超大規模DPFに対し、自らのサービスが言論の自由など基本的人権に与え得るリスクを査定すること、もしリスクが発見されたならばその緩和措置を講ずること、措置の有効性について外部監査を受けることなどを求めている。ここでは、国家が偽情報等を直接取り締まるのではなく、AEの源泉であるところのDPFが、一定の裁量を認められながらも、その弊害の除去について責任を持つことが法制度上明確化されているのである。

デジタル社会において、表現の自由は、送り手の表現を単純に保護するだけでなく、偽情報や誹謗中傷投稿等で汚染されていない健全な情報環境を享受する受け手の自由（偽情報からの自由、エコーチェンバーからの自由など）を保護するものと解すべきである。国家は、この自由を実現するため、情報衛生（information hygiene）に向けたDPFの自主的な取り組みを促進する責務を有すると考えるべきであろう。

4　平和主義

日本国憲法が第2次世界大戦の悲惨な体験を踏まえ、平和主義を基本原理として採用したことは周知のとおりである。我々の憲法を表象するこの基本原理に関しても、デジタル化はいくつかの論点を提出する。

ここでは、まず何よりも、サイバー攻撃や偽情報・フラッディング（政府批判を押し流すための意図的な大量投稿）等を用いた「情報戦」の出現により、戦争のあり方が大きく変容していることに注意しなければならない。いまや、物理的兵器による戦略と情報戦を組み合わせたハイブリッド型が通常の戦争形式である。情報戦に平時と有事の明確な差はないから、この「ハイブリッド戦争」において我々は、サイバー攻撃の脅威のみならず、偽情報等を用いた他国の「影響工作（influence operation）」に常に晒されていることになる。近時、人の認知領域は「陸・海・空・宇宙・サイバー」に続く「第6の戦場」とも呼ばれるが、情報戦における影響工作は、まさにこの領域を狙った認知作戦と言える（川口貴久）。我々はこの脆弱な認知領域を砲撃され、偽情報等をSNSで拡散してしまうことで、自覚のないまま他国に「情報兵士」として使われることになる。この「兵士」は、ワンクリック（「リツイート」や「シェア」）で四方八方に拡散できる言葉を「兵器」に、知らぬ間に情報戦に加担させられることになるわけである。ここでは「兵士（軍人）」と「文民」の境界も相対化する。

戦争の定義が実質的に変わるならば、日本国憲法9条の「戦争」放棄の規範的意味も再考せざるを得ない。先述のとおり、情報戦の役割が増大するほど、物理的な実力の行使と情報戦の実行との差異は相対化される。そうなると、9条の言う戦争放棄は、日本政府が国際紛争を解決する手段として、権威主義国家が行なうのと同様の「認知作戦」を行なうことをも禁止するものと理解されなければならない。アルゴリズムを用いてユーザーの認知領域に侵入し、当該ユーザーをして偽情報等を拡散させることは、事実上強制的にその者を情報戦に「兵士」として参戦させていることにもなる。

では、デジタル化する世界の中で、日本国憲法の平和主義が政府に積極的に要請することとは何か。平時と有事との区別を一応前提にするならば、前者において重要なのは、我が国の情報環境を他国により汚染させないこと、また自らが汚染しないことであろう。情報戦が常態化した状況では、健全な言論空間を保ち、民主主義を着実に機能させることが安全保障上きわめて重要なのであり、9条を持つ我が国が真っ先に着手できる、否、着手しなければならない安全保障政策であると考えられる。

万が一フェーズが有事に入った場合には、実力部隊による防衛戦略が最重要であることは言うまでもない。しかし、ハイブリッド戦争で加えて重要になるのは、SNS等を通じた「言葉＝兵器」による防衛である。ロシアによるウクライナ侵攻では、巨大DPFであるメタ（旧フェイスブック）やユーチューブが、ロシア国営メディアのコンテンツへのアクセスを制限したり、表示をとりやめたりすることで、ロシアの「言葉＝兵器」を使用不能にした。他方、同じDPFは、ウクライナ側の「言葉＝兵器」は最大限使用可能としたことで、ウクライナに対するグローバルな共感、すなわち言葉の連鎖による防衛網――それはロシアからの反戦ツイートを通じてロシア国内にも広がる――を作出した面があったように思われる。例えばメタは、「既存の〔暴力的表現に関する〕ルールをそのまま適用すると、ロシア軍の侵攻に対するウクライナの人々の抵抗や怒りを示す内容まで削除することになる」との理由で、ロシア兵や政府首脳への暴力的投稿を容認した。[2] ロシアはこれらのDPFへの接続を遮断するなどの対抗措置をとったが、DPF、あるいはそこで拡

◯2 NHK NEWS WEB 2022年3月12日。その後、ロシアの一般市民へのヘイトクライムを誘発するとの批判を受け、撤回。

散される「言葉＝兵器」との「戦い」がロシアの軍事力を一定程度消耗させたことは間違いないだろう。有事では、市民一人ひとりが――物理的にどこに所在するかにかかわらず――他国により仕掛けられた情報戦に対して声を発することが防衛上重要な意味を持つのである。

もちろん、こうした共感の連鎖とＡＥとの関係には注意を要する。犠牲になった子どもの画像などは、アテンションを得やすく、拡散しやすい。つまり、共感の防衛力はＡＥによって強化される。他方で、ＡＥは怒りの感情を増幅し、世界を過度に情緒化させるため、「防衛」を超えた新たな憎悪と分断を生む可能性もある。有事においても、この連鎖に乗らないシニカルな少数意見を決して排除せず、それへの攻撃には厳正に対処することが必要である。

以上述べてきたところから、平和主義の下での安全保障は、大規模ＤＰＦとの関係をどう取り結ぶかという点に強く依存していることがわかる（本書第Ⅳ部参照）。アップルやグーグル、メタといったビッグテックがどのように行動するかで、国際秩序のバランスは大きく変化するからである。「いまや一握りのテクノロジー企業が政府に匹敵する地政学的影響力をもち始めている」という政治学者イアン・ブレマーの指摘は誠に正鵠を射ている。[○3] そうなると、政府は彼らと戦略的関係を築き、情報戦に対して一定のパートナーシップを結ぶことが重要となる。もちろん政府に匹敵する力を持つＤＰＦが、一政府の要請を一方的に受け入れるとは思えない。したがって、安全保障対策の構築には、憲法価値を共有する複数の国家でＤＰＦと交渉に当たり、条約類似の協約を締結する必要があるだろう。デジタル化するこれからの世界で、ＤＰＦ抜きの集団安全保障はあり得ない。

○3 イアン・ブレマー「地政学パワーとしてのビッグテック」フォーリン・アフェアーズ・リポート２０２１年12月号。

5 おわりに

本章では、デジタル化が日本国憲法の三大原理に与えるリスクを査定し、それぞれについて一定の対応策を提示した。この作業を通じて明らかになったのは、ＤＰＦという存在の重要性である。それは、基本的人権の尊重（個人の尊重）にも、民主主義にも、平和主義にも多大な影響を与える。

近代憲法は、教会や封建諸侯に対して主権を宣言した国家（リヴァイアサン）が、それら「中間集団」から解放された個人（individuals）との関係で、その集中した権力を濫用しないようにつくられたものである。したがって、領土内において、国家以外の統治主体は想定されないはずであった。しかし、グローバルに展開・拡大したＤＰＦは、それが保有する膨大なデータ量とアルゴリズムの力を背景に、中世ヨーロッパのカトリック教会のそれにも似た強大な権力を保持するようになった。哲学者ルチアーノ・フロリディは、現代においてＤＰＦは、かつて教会が叙任権をめぐり皇帝と対決したように、デジタル空間の「主権者」たる地位を国家と相争っていると指摘する。[4] もちろん、強大な民間企業はこれまでも存在したのであり、それは大袈裟だとの見解もあり得よう。憲法は社会的な権力にも間接的にその効果を持ち得るという考えも存在してきたのだから、彼らにもその伝統的理論（憲法の私人間効力論）を適用すればよいのだと。しかし、ブレマーの以下の指摘のほうが、現実をより的確に言い当てているように思われる。「かつての

○4 Luciano Floridi, "The Fight for Digital Sovereignty," *Philosophy and Technology*, Vol. 33, No. 3 (2020), pp. 369-378.

東インド会社や大手石油会社のように、民間企業が地政学で大きな役割を果たすのは目新しい現象ではない。しかし、かつての巨大企業も、現在のテクノロジー企業がもつ世界的な存在感では足下にもおよばなかった。パワーブローカーたちがタバコの煙が充満した部屋で……権力を行使することと、(テクノロジー企業のように)世界中の何十億もの人々の生活、人間関係、安全、さらには思考パターンに直接に影響を与えることはまったく別次元の話だ」(傍点筆者)。スマートフォンを通じて世界中の人々から集まる膨大なデータは、DPFに神の目すら与える。フェイスブックが、「超越した」を意味する接頭辞「メタ」を社名としたことは、この点を表象する。

かくして、デジタル化が提起する憲法の課題は、詰まるところ、人の認知領域さえ透視できるビッグテックの権力を立憲主義の構造の中にどう位置づけるか、という問題に換言できる。冒頭で述べたように、欧米は、この憲法的課題と正面から対峙しつつある。かつてG・イェリネックは、主権とは「対抗概念」だと述べたが、欧州で「デジタル主権(digital sovereignty)」が強く主張されるのは、国家(国民)主権を脅かすこの教会的存在に「対抗」しなければならないという近代のdéjà-vuが背景にあるからである。他方、日本では、「護憲/改憲」という二分法的憲法論に未だ囚われ、社会構造の根本的な変化、さらには権力の移行に対応した実質的な憲法論が十分には展開されていない。それは、デジタル空間における自由、民主主義、平和の行く末を、彼らDPFの手に委ねることを意味する。もちろん、そのデジタル空間が、狭い私的空間にとどまればよい。しかし、メタバース(仮想現実)や生成AIの伸長が示すのは、この空間の加速度的な拡張である。だとすれば、デジタル空間に想到しない憲法は、近い将来、きわめて狭い射程しか持たない単なる紙切れと化すだろう。

第Ⅰ部　デジタル社会における個人主義の虚構

封建的身分制の時代には、個人は自らの属する「集団」によってその生き方を規定された。これに対し近代立憲主義は、個人が集団にもとづいて分類され、レッテル貼りされることがないように、個人を個人として尊重すべきものとした。この「個人の尊重」原理（憲法13条）は、個人の自律的・主体的な意思決定を尊重すべきとの考え（自己決定権）にもつながる。

個人データやアルゴリズム・AIを用いた「個別化」サービスは、一見、個人を尊重しているように見える。しかし、本当にそうなのだろうか。それは、セグメントという「集団」にもとづいてAIが行なう確率的・統計的なユーザー評価に過ぎないとも言える。また、ユーザーの認知傾向にもとづいて行なわれるマイクロターゲティングや、認知科学の知見を踏まえた強力なUI（ユーザーインターフェース）の設計は、個人の意思決定を強力に誘導し、その決定を「ハック」する可能性もある。そうだとすれば、情報技術を駆使した「個別化」は、個人に寄り添うように見えて、実は、個人を個人として尊重するという憲法の基本原理に相反する要素を含んでいる。

第I部は、こうした問題意識の下で、デジタル化が「個人の尊重」原理に及ぼす影響について詳しく検討している。

憲法はまた、あらゆる権利行使の前提として、「身体の自由」を保障している（憲法13条、18条、22条1項、31条等）。しかし、この自由は、サイバー領域とフィジカル領域とが融合する現代社会において、フィジカルな意味でのみ捉えてよいものだろうか。この論点は、身体をフィジカルな意味で拘束されているが、ネットと接続している囚人と、身体はフィジカルな意味で自由だが、ネットと接続されていない「自由人」のどちらが自由か、という問い（「自由な囚人」問題）と関連している。「アバター」という仮想的身体が個人＝社会間の重要なメディアとなりつつある中、仮に両者の優劣をつけ難いとすれば、身体の自由は、特定のメタバース空間や特定のプラットフォームに自らのデジタル分身がロックインされることなく、それらの空間を「移動する」自由を含め、より仮想的なものへと拡張する必要があるのかもしれない。第I部は、個人の尊重原理とも関連して、デジタル時代の「身体の自由」についても検討している。

個人化される環境――「超個人主義」の逆説？

※初出：2017年

君はセゾン　君はセゾン
僕の前に現れて
君はセゾン　君はセゾン
日常を輝かせる
昨日と違った景色よ
生きるとは変わること
君はセゾン

――欅坂46「二人セゾン」

1　はじめに

「構造」という言葉は、我々自身の自由意思により選択できない所与の何かを指すものとして使われることがある。1960年代の構造主義は、この「構造」の存在を暴露し、これを積極的に解明しようという思想的な潮流にほかならない。例えばその祖として知られるソシュールは、我々の思考が既に「言語」によって規定されていることを知らしめた。無論それ以前にも、ヘーゲルが「歴史」を、マルクスが「下部構造」を、フロイトが「無意識」を発見し、我々の存在以前にあって我々の自由を根本において規定する〝何か〟を探求しようとしてきた。1953年のワトソンとクリックによる二重螺旋構造の発見もまた、人間存在そのものが、他の生物と同様、A・G・C・Tで構成される「遺伝子」なるコードないし構造によって規定されていることを明らかにした。我々は、常にこの所与の何かから〝飛ぶ〟のであるが、それが、封建制時代の土地や血のような何かとして、個人としての可能性を縮減させてはいないだろうか。我々は、各個人とは無関係の歴史的・集団的・共同体的なフレームワークによって、その人生をあらかじめ規定されているようにも思われるからである。

「個人の尊重」あるいは「個人の尊厳」という憲法上の「根本規範（basic norms）」[1]から見ると、所与の構造や環境は、克服されるべき対象として捉えられるかもしれない。例えば、確かに近代という時代は、土地の拘束・呪縛から個人を解放し、居住環境——自らを取り巻く構造——を個人が自ら選択することを認めた（居住・移転の自由）。近代のメルクマールのひとつであるこの移動性・流動性は、構造ないし環境の選択権を一定程度個人に譲渡した結果とも言える。近年では、遺伝子工学の発展により、遺伝子なるコードを自らが設定し直すこと、書き換えること（遺伝子操作）も技術的に可能になってきているが、これも、個人による構造の選び直しに関連した動きと言え

○1 芦部信喜（高橋和之補訂）『憲法〔第7版〕』（岩波書店・2019年）12頁。

るかもしれない。

先述のように、構造あるいは環境は、基本的には歴史的・集団的・共同体的に構築・形成されてきた所与条件であって、個人的なものではない。それはいわば、自分ではない誰かが構築した家のようなものである。そこでは、我々のふるまいは、giftとしての「家」によってあらかじめ制限されることになる。だから、この家そのものを積極的に個人化（personalize）するような先述の試みは、憲法の想定する個人主義にいかにも合致しているように見える。構造・環境の個人化こそが、憲法の「根本規範」を究極的に実現するものであると、考えられなくもないのである。

このような巨視的観点から見ると、現代のビッグデータ社会あるいは人工知能ネットワークが進んだ「智連社会」○2は、はたしてどのように評価されるのだろうか。後に詳述するように、現代社会では、我々は、インターネット端末やウェブサイトを媒介に世界とつながり始めた。我々は、インターネット空間を通じて世の中で起きた事件を知り、買い物をし、他者とコミュニケートしている。そこでは、この「空間」が、我々にとっての構造・環境・アーキテクチャとなる。しかし、この環境は所与ではない。例えばそれは、ユーザーのパーソナルデータ（ウェブの閲覧履歴、購買履歴、位置情報など）にもとづいてプロファイリングされたユーザーの選好・特性に合わせて「個人化」されるものだからである。そのきわめてシンプルで身近な例は、アマゾンのウェブサイトであろう。それは、過去の購買履歴や閲覧履歴からプロファイリングされたユーザーの選好等に合わせて「個人化」されている（例えばユーザーに合った商品が「おすすめ」される）。我々は、その個人化された環境の中で、買い物を楽しんでいるのである。それは、現実世界の書店において、

○2 総務省情報通信政策研究所・AIネットワーク化検討会議「報告書2016 AIネットワーク化の影響とリスク—智連社会（WINS（ウインズ））の実現に向けた課題—」（2016年）。同報告書は、AIネットワークが目指すべき社会像として「智連社会（Wisdom Network Society：WINS）」を挙げる。智連社会とは、「『情報』・『知識』（知）に着目した従来の社会像の次にその実現を目指すべき、『智慧』（智）に着目した社会像」として説明される。同報告書13頁。

多数派の選好等を踏まえて一般的に整理された書棚に囲まれて買い物をするのとは確かに異なる。こう見ると、プロファイリングなどの情報解析技術が進んだネット社会では、我々は歴史的・集団的・共同体的に構築・形成される構造・環境から解放され、〈個人的なるもの〉がとことんまで追求されていくようにも思われる。個人を取り巻く構造・環境自体が個々人の選好・特性に合わせて調律されるからである。

本章は、「超個人主義の時代」とでも言うべき現在の、あるいは近未来の社会状況について、近代憲法の掲げる「個人主義」あるいは「個人の尊重原理」という観点から若干の考察を加えるものである。結論を先取りすれば、「『超個人主義』の逆説？」という本章の副題が示すように、ビッグデータ社会における超個人主義は、従来の「個人主義」とは大きく異なるもので、時にそれと矛盾することすらあるものだ、というものである。本章はまず2で、選択環境が個人化されつつある現状について記述する。次に3で、憲法上の個人の尊重原理の内容を簡単に確認した上で、これと超個人主義との異同について検討する。

2　いま起こりつつあること

(1)「個人化」の現状

個人情報保護法に関する議論においては、しばしば個人特定性と個人識別性が区別して論じられる。個人特定性とは、その情報は「山本龍彦のものである」と特定できる性質のことを言い、個人識別性とは、その情報はYやZのものではなく、「Xのものである」と識別できる（他と区別できる）性質のことを言う。この両者の違いは、インターネット空間における個人情報保護のあり方を考える上できわめて重要なものとなっている。この空間では、あるウェブサイトを訪れるユーザーが「山本龍彦」であるということは、直ちにはわからない。その一方で、当該ユーザーが端末ID〈CC:08:E0:B8:XX:XX〉を持つ誰かであるということ、IPアドレス〈10.0.0.2〉を持つ誰かであるということ、あるいはクッキーID〈261975709.1032778367.1433895797.1433895797.1〉を持つ誰かであるということは容易にわかるのである。つまり、〈山本龍彦である〉ということまでは特定されないが、それが他の何者でもない、〈CC:08:E0:B8:XX:XX〉であるということは識別され得るのである。したがって、ネット空間での個人情報保護法の議論では、個人を特定できないが識別し得る情報（識別非特定情報）を、保護すべき「個人情報」に含めるべきかどうかが重要な論点を構成することになる。[3]

しかし、いま、この議論において最も重要なことは、ネット空間では、常に個人が識別されている、という事実であろう。ネット空間においては、直ちに実名が特定されない、という意味において「匿名」であるに過ぎず、[4] 各個人は、他者と識別される個別の存在としては、第三者（インターネットサービスプロバイダ、ネット広告事業者、ウェブサイト運営事業者等）から常にその行動を追跡され得るのである。例えば、ウェブサイト運営事業者自身ではなく、複数の運営事業者と連携するネット広告事業者が、ウェブサイト訪問者に対してクッキーIDを振る場合（いわゆるサード・パーティー・

○3 最近のものとして、鈴木正朝「番号法制定と個人情報保護法改正」論究ジュリスト18号（2016年）、山本龍彦「インターネット時代の個人情報保護」慶應法学33号（2015年）参照。

○4 小向太郎は、ネット空間を「条件付き『匿名』」の世界と呼ぶ。小向太郎『情報法入門〔第6版〕』（NTT出版・2022年）23頁。

○5 2018年施行のEUの「データ保護規則（General Data Protection Regulation：GDPR）は、プロファイリングを、「自然人に関する特定の個人的側面を評価するために、特に、当該自然人の職務遂行能力、経済状況、健康、個人的選好、関心、信頼性、行動、位置若しくは動向を分析又は予測するために、個人データを用いてクッキー）、ウェブサイトAの訪問者Xが他のウェブサイトB、C、D……を訪問した場合でもその同一性を識別できるため、ウェブサイトを跨いだXの閲覧履歴等が網羅的に収集されることになる。収集される情報の中に、スマートフォン端末などの位置情報も含めれば、当該個人Xの行動がより広範囲に追跡されることになろう。さらに近年では、こうして収集されたパーソナルデータから、事業者により、当該個人Xの選好・特性等がプロファイリングされるのが一般的である[5]。ビッグデータから、〈〇〇の購入履歴、××の購入履歴、△△の閲覧履歴、□□の閲覧履歴を持つ者は、☆☆という性格を有している確率が高い〉という〝パターン〟が導き出された場合、この〝パターン〟を個人Xのパーソナルデータ（の集合、すなわちデータセット）に適用して、Xが☆☆という性格を有しているか否かを予測するわけである（このコンピュータの計算式をアルゴリズムと言う）。そして、かようにプロファイリングされた結果にもとづき、事業者は、Xの選好・特性（＝☆☆）に見合った広告やニュースをXにフィードすることができるのである。

　こうした技術は、個人を特定できるかにかかわらず、いわゆるターゲティング広告を可能にする。「広告」とは、従来は不特定多数の者に対し向けた「申込みの誘因」に過ぎず、個別の契約締結の意思形成に直接の影響を与えるものではないと理解されてきたが[6]、近年のターゲティング広告は、これを徹底的に「個人化（personalize）」しようとする。それはもはや、「広告」というより、特定の者に向け、その者の意思形成に直接の影響を与えようとする「勧誘」（消費者契約法4条）にも似た行為である。近年では、ネット空間におけるXの行動を追跡し、あるウェブサイトでXに見せた広告をXが訪れた別のウェブサイトでも再び見せようとするリターゲティング広告も普

行うあらゆる形式の自動化された個人データ処理」（4条⑷）と定義している。GDPRにおけるプロファイリング規制については、山本龍彦「ビッグデータ社会とプロファイリング」論究ジュリスト18号（２０１６年）参照。

○6 消費者庁消費者制度課（編）『逐条解説 消費者契約法〔第２版補訂版〕』（商事法務・２０１５年）１０９頁は、「特定の者に向けた勧誘方法は『勧誘』に含まれるが、不特定多数向けのもの等客観的にみて特定の消費者に働きかけ、個別の契約締結の意思形成に直接に影響を与えているとは考えられない場合（例えば、広告、チラシの配布、商品の陳列……等）は『勧誘』に含まれない」と述べる。なお、消費者庁消費者制度課（編）『逐条解説 消費者契約法〔第４版〕』（商事法務・２０１９年）１３３〜１３４頁も参照。

及している。

これは、現実世界における消費行動のプロセスとはやはり異なるものであろう。現実世界では、不特定多数の者に向けた一般的な広告を受け取り、周囲の人と同じ景色を見ながら店へ出向き、店内でも、他の客が見ているのと同じ商品の配列から好みの商品を選択する。しかし、ネット空間では、我々はそれぞれ異なる――個人化された――「景色」の中で買い物をしている。無論、現実世界でも、買い物をするまでのプロセス（契約締結過程）が個人化することは、ある。販売員が客の話し方や身なりから客の性格や経済力を「プロファイリング」し、その客に合わせてプレゼンテーションの方法を変えたり、勧誘の場所・環境を変えることもあるだろう。しかし、以下の理由から、ネット空間における広告の個人化は、それとは全く次元が異なる。

第1に、そこでは、客について獲得できる情報の量が圧倒的に異なる上、ビッグデータにもとづいて構築されたアルゴリズムによって確度の高い――勘や経験則に頼るのではない――科学的な「プロファイリング」が可能となる。また、このプロファイリングによって、対象者が鬱状態にあるか否かといった心理的傾向を予測することも可能となっている。[○7]

第2に、そこでは、「環境」自体を、瞬時に、特定個人Xのために調律ないしモーフィングすることが可能となる。[○8] 例えば、現実世界では、たとえその客が青色を好むということがわかっても、店内を瞬時に青色に塗り替えることは不可能である。他方、ネット空間では、調律やモーフィングによって、瞬時にウェブの背景画面を青色に塗り替え、その客にとって快適な環境を提供することが可能となる。

○7 Munmun De Choudhury, Scott Counts & Eric Horvitz, "Predicting Postpartum Changes in Emotion and Behavior via Social Media," *Microsoft Research* (2013), at http://research.microsoft.com/en-us/um/people/horvitz/predicting_postpartum_changes_chi_2013.pdf#search=%27Munmun+De+Choudhury%2C+Scott+Counts+%26+Eric+Horvitz%2C+Predicting+Postpartum+Changes+in+Emotion+and+Behavior+via+Social+Media%27（2017年1月23日最終アクセス）.

○8 John R. Hauser et al., "Website Morphing," *Marketing Science*, Vol. 28, No. 2 (2009), pp. 202-206.

このようなネット空間における「個人化」の傾向は、マーケティング領域にとどまるものではない。例えばそれは、政治的・社会的なニュースを受け取る場面でも起こり得る。ニュース等が配信される、いわゆるポータルサイトの構成が、プロファイリングを通して予測された個人Xの政治的な傾向に応じて変わり得るのである。イーライ・パリサーは、こうした現象を「フィルター・バブル」と呼んでいる。[9] ネット空間では、その者の好みに合わない（とプロファイリングによって予測された）情報がフィルタリングによって排除されるため、各個人は自らの好みに合っている（と予測される）情報のみに取り囲まれるようになるというのである。言うまでもなく、新聞やテレビといった伝統的メディアを通じて伝達されるニュースは、公共性などの一般的な基準にもとづき、専門職（profession）によって選別された一般的なものであり、我々は基本的に隣人と同じニュースに触れることになる。他方、ネット空間では、ニュースの取得環境もまた個人化され、我々は――新聞等を購読しない限り――自らが関心のある（とされる）ニュースだけに触れ、そうでない（とされる）ニュースには触れずに「世界」と関わることができるようになる。

○9 イーライ・パリサー（井口耕二訳）『フィルター・バブル』（早川書房・2016年）。

(2) サンスティンのナッジ論と「個人化」

ところで、アメリカの代表的な憲法学者であるキャス・サンスティンは、選択環境（choice architects）が個人化することについて、基本的には肯定的な見方を示している。[10] もともとサンスティンは、本人のより良い選択のために選択環境を第三者（とりわけ政府）が――一定の透明性

○10 Cass R. Sunstein, "Deciding by Default," *University of Pennsylvania Law Review*, Vol. 161 (2013), pp. 48-56.

が確保されることを条件に——積極的にデザインすることを肯定していた。例えば彼は、ビュッフェ方式のレストランで、健康に良い食べ物を個人が選択しやすいよう、食べ物の配列（レストラン内の選択環境）を工夫・デザインすること、あるいは、（ビュッフェ方式でない通常の）レストランで、健康に良い食べ物を「デフォルト」として設定すること（デフォルトとは、本人が積極的に変更＝オプトアウトしない限り、自動的に選択される初期設定のことを言う）などを主張していた。人間の認知バイアスなど、いわゆる行動経済学の知見を用いて、選択環境を積極的にデザインし、本人がより良い選択を行なえるよう、本人を「ナッジ（nudge）」（軽く後押し）することを推奨していたのである。例えばサンスティンにとって、所与の選択環境として、デフォルトを組み込んでおくことには意味があるとされる。なぜなら、人間は現状維持バイアスを持つため、「現状」として既にある環境を変更したがらない。だから、デフォルトとして「良い選択」をあらかじめセットしておくことは、本人に当該選択をとるように仕向けること（厳密には、それ以外の「悪い選択」をとるためにデフォルトを変更・オプトアウトしないよう仕向けること）を意味するというのである。

サンスティンは、選択環境のデザインによるこのような「ナッジ」は、個人の主体的・自律的な生き方を支援するものであると肯定的に考えている。サンスティンによれば、人間の合理性はもともと限定的なものであり、人間とは誤り得る存在である。現代社会において氾濫する情報を取捨選択し、適切に評価することにも限界がある。また、人間は多忙な生き物であり、身の回りの全てのことについて積極的な選択（active choosing）を行なう時間的余裕も持たない。だから、一定の「良い選択」がデフォルト化されることで、過誤が減り、また人生に余裕も生まれ、より自分らしい生き方が可能になるというのである。もちろん、良いとされる方向への「ナッジ」あるいは「誘導」[11]に対しては、それはパターナリスティックな介入になり得るのではないかといった批判もある。しかしサンスティンは、「ナッジ」にもかかわらず、本人にはなお別の選択肢をとる自由（ビュッフェで健康に良い食品を選択するよう「ナッジ」されても、あえてサーロインステーキを選択する自由、あるいは、デフォルトとして野菜スープがあらかじめ設定されていて、他の選択肢をとらないよう「ナッジ」されていても、あえて豚骨ラーメンを選択する自由）が留保されているという意味で、究極的にはリベラルな社会観と合致しているという。サンスティンが、自らの議論を「リバタリアン・パターナリズム」と称する所以である。

しかし、サンスティンも、こうした「ナッジ」に限界があることを認める。その選択環境が、基本的には当該共同体における多数派の選好に配慮したものだからである。例えば、先述の例で言えば、何が健康的であるかは人それぞれである。一般的に、健康には肉より魚が良いといっても、個人Xは、魚にアレルギーを持っているかもしれない。また、腎臓などに疾患を抱えているXにとっては、多数の者にとって健康に良いものが、逆に自らの命を脅かす危険なものとなりかねない。だから、例えば現状維持バイアスの結果として採用される可能性の高いデフォルトが、個人Xの利益とならないことは少なくないのである。また、認知バイアスには個人差があるから[12]、効果的な「ナッジ」の方法も実際には人によって異なる。例えば、その性格によって、「いま最も売れているのはこの商品だ！」とポジティブに表示したほうが効果的に「ナッジ」される者と、「この商品の在庫は残りひとつです」とネガティブに表示したほうが効果的に「ナッジ」される者が

○11 サンスティンの議論と、行政法学における「誘導」との関係については、正木宏長「情報を用いた誘導への一視座」立命館法学362号（2015年）152頁以下参照。

○12 Ryan Calo, "Digital Market Manipulation," *George Washington Law Review*, Vol. 82 (2014), p. 1014.

いる。[13] それにもかかわらず、これまでの選択環境は、あくまで多数の者が持つ一般的な認知バイアスを前提としていたため、それによって全く「ナッジ」されない者も存在していたというわけである。

そこでその後のサンスティンによれば、将来的には、選択環境自体の個人化が望まれるという。先述のとおり、ネット空間においては、個人Xのパーソナルデータをほぼ際限なく取得することができ、これにもとづいてXの個人的な傾向を詳細にプロファイリングすることが可能となる。したがって、Xにとって（のみ）良い選択をデフォルトとしてあらかじめ設定することも可能となってくる。サンスティンは、これを「個人化されたデフォルト・ルール（personalized default rules：PDR）」と呼び、これまで以上に効果的な「ナッジ」の方法として強く推奨しているのである。[14] また、プロファイリングにより予測されたX固有の認知バイアスに合わせて、効果的な「ナッジ」が可能な選択環境を瞬時に構築することも可能となる。先述のように、現実世界の物理的環境も確かに人為的で構築的であるが、ネット空間の人為性・構築性（操作可能性）に匹敵するものではない。かくしてサンスティンは、今後、このネット空間を中心に、かような選択環境の個人化がさらに進行することになるとし、この傾向を、より効果的で質の高い「ナッジ」を可能にするという点で積極的に評価しているのである。また、「ナッジ」される方向は、個人の過去の行動記録から導き出された、当該個人のみにとって良いとされる選択（当該個人が選択するであろう選択）であるから、政府が決めた「良い選択」が押し付けられるのではないかというパターナリズムからの批判も一応回避され得る。

○13 *Id.* at 1017.

○14 Sunstein, *supra* note 10, at 52.

○15 芦部・前掲注（1）12頁。

○16 一般に「個人の尊重」と「個人の尊厳」は同

以上見てきたように、ビッグデータによって支えられる高度なネット社会では、これまで歴史的・集団的・共同体的に構築されてきた選択環境それ自体が「個人化」していくことになると思われる。本章では、プロファイリング等の結果にもとづき選択環境自体が個人化され、そこでなされる選択の多様性が極限まで尊重されるような考え方をさしあたり「超個人主義」と呼ぶことにしたい。次節において検討するのは、この「超個人主義」と近代憲法が想定してきた「個人主義」との関係である。

3　個人主義／超個人主義

(1)個人の尊重原理、あるいは近代的な個人主義概念とは何か

日本国憲法は、個人の尊重原理とそれにもとづく人権の体系を「根本規範（basic norms）」にしている。[15]個人の尊重原理こそが、憲法規範の価値秩序の頂点に立つと考えられているのである。確かに憲法13条は「すべて国民は、個人として尊重される」と規定し、24条もまた、「個人の尊厳」に触れている[16]（以上、傍点筆者）。このように、個人の尊重原理は我が国の最高法規たる憲法の根本規範と言い得るが、それが具体的に何を意味するのかについては学界において十分なコンセンサスが形成されているわけではない。[17]筆者自身にとっても、「個人の尊重原理とは何か」という問いは、永遠に解けない「謎々」のようなものであるが、[18]さしあたりは、以下のように理解する

じ内容を意味すると説かれる。例えば、芦部・前掲注(1)の事項索引では、「個人の尊重(尊厳)」とある。他方、蟻川恒正は、「個人の尊重」と「個人の尊厳」を区別すべきとする。座談会「日本の立憲主義のいま」論究ジュリスト17号(2016年)116頁、118頁、119頁参照(とくに蟻川恒正発言)。

○17 その内実について検討した近年の業績として、蟻川恒正『尊厳と身分』(岩波書店・2016年)、玉蟲由樹『人間の尊厳保障の法理』(尚学社・2013年)、山本龍彦「国家的『名誉毀損』と憲法13条」判例時報2306号(2016年)参照。

○18 「人権」概念について同様の指摘を行なうものに、駒村圭吾「人権は何でないか」井上達夫(編)『講座人権論の再定位5　人権論の再構築』(法律文化社・2010年)所収参照。

ことが可能だろう。それは、(広義の)個人の尊重原理を4つの層に分けて考えるアプローチである。まず、第1層は、個人は人間として尊重されなければならないという考え方である(人間の尊厳)。いわば類的尊厳にあたる層であり、人の生命の不可侵性がその主な内容を構成する。以下の各層の基盤を構成する層である。

第2層は、個人は人格的存在として平等に扱われなければならないという考え方である(狭義の個人の尊重)。これは、近代における身分制の否定と直接に結び付いたもので、個人は身分的属性によってあらかじめ生き方を規定されないという、解放的あるいは消極的な側面を有している。比喩的に言えば、個人がその人生を描くために用意されたキャンバスは、あらかじめ下書きをされていたり、色を塗られたものであってはならず、純粋無垢な白色でなければならない、ということである。例えば、身分制の時代にあっては、個人は「身分」ごとに、あらかじめ下書きがされ、色が塗られたキャンバスを渡されていた。個人は、そこで描かれた方向に沿って自己の人生を描かざるを得なかったのである。そこで近代憲法は、人が全て等しく白いキャンバスを持つことを重要視したのである。これは、「あなたはこういう人ですね。だからこう生きなさい」と誰からも言われないことを意味する。

第3層は、個人は人格的自律の存在として尊重されなければならないという考え方である(個人の尊厳)。これは、個人が主体的・自律的に自己の人生をデザインしていくことを認めさせる、という積極的な側面を有している。先述の比喩を使えば、第2層の(狭義の)個人の尊重原理により脱色された白いキャンバスに絵を描くのは、あくまでも自分自身であるということである。

第4層は、個人が主体的・自律的に決定・選択した結果を尊重しなければならないという考え方である（多様性・個別性の尊重）。やはり先述の比喩を使えば、白いキャンバスに描かれた絵がそれぞれ違うことを最大限尊重しなければならないということである。第1層がいわば人間としての平等性・均一性の尊重、第2層および第3層が人格的主体としての平等性・均一性の尊重を表しているのに対して、この第4層は、それらの結果として生じる多様性の尊重を表している。

以下では、このように理解される個人の尊重原理（人間の尊厳→狭義の個人の尊重→個人の尊厳→多様性・個別性の尊重）と、2で描出した超個人主義との関係について若干の考察を加えてみたい。

(2) 検　討

① 第3層との関係——主体性・自律性への懐疑

選択環境自体が個人化する超個人主義の時代においては、人は、まことに自分らしい選択をしていると考えるかもしれない。私のために調律された環境の中で行なう決定は、より個人的なものであるように思われるからである。しかし、それが個人の尊重原理（第3層）が想定する主体的・自律的な選択・決定であると言えるかについては慎重な検討が必要である。例えば、以下のような事例を考えてみてほしい。[19]

[19] これらの事例を本章と別の角度から検討したものとして、山本龍彦「ビッグデータ社会における『自己決定』の変容」NBL1089号（2017年）〔本書第I部❷に収録〕参照。

【ケース1】

ある統計調査により、女性は鬱状態にあるときに化粧品の購入傾向が高くなるということが明らかとなった。[20] また、女性が鬱状態にあるかどうかを予測するアルゴリズムも構築された。[21] そこで、化粧品会社Y_1は、たびたびY_1のウェブサイトを訪れるX_1の行動記録をネットワーク上で網羅的に収集し、X_1の性別・年齢・職業およびその精神状態等をプロファイリングした。この結果、X_1が化粧品を購入し得る年齢層に含まれる女性で、いままさに鬱状態にあることが予測されたため、そのタイミングでX_1に対して化粧品のネット広告を配信した。これを受け、X_1はY_1の化粧品を購入した。

【ケース2】

メタボリック症候群を気にし始めた30代男性であるX_2は、ネット上でダイエット関連の商品をチェックしたり、見学のためトレーニング・ジムに立ち寄ったりしていた。ダイエットサプリ等を扱う健康食品会社Y_2は、X_2の閲覧履歴や行動履歴（位置情報）等を収集しており、これらの情報を用いたプロファイリングから、X_2がメタボを気にする30代男性であることを把握していた。そこでY_2は、検索エンジン等のサービスも行なうインターネット広告事業者Aに、同社のポータルサイト上で、一般的なニュースとともに、メタボの健康への危険性を報じるニュースを、X_2に対してのみ数日間にわたって集中的に配信するよう依頼した。

[20] *See, e.g.,* Lucia Moses, "Marketers Should Take Note of When Women Feel Least Attractive, What messages to convey and when to send them," *AdWeek* (Oct. 2, 2013), at http://www.adweek.com/news/advertising-branding/marketers-should-take-note-when-women-feel-least-attractive-152753（２０１７年１月23日最終アクセス）.

[21] Choudhury, Counts & Horvitz, *supra* note 7.

Y_2は、X_2がこのニュースを閲覧し、メタボへの不安を一層増大させていることを他の行動履歴等から確認できたため、そのタイミングでX_2に対してダイエット関連商品のネット広告を配信した。これを受けX_2はY_2のダイエットサプリを購入した。

これらの事例では、X_1もX_2も、どちらも化粧品、ダイエット食品に対する関心を有していた。その意味で、X_1、X_2のために個人化された選択環境は、両者にとって快適なものであり（例えば、全く関心のない不動産業者の広告に邪魔されない）、本人らはこれらの買い物に満足しているかもしれない。しかし、商品購入に至るX_1およびX_2の意思形成過程は、本当に主体的・自律的なものだったのであろうか。**【ケース1】**でY_1は、ビッグデータ解析から得られた知見にもとづいて構築したアルゴリズムを用いて、X_1の内奥の精神状態をプロファイリング（以下、便宜上「心理的プロファイリング」と呼ぶ）した上で、その広告を、化粧品の購買意欲が最も高まるとされるタイミングでX_1にフィードしている。すなわち、X_1は自覚的でないものの、Y_1は、X_1が「精神的に最も脆弱な瞬間（prime vulnerability moments）」[22]を見計らって、その選択環境を調律しているのである。ここでは、化粧品を買うという（効果）意思に至るX_1の認知・判断過程が歪められ、商品購入に向けた強い誘導が働いていると考えることができる。

ライアン・カロは、ビッグデータ社会における消費者を、「媒介される消費者（mediated consumer）」[23]と呼んでいる。彼らは、「他の誰かによって設計された技術を通して市場に接近する」からである。確かに、現代の消費者は、誰かが設計した端末を使い、誰かが設計したインターネッ

○22 Calo, *supra* note 12, at 996.

○23 *Id.* at 1002.

ト空間にアクセスし、誰かが設計したウェブサイトを通じて、市場に相対している。その意味では、カロの説くように、我々の生活は常態的に〝他者的な何か〟に媒介されているようにも思われる。今後、ウェアラブル端末（Internet of Things：ＩｏＴ）が普及すれば、この傾向はさらに強まるだろう。

カロは、こうした消費者の被媒介的な性質から、事業者は、①消費者のほとんど全ての行動を記録することが可能となり（全体的監視）、②かかる記録を通じてプロファイリングされた消費者の個人的特性や認知バイアスに合わせて、当該消費者の周辺環境（ウェブサイトのレイアウト等）を瞬時に変えることが可能となり（調律・モーフィング）、③消費者が精神的に最も脆弱な瞬間を狙って当該消費者に接近することが可能になるという（時間的優位性）。カロによれば、これらの諸条件によって、いまや事業者は、「かつて想像もできなかったようなスケールで、消費者がどのように合理的意思決定から逸脱するのかを見通し、それにつけ込む（exploit）ことができる立場にある」[24]というのである。[25]【ケース1】は、まさに事業者がこのような立場を利用した事例であると言えよう。

【ケース2】では、X_2は、自然的で中立的な「世界」から自ら主体的に情報を収集し、これを分析した上で、メタボの危険性について自ら合理的な判断を下し、ダイエットサプリの購入に関する（効果）意思を有するに至った——実質的な自己決定を行なった——と考えているかもしれない。しかし、ここでX_2が見たニュースは、Y_2と連携するAが、X_2に選択的に配信した広告的な情報であり、X_2の意思形成過程はやはり歪められていると考えざるを得ない。X_2は、高度に連携

○24 *Id.* at 1018.

○25 鹿野菜穂子は、事業者による不適切な勧誘行為として、「判断能力の低下その他消費者の合理的判断ができない状況につけ込んで不必要な契約を締結させようとする行為〔傍点引用者〕」を挙げるが、選択環境を調律するネット広告の一部がこうした行為に該当する可能性は否定できない。中田邦博＝鹿野菜穂子『基本講義 消費者法〔第２版〕』（日本評論社・２０１６年）82頁。２０１８年に改正された消費者契約法を踏まえたものとして、中田邦博＝鹿野菜穂子『基本講義 消費者法〔第５版〕』（日本評論社・２０２２年）97～１０１頁。

化された広告ネットワークが構築した見えない「壁」に囲まれ、商品に関する情報を集中的に浴びせられているように解されるからである。消費者契約法は、消費者の身体を拘束して行なう事業者の勧誘を「不当勧誘行為」として取消しの対象としているが（消費者契約法4条）、ポータルサイトのような一見中立的に思える安息地ですら、事業者によって「個人化」されるとなると、ネット空間全体がある種の〝鳥籠〟として消費者の仮想的身体を拘束しているようにも思われる。このとき、X_2の意思形成過程は、現実世界でなされる身体を拘束しての勧誘行為の場合と同様、事業者によって歪められていると言えるだろう。それに気付かないX_2は、幸せな選択をしたと考えるかもしれないが、そこで主体的・自律的な意思決定がなされていたのかは、やはり疑問である。

以上見てきたように、選択環境の個人化は、個人の主体的・自律的な決定・選択を尊重する個人の尊重原理（第3層：個人の尊厳）と矛盾する可能性を有しているように思われる。自分で主体的にキャンバスに絵を描いているというよりも、誰かに描かされているといった側面が強くなるからである。それは、X_1やX_2が自己の選択に「満足」している場合でもそうである。小泉良幸は、この点について、「自己の境遇に満足している奴隷の生が、にもかかわらず『尊厳』に反する」と考える法哲学者ロナルド・ドゥオーキンの所説を引きつつ、「洗脳が技術的に可能であるとして、それが唾棄されるべきは、その結果として彼の経験するであろう『主観的幸福（welfare）』状態がますます彼の『尊厳』を貶めるからだ」と指摘しており、注目される。○26

以上、民間事業者が選択環境をデザインした場合について検討してきたが、政府がこれをデザインする場合ははたしてどうだろうか。例えば、マイナンバー制度の中には、「行政機関がマイ

○26 小泉良幸「基本的人権の観念②（自己決定権）」小山剛＝駒村圭吾（編）『論点探究 憲法〔第2版〕』（弘文堂・2013年）35～36頁参照。

ナンバーの付いた自分の情報をいつ、どことやりとりしたのか確認できるほか、……行政機関から自分に対しての必要なお知らせ情報等を自宅のパソコン等から確認できる」「マイナポータル（情報提供等記録開示システム）」（傍点筆者）[27]が組み込まれている。そこでは、当該個人にとってのみ有用な行政情報等が提供されている。その意味では、マイナポータルは、政府によって個人化された選択環境とも言えるだろう。そうすると、この環境を政府がどうデザインするかによって、個人の意思形成が歪められ、その決定が政府の政策に合致する方向へと誘導される可能性を否定できない（政府は、財政上の観点から、医療費の抑制に強いインセンティブを持つだろうから、医療や健康に関する個人の決定をかかる方向へと誘導すべく、政府が積極的に選択環境をデザインすることも考えられる）。また、当該個人にとって最善とされるデフォルト（PDR）を政府が選択環境の中に組み込むことも想定されるが、そこでは、現状維持バイアスからそもそも個人がオプトアウトするか否かを主体的に決定し得るかという問題と、そこで想定されるデフォルトが、考えられるほどに個人化されたものなのかという問題が生じ得る。個人化とは、その個人の選好や特性を重視するものであるから、例えばその個人が、〝健康を害してもいいからサーロインステーキを食べたい〟という選好を有していた場合、先述したレストランの例を使えば、個人化されたデフォルトとしてあらかじめ〝サーロインステーキ〟を設定しておくのが筋だろうが、医療費の抑制にインセンティブを持つ政府が、当該個人の選好をダイレクトに反映させて、実際に〝サーロインステーキ〟をデフォルトとして初期設定するかどうかは疑問である（政府が自らの政策を反映させるために、デフォルト設定に使うアルゴリズム自体を操作することも考えられる）。そうすると、個人

○27 総務省ホームページ(http://www.soumu.go.jp/kojinbango_card/01.html#about〔2017年1月23日最終アクセス〕)。

化されたデフォルトについては、それが主体的・自律的な決定と言えるかという問題（第3層）以前に、それが本当に「個人化」されたものなのか——実際には政府の意図が混入されたものではないのか——という問題がある（そこでは第4層の多様性も否定されることになる）。

②第2層との関係——「過去の自分」という呪縛

以上見てきたのは、選択環境のデザイナー（アーキテクト）に強い誘導の意思が存在する場合であった。しかし、たとえそこまでの誘導の意思が認められない場合でも、選択環境の個人化は、やはり個人の尊重原理と矛盾する可能性がある。選択環境の個人化の際に用いられるプロファイリングは、基本的にはその人の過去の行動記録をベースとしているからである。どういうことか。我々は、他者との偶然的な出会いによって、物の考え方が変わることがある。生き方そのものが変わることもあるだろう。思いもよらなかった何かによって、過去の自分を乗り越えること、自分自身のイメージを「脱構築」[28]することはあり得るのである。他方でプロファイリングは、ある者の過去の行動記録をベースに、「あなたはきっとこういう人ですよね」と確率的に予測するものである。このようなプロファイリングの結果にもとづいて構築された選択環境を提示されることで、個人は、「過去の自分」に包囲され、自らの脱構築を妨げられることがあり得る。パリサーのいう「フィルターバブル」は、このことを表現するひとつの有用なメタファーであるとも言える。単純な例を挙げよう。保守的な考え方を有しているA氏の選択環境は、その過去の行動記録によって、A氏が好むであろう保守的な言論で満たされ（旭日旗が画面の背景デザインに使われるかもしれない）、A氏が好まないであろうリベラルな言論を排除していたとする。そうすると、A

[28] 脱構築の自由については、山本龍彦『遺伝情報の法理論』（尚学社・2008年）349～350頁、352頁注9、成原慧「アーキテクチャの設計と自由の再構築」松尾陽（編）『アーキテクチャと法』（弘文堂・2017年）所収参照。

氏は、リベラルな思考に触れる機会を著しく減じられ、過去の自分を反省的に振り返り、自己を再創造するチャンスを奪われる可能性がある。もともとリベラルな考えを持っていたB氏にも同様のことが起こり得る。

いま述べたことは、個人の尊重原理の第2層と矛盾してくるように思われる。第2層は、身分のような固定的な属性によって人生のあり方を規定されないこと（決めつけられないこと）、人生というキャンバスにあらかじめ色を塗られたり、下書きをされたりしないこと――個人が主体的・自律的に生きるための基盤を全員に等しく保障すること――を意味していた。選択環境の個人化は、先述のようにプロファイリングによって確率的に導き出された過去の自分によって人生のあり方を規定されるリスク、過去の自分が定めた道筋を――メビウスの輪の上にいるかのようにぐるぐると――歩かされるリスクを抱えている。ビクター・マイヤー＝ショーンベルガーは、ビッグデータ社会の最大の懸念事項は、個人が「確率という名の牢獄」に放り込まれることだと指摘していたが[29]、我々は、まさにこの見えない「牢獄」の中に住まわされる危険があるのである。このように考えると、それは、人生のあり方を先行的に規定（preempt）されないという個人の尊重原理の第2層と緊張関係に立つことになる。近代の個人主義概念のひとつの要点は、〝固定性から流動性へ〟というシフトにあるが、選択環境の個人化は、我々を再びスティグマ化と結び付く固定的な世界へと押し戻す可能性があるというわけである。

個人化されたデフォルト（PDR）についても同様のことが指摘できよう。サンスティンは、個人化されたデフォルトを家族的なものとして賞賛している[30]。仲の良い自分の配偶者や親は、自

○29 ビクター・マイヤー＝ショーンベルガー＆ケネス・クキエ（斎藤栄一郎訳）『ビッグデータの正体』（講談社・2013年）244頁。

○30 Sunstein, *supra* note 10, at 49.

分のことをよく知っているために、レストランで自分がオーダーする前に、自分がオーダーしたいものを言い当てることがある。サンスティンによれば、自分の過去の行動記録から設定される個人化されたデフォルトも、家族と同じように、自分が言わなくても自分がオーダーするものをわかっている、というわけである。[31]そしてサンスティンは、このことは共同体の多数派の選好をベースに構築される一般的なデフォルトよりも個人の利益に適うと指摘する。後述のとおり、サンスティンの主張を全面的に否定することはできない。しかし、個人化されたデフォルトが家族的であるということは、それが近代の個人主義概念と相容れないところがあるということを暗に示しているようにも思われる。近代的な個人主義概念は、家族的な（中間）集団から個人を取り出すことをひとつの目的としたものであり、家族よりも個人を基本とする社会構造を実現しようとするものだったからである。もちろん、その家族が抑圧的でなければ、当該個人は家族に包まれて安心で快適な人生を送ることができるかもしれない。しかし、親にとって子どもがいつまでも「子ども」であるように、家族の内部では、個人の役割イメージが固定化される可能性がある。個人が主体的・自律的に生きるには、家族から離れ、あるいは「親離れ」して、〈他者〉と出会い、交流する必要もあるだろう。それによって、家族における役割イメージとは異なる「私自身」を新たに獲得し、「私」を再構築していくことができるのである。個人化されたデフォルトが家族的であるとは、それによって安心で快適な生活が送れる反面で、真に主体的で自律的な生き方が妨げられることを意味し得る。ネット空間の選択環境が「家族」的に「私」のことを絶え間なく見守り続けるが故に、「私」はその世界において一生「子ども」として扱われる可能性があるか

○31 宍戸常寿は、このような特徴を「先回りされる個人」と表現している。宍戸常寿「通信の秘密に関する覚書」高橋和之先生古稀記念『現代立憲主義の諸相（下）』（有斐閣・2013年）所収。

らである。こう見ると、優しい家族のようなデフォルトであっても、やはり個人の尊重原理と矛盾するところがあると言わざるを得ない。

(3)小　括

以上見てきたように、「超個人主義」は、きわめて個人的なものであるにもかかわらず、近代的な個人主義概念とは異なるものであると考えられる。かかる概念と重なり得るとすれば、それは、結果としての多様性を尊重する第4層のみであろう。こう見ると、「超個人主義」は、個人の尊重原理を「根本規範」とする日本国憲法とも抵触する部分が出てくることになる。別言すれば、ビッグデータの利活用、プロファイリング、それにもとづく選択環境の個人化は、直ちに憲法上の権利の侵害を構成しないとしても、重要な「憲法問題」を構成し得るものなのである。それにもかかわらず、とりわけ日本では、ビッグデータの利活用やプロファイリングなどは専ら個人情報保護法制の問題として、ターゲティング広告を含む選択環境の個人化は消費者保護法制の問題として議論され、「憲法問題」として議論されることは少ないように思われる。憲法を専門とする研究者の多くも、それらを憲法の基本原理（個人の尊重原理）にかかわる本質的な問題として議論することをせず、加速化する情報技術の発展がもたらす憲法価値の転倒をただただ傍観してきているように見える。こうした現状を踏まえれば、我々はまず、それらを重要な憲法問題として認識し、民主的なフォーラムにおいてその是非を議論すべきではないか。そうでなければ、主権者たる国民の終局的な審判を得ないまま、先述のような技術を利用する一部事業者らの手によって憲法上の基本原理が変えられることになってしまう。その問題構造は、主権者国民の終局的な政治判断を経ずに日本国憲法の「平和主義」の内実が変えられる昨今の政治状況と、実はよく似ているのである。[32]

我々が、〈過去の自分〉と〈他者〉とが手を携えて構築したメビウスの輪の中をぐるぐると回り続けていることに気付いたとき、その世界を構築したのは一体誰だったのかを疑問に思うことがあってはならない。仮に「超個人主義」を憲法上の価値秩序の中に迎え入れるとしても、それは、主権者たる我々自身の憲法的決断の結果でなければならないのである。それがない以上、我々は、現行憲法の価値秩序の内部に「選択環境の個人化」を位置づけるほかないだろう。すなわち、選択環境の個人化を、あくまでも近代的な個人の尊重原理と調和するかたちで進めていくしかない、ということである。

○32 この問題については、山本龍彦「国民主権と統治行為」法学セミナー60巻10号（2015年）51頁以下参照。

4 おわりに

以上、本章は、ビッグデータの利活用やプロファイリング技術の高度化などにより、もともと現実世界以上に構築性（操作可能性）の高いインターネット環境がますます「個人化」される状況を描出し、それがきわめて個人的なものであるにもかかわらず、近代的な個人主義概念と矛盾し得る可能性について言及してきた。すなわち、選択環境自体が個人化され、そこでなされる選択の多様性が極限まで尊重される考え方——超個人主義——は、歴史的・集団的・共同体的に構築されてきた〈構造〉から個人を解放する側面があるものの、その個人を、今度は〈過去の自分〉と〈他者〉とが共同して構築した各人のメビウスの輪の中に押し入れる可能性がある、というわけである。周知のとおり、個人の尊重原理を根本規範とする我々の法体系は、「更生を妨げられない利益」[33]や——未だ発展途上であるものの——「忘れられる権利」[34]といったかたちで、過去の自分と決別し、偶然性と自らの努力によって自己を再創造する自由、あるいは自己を脱構築する自由を認めている。それらは変われること——「生きるとは変わること」と高らかに歌える世界——を、我々に保障しているのである。

選択環境の個人化は、こうした変化を妨げるリスクを抱えている。

しかし、我々は、その全てを否定することはできない。近年の社会変化のスピードを踏まえれば、おそらく、「個人化」の流れを止めることは現実として不可能であろうし、サンスティンの説くように、そのやり方によっては個人の尊重原理の実現に資する可能性も有している。我々は日常を忙しく生きている。そこでは、些末なことに忙殺され、人生における重要な選択をおろそかにすることもあるだろう。このとき、もし些末なことについて、個人化されたデフォルト（PDR）を組み込んだ選択環境を構築しておけば、より主体的で自律的な生き方が可能となるかもしれない。[35]藤子・F・不二雄の名作「パーマン」に登場するコピーロボット（自分の過去の行動記録によって仮構されるもうひとりの「私」）に、些末なことに関する判断を代行させるようなシステムである。要するに、選択環境の個人化がふさわしい領域とそうでない領域の境界[36]についてあらかじめ議論

○33 最高裁は、かつて犯罪に手を染め、有罪判決を受けた者も、「一市民として社会に復帰することが期待されるのであるから、その者は、前科等にかかわる事実の公表によって、新しく形成している社会生活の平穏を害されその更生を妨げられない利益を有する」と述べている。最大判平成6年2月8日民集48巻2号149頁（ノンフィクション「逆転」事件）。

○34 例えば、宇賀克也「『忘れられる権利』について」論究ジュリスト18号（2016年）参照。

○35 松尾陽「『法とアーキテクチャ』研究のインターフェース」松尾（編）・前掲注（28）所収、31頁における「人々の意識的な選択は稀少な資源」でありその「配分を考えなければならない」との指摘は、筆者がここで述べていることと問題意識において通底するものと思われる。

を重ねておくことで、個人の尊重原理と調和的な「個人化」を実現することは可能であるように思われる（射程の限定）。また、かかる調和のためには、透明性の確保もきわめて重要である。例えば、先述した**【ケース2】**では、ポータルサイトでニュースを配信するネット広告事業者をも巻き込んだ不可視的な広告ネットワークによって、消費者X_2が取り囲まれ、その意思形成過程が歪められている。このとき、もしX_2が、自らが受け取ったニュースが「個人化」されたものであること、その個人化が広告的な目的でなされていることを十分に認識してさえいれば、この「広告」を嗤（わら）いつつ、主体的で自律的な判断をなし得たかもしれない。つまり、選択環境の人為性が暴露されるような表示や告知の方法を議論しておくことが重要であるように思われるのである。

とはいえ、我々は、我々自身が「超個人主義の時代」に入りつつあること、それが、近代的な個人主義概念・個人の尊重原理の変容にかかわる重要な「憲法問題」を含んでいることに、まずは気付くべきであろう。この気付きもなく、事態が着々と進行していくこと。それは何の救いもないホラーである。

○36 選択環境の個人化は、少なくとも、「人の人生設計全般にわたる包括的ないし設計的な自律権」が問題となる場面（佐藤幸治『日本国憲法論〔第2版〕』（成文堂・2020年）213頁）や、民主主義の維持・発展にかかわるような場面にはふさわしくないと言えよう。

ビッグデータ社会における「自己決定」の変容

※初出：2017年

1　プロファイリングがもたらす自己決定過程の歪み

「意思主義」を全面的に否定できないならば、契約自由を基礎づける原理としての「自己決定」を全面的に否定することもできない。[○1] 意思主義によれば、意思表示は、それが当事者自ら主体的に決めた結果であるがゆえに尊重され、契約は、かかる自律的な意思表示が当事者間で合致した結果であるがゆえに尊重される――有効に成立する――と考えられるからである。かくして、「自己決定」概念は、契約自由・私的自治の理論的な根拠となるのであるが、それは同時に、契約自由・私的自治に対する法的介入を基礎づける根拠ともなる。当事者が「自分で決めた」とは言えない約束は、法的に尊重に値するものとは言えないからである。例えば、当事者間に交渉力・情報力の不均衡が認められる場合、これらの力を持たざる者(＝消費者)が、持つ者(＝事業者)によって「決めさせられている」と解すべき事態が生じ得る。2000年に成立した消費者契約法は、消費者－事業者間では、こうした「自己決定」の前提崩壊が起こり得るとの認識を背景に、契約

○1 自己決定の原理を強調するものとして、山本敬三『民法講義Ⅰ　総則〔第3版〕』(有斐閣・2011年)122頁。

の締結過程および契約内容への法的介入を認め、消費者が——たとえ持つ者と相対しても——「自分で主体的に決める」ことを可能ならしめる条件を整備・構築するものであった。たとえば同法は、契約締結過程における勧誘[2]に際し、消費者の理解を深めるべく契約内容について必要な情報提供を行なう努力義務を事業者に課し（3条1項）、消費者が事業者の不当勧誘行為により誤認または困惑し、それによって消費者契約締結の意思表示をした場合に、消費者に取消しを認めている（4条）。

しかし、ビッグデータ社会、あるいは近い将来「シンギュラリティ」（技術的特異点[3]）を迎えようとしている現代社会において、現状の「介入」で十分なのかは、おそらく議論の余地があるところだろう。事業者によるビッグデータの利活用によって、人の意思形成過程の操作はますます容易に、また巧妙化し、消費者が「決めさせられる」場面はこれまで以上に拡大するように思われるからである。もちろん、ビッグデータを用いた事業者の行為が、全て法的介入を正当化し得るほどに問題であるとは言えない。たとえば、Amazon.comの「おすすめ」機能は、確かに顧客の購買履歴や閲覧履歴から当該顧客の選好をプロファイリングし、その結果にもとづき当該顧客の選好に合致していると予測される商品を「おすすめ」する、いわゆるターゲティング広告と言えるが、それ自体、顧客の自己決定過程ないし意思形成過程を歪める不当な行為と解することはできないだろう。現代社会における情報の氾濫を踏まえれば、透明性の確保された状況下でなされるこうした情報の絞り込みは、消費者の自己決定を支援するものとして肯定的にも評価され得る。

他方で、以下のような事例はどうだろうか。

[2] 「勧誘」の意味については後述する。

[3] 人工知能が人間の知性を超え、人間の生活が劇的に変化する転換期のことを言う。2045年に到来するとも言われている。

【ケースA】

ある統計調査により、女性は鬱状態にあるときに化粧品の購入傾向が強くなるということが明らかとなった。[4] また、女性が鬱状態にあるかどうかを予測するアルゴリズムが構築された。[5] そこで、化粧品会社Yは、スマートフォン・ユーザーであるXの行動記録をネットワーク上で網羅的に収集し、Xの性別・年齢・職業およびその精神状態等をプロファイリングした。この結果、Xが化粧品を購入し得る年齢層に含まれる女性で、今まさに鬱状態にあることが予測されたため、Xに対して化粧品のネット広告を配信した。

【ケースB】

メタボリック症候群（以下「メタボ」という）を気にし始めた30代男性であるXは、ネット上でダイエット関連の商品をチェックしたり、見学のためトレーニング・ジムに立ち寄ったりしていた。ダイエットサプリ等を扱う健康食品会社Yは、Xの閲覧記録や行動履歴（位置情報）等を収集しており、これらの情報を用いたプロファイリングから、Xがメタボを気にする30代男性であることを把握していた。そこでYは、検索エンジン等のサービスも行なうインターネット広告事業者Aに、同社のポータルサイト上で、一般的なニュースとともに、メタボの健康への危険性を報じるニュースを、Xにのみ数日間にわたって集中的に配信するように依頼した。

○4 *See, e.g.*, Lucia Moses, "Marketers Should Take Note of When Women Feel Least Attractive. What messages to convey and when to send them," *AdWeek* (Oct. 2, 2013), at http://www.adweek.com/news/advertising-branding/marketers-should-take-note-when-women-feel-least-attractive-152753.

○5 Munmun De Choudhury, Scott Counts & Eric Horvitz, "Predicting Postpartum Changes in Emotion and Behavior via Social Media," *Microsoft Research* (2013), at http://research.microsoft.com/en-us/um/people/horvitz/predicting_postpartum_changes_chi_2013.pdf#search=%27Munmun+De+Choudhury%2C+Scott+Counts+%26+Eric+Horvitz%2C+Predicting+Postpartum+

Yは、Xがこのニュースを閲覧し、メタボへの不安を増大させていることを他の行動履歴等から確認した上で、Xに対してダイエット関連商品のネット広告を配信した。

これらは、先述した「おすすめ」機能と同様、ターゲティング広告として契約法上問題ないものと言えるだろうか。例えば、**【ケースA】**で、Yは、ビッグデータから、鬱状態にあるかどうかといったきわめてセンシティブな心理状況をプロファイリングし、Xが精神的に最も脆弱な状態にある時を見計らって、ピンポイントで広告を配信している。また、**【ケースB】**で、Yは、ポータルサイトを運営するネット広告事業者Aを通じて、Xに「ニュース」を選択的に配信することで、Xが既に有していた不安を一層掻き立て、精神的に脆弱な状態を作出した後に、Xに広告を配信している。これらの事例においては、消費者Xは、商品購入について「自分で決めた」というより、「決めさせられた」という側面が強いように思われる。Xは、Yによりその行動を絶えず追跡・監視され、自らが脆弱な精神状態にあるかどうかをリアルタイムで予測・プロファイリングされ、あるいは、非広告的な――客観性・中立性が偽装される――情報（「ニュース」）が配信されることでかかる精神状態が積極的に作出され[6]、「精神的に最も脆い瞬間（prime vulnerability moments）」に広告を受け取っている[7]。それによって、Xの認知・判断過程が操作され、Xの主体的・自律的な意思形成が妨げられているようにも思われるのである。ビッグデータの利用がより一般化するとともに、人の認知・判断過程の解明にかかわる心理学・脳科学等がさらに発展していけば[8]、先述したような操作的な「広告」は増加の一途をたどることになろう。

Changes+in+Emotion+and+Behavior+via+Social+Media%27.

○6 ライアン・カロは、ビッグデータ社会においては、事業者はカモを待つのではなく、カモを自ら作り出すことができると指摘している。Ryan Calo, "Digital Market Manipulation," *George Washington Law Review*, Vol. 82, No. 4 (2014), p. 1014.

○7 *Id.* at 996.

○8 例えば、ある心理学の研究は、意思が「有限の資原(finite resource)」であることを明らかにしている。それによれば、人間が一日に合理的な判断ができる回数は限られていることになる。Roy F. Baumeister & John Tierney, *Willpower: Rediscovering The Greatest Human Strength* (Penguin Press, 2011), pp. 1-5.

実際、近年は、脳科学的知見にもとづき、ユーザーの感情や無意識的反応を解析してマーケティングに生かす取組み（ニューロマーケティング）も導入されつつある。

2　従来型広告と操作的ネット広告の違い

もちろん、消費者の意思形成過程に一定の影響を及ぼそうとするのが「広告」なのだとすれば、こうした手法に目新しさは何もないということになる。それは、従来の説得の手法と本質的に何も変わらないからである。しかし、「デジタルな市場操作（Digital Market Manipulation）」（2014年）という表題の論攷等を書き[9]、アメリカの情報法領域において「最も光り輝くスター[10]」とも評されるライアン・カロ（Ryan Calo）は、従来型の広告との質的な連続性を説くこうした主張の存在を認めつつも、「媒介される消費者（mediated consumer）」概念を鍵に、ビッグデータを用いた先述のような手法の質的な新規性・独自性を強調している。

「媒介される消費者」とは、「他の誰かによって設計された技術を通して市場に接近する」消費者を意味し[11]、今後のビッグデータ社会において一般化することが予想される消費者像である[12]。確かに我々は、パーソナルコンピューターやスマートフォンなど、誰かが設計した端末を使い、誰かが設計したインターネット空間にアクセスし、誰かが設計したウェブサイトを通じて、市場に相対している。その意味では、カロの説くように、我々の生活は常態的に他者的な何かに媒介さ

○9 この論攷は、いかに事業者が消費者の認知的限界につけ込んだマーケティングを行っているかを論じたハンソンとカイザーの業績をビッグデータ社会にリニューアルしたもの、という位置づけがなされている。Calo, *supra* note 6, at 1001-1002. *See also* Jon D. Hanson & Douglas A. Kysar, "Taking Behavioralism Seriously: Some Evidence of Market Manipulation," *Harvard Law Review*, Vol. 112, No. 7 (1999); Jon D. Hanson & Douglas A. Kysar, "Taking Behavioralism Seriously: The Problem of Market Manipulation," *New York University Law Review*, Vol. 74 (1999), p. 630.

○10 David C. Vladeck, "Digital Marketing Consumer Protection, and the First Amendment: A Brief Reply to Professor Ryan Calo," *George*

れているようにも思われる。今後、ウェアラブル端末（Internet of Things：ＩｏＴ）が普及すれば、この傾向はさらに強まるだろう。

カロは、こうした消費者の被媒介的な性質から、事業者は、①消費者のほとんど全ての行動を記録することが可能となり（全体的監視）、②かかる記録を通じてプロファイリングされた消費者の個人的特性や認知バイアスに合わせて、当該消費者の周辺環境（検索順位やウェブサイトのデザイン等）を瞬時に変えることが可能となり[13]（環境の調律、モーフィング[14]）、③消費者が精神的に最も脆弱な瞬間を狙って当該消費者に接近することが可能になるという（時間的優位性）。カロによれば、これらの諸条件によって、いまや事業者は、「かつて想像もできなかったようなスケールで、消費者がどのように合理的意思決定から逸脱するのかを見通し、それにつけ込む（exploit）ことができる立場にある」[15]というのである[16]。

従来の広告手法とデジタルマーケティングとの質的相違について、カロはさらに以下のように説明している。すなわち、確かにこれまでも販売員は、面前の顧客の話し方や身に着けている物（時計等）から、当該顧客の個人的特性を予測し、それに応じてプレゼンテーションの方法等を変えていたが、ビッグデータ社会におけるデジタルマーケティングでは、収集されるデータ量の圧倒的な違いから、綿密に、また科学的に、消費者の個人的特性をプロファイリングすることができ、この結果を利用した誘導が高度に体系化されたかたちでなされる、というのである（カロはこれを「体系化された個人化（systematic personalization）」と言う[17]）。別言すれば、これまでの手法は、個人の認知・判断過程に外側からアプローチする「内科的」なものであったのに対して、デジタルマー

Washington Law Review (Arguendo), Vol. 82 (2014), pp. 156-157.

○11 Calo, *supra* note 6, at 1002.

○12 *Id.* at 1018.

○13 消費者は、それぞれ認知バイアスが異なる。たとえば、「この商品は最も売れています」という広告に反応する者と、「この商品は在庫残りひとつです」という広告に反応する者がいる（Maurits Kaptein & Steven Duplinsky, "Combining Multiple Influence Strategies to Increase Consumer Compliance," *International Journal of Internet Marketing & Advertising*, Vol. 8, No. 1 (2013), p. 32）。ビッグデータ社会では、こうした個々のバイアスを一定の精度をもって予測し、このバイアスに合った広告を個別的に、しかもタイミングよく送ることができる。

○14 モーフィングにつ

ケティングは、個人の認知・判断過程に直接侵入してそれに内側からアプローチする「外科的」なものであると言えよう。こうした点に加え、先述した【ケースB】に顕著なように、ビッグデータ社会における消費者の被媒介的傾向は、消費者の見る「世界」の限定化と非中立化を惹起し得る。【ケースB】におけるXは自然的な「世界」から自ら主体的に情報を収集し、これを分析した上で、メタボの危険性について自ら判断を下し、ダイエット食品の購入に関する（効果）意思を有するに至った――実質的な自己決定を行なった――と〝錯覚〟しているかもしれない。しかし、インターネットの「世界」は、他者によって構築された限定的かつ人為的な「世界」であり、そこでなされる「ニュース」の配信さえも、中立的なものではあり得ない。[18] そうなると、Xは、この「世界」の中で、非中立的な――「広告」的な――情報を、無意識的に見せられていると言えなくもないだろう。消費者契約法4条3項は、身体を拘束しての「勧誘」を問題視するが、ビッグデータの利活用が進んだネット空間では、消費者が、高度に連携化されたネット広告業界によって構築された見えない「壁」に「拘束」され、パーソナライズ化された情報を集中的に浴びせられることがあり得るというわけである。このとき、商品購入へと至るXの意思形成過程が自律的なものであったと、はたして言えるのだろうか。

いては、John R. Hauser et al., "Website Morphing," *Marketing Science*, Vol. 28, No. 2 (2009), pp. 202-206.

○15 Calo, *supra* note 6, at 1018.

○16 鹿野菜穂子は、事業者による不適切な勧誘行為として、「判断能力の低下その他消費者の合理的判断ができない状況につけ込んで不必要な契約を締結させようとする行為」を挙げるが、ネット広告の一部がこうした行為に該当する可能性はある。中田邦博＝鹿野菜穂子『基本講義　消費者法〔第2版〕』（日本評論社・2016年）82頁。2018年に改正された消費者契約法を踏まえたものとして、中田邦博＝鹿野菜穂子『基本講義　消費者法〔第5版〕』（日本評論社・2022年）97～101頁。

○17 Calo, *supra* note 6, at 1022.

○18 イーライ・パリ

以上見てきたように、ビッグデータ社会にあって、意思形成過程の歪みはより深刻なものとなるように思われる。そこでは、特定の意図（多くはマーケティング目的）によって操作された情報提供によってパーソナライズ化された個別的「世界」の中で、消費者が「決めさせられる」ことはますます増えていくだろう。このような自己決定パラダイムの危機に対して、現状の法的規制ないし介入が十分に機能し得るかは、先述のとおり議論の余地がある。例えば、消費者契約法は、事業者の不当な勧誘行為の結果、消費者が誤認または困惑し、それによって消費者契約締結の意思表示をした場合に、消費者に取消しを認めている（4条）。ここで、「勧誘」とは、消費者の契約締結の意思形成に影響を与える行為を言うが、近年、一定の「広告」、とりわけネット上のターゲティング広告を「勧誘」とみなし、先述したような操作的なネット広告[19]に消費者法の規制枠組みを適用しようという動きも有力である。こうした方向での法改正も検討されてはいるが、業界団体の反対もあって、未だ実現されていないのが現状である。[20]

もっとも、従前から、不特定多数の者を対象とした宣伝であっても、当該消費者の意思形成に対して実際に働きかけがあったと評価される場合には、これを「勧誘」とみなすべきとする見解も存在しているように[21]、現行法の解釈上、一定のネット広告を「勧誘」として捉えることも不可

3　今後の課題——3つのアプローチ

サーは、インターネット空間において、個人が、自らの選好等に合っていないと（判断された）情報が選択的にフィルタリングされた「フィルターバブル」の中に閉じ込められる危険性について触れている。イーライ・パリサー（井口耕二訳）『フィルターバブル』（早川書房・2016年）。

○19　後注（23）参照。

○20　消費者庁「消費者契約法の運用状況に関する検討会報告書」（平成26年10月）を受け、内閣府消費者委員会消費者契約法専門調査会にて、消費者契約法のネット広告への適用の是非が議論されたが、2016年法改正における法制化は見送られた。

○21　たとえば、山本豊『消費者契約法（2）』法学教室242号（2000年）89頁、落合誠一『消費者契約法』（有斐閣・2001年）73頁参照。

能ではない。ネット広告は、常に特定された個人（「山田太郎」）に向けられたものというわけではないが、少なくとも**特定された誰か**（"CC:08:E0:B8:XX:XX"〔端末ＩＤ〕、あるいは"10.0.0.2"〔ＩＰアドレス〕）に**向けられたもの**ではある。○22 その意味では、不特定多数の者に対してなされる「広告」とはやはり性質が異なる。また、心理状況を覗き見るようなプロファイリングの結果を踏まえてなされるターゲティング広告は、まさに当該消費者の内面的な認知・判断過程に実質的な影響を与えようとするものと言えよう。こう見ると、一定のネット広告を「勧誘」に含めない解釈のほうが、かえって不自然であるようにも思われる。

しかし、少なくとも現行の消費者契約法は、高度に進展したビッグデータ社会を考慮に入れたものではなく、基本的には対面型ないし直接対話型の契約締結過程を前提にしている。だから同法は、例えば、消費者の取消しを基礎づける事業者の困惑惹起行為として、一定の**物理的**空間に消費者の**身体を拘束すること**を挙げているのである（事業者による不退去および退去妨害）。もちろん、先述のように、高度かつ不可視的に張り巡らされた広告ネットワークによって、消費者が一定の「世界」に**閉じ込められる**ことがあり、その場合にはこうした身体の拘束要件を満たすとの「解釈」も成り立ち得よう。しかし、さらに考察を進めれば、操作的なネット広告は、消費者契約法の想定する「困惑」を惹起するというよりも、静かに、より深く消費者の内心領域に侵入して――「困惑」を自覚させることもなく――これを操作するというところにその特徴があるように思われる。その意味では、現行法の枠組みにおいて操作的なネット広告を規制することには、やはり一定の限界があると言わざるを得ない。

○22 個人情報保護法における個人特定性と個人識別性の差異に関する議論を参照されたい。

○23 もちろん、ここで言う「操作的なネット広告」とは何かが問題となる。試論の枠を出るものではないが、筆者は現段階で以下のように考えている。すなわち、高度な情報技術を用いて、特定消費者のセンシティブな心理状況をプロファイリングした上で、筆者は、操作的なネット広告[23]に対する今後のアプローチとして、以下の3つのものがあり得ると考えている。

第1は、プライバシー保護の観点からのアプローチである。先述のように、操作的なネット広告は、消費者の行動記録等を用いた心理的プロファイリングを前提とする。そこで、心理的プロファイリングの前提となるような事業者の情報収集や、心理的プロファイリングそれ自体をプライバシー権の侵害として構成し、かような観点から操作的なネット広告を予防することが考えられる[24]。この点で、「EUデータ保護規則（General Data Protection Regulation：GDPR）」のプロファイリング規制が参考になろう[25]。

第2は、表現規制を中心とした行政法的アプローチである。これも先述のように、操作的ネット広告の問題のひとつは、情報配信の外見的中立性ないし中立偽装的な性格にある。消費者が、これを中立的・一般的なものと誤信することで、当該消費者の意思形成過程が歪む、という問題である。そこで、ニュース配信を行なうプラットフォーム事業者等に対し、一定の透明性を要請したり、情報配信についてスポンサーがついている場合にその表示を義務づけるなどの規制が考えられる[26]。無論、こうした規制は、表現の自由（憲法21条）との緊張関係を生じさせるが、憲法学上、営利的言論（commercial speech）は政治的言論よりも一般に価値の低いものと解されており[27]、仮に同規制に対して司法審査が行なわれても、その合憲性が支持される可能性が高いだろう。

第3は、やはり契約法的なアプローチである。繰り返し述べているように、情報技術、心理学、脳科学等の発展は、我々人間が認知バイアスから自由ではなく、その意思形成過程が思いのほか

当該消費者の意思形成に直接的な影響を及ぼすことを目的に、当該消費者が精神的に脆弱な状態にあるときを狙って、当該消費者に個別的に送られる広告、である。

○24 詳細は、山本龍彦「ビッグデータ社会とプロファイリング」同『プライバシーの権利を考える』（信山社・2017年）所収参照。

○25 山本・前掲注（24）41～43頁参照。

○26 この点で、放送法12条が、「放送事業者は、対価を得て広告放送を行う場合にはその放送を受信する者がその放送が広告放送であることを明らかに識別することができるようにしなければならない」と規定していることが参考になる。

○27 例えば、芦部信喜（高橋和之補訂）『憲法〔第7版〕』（岩波書店・2019年）201～202頁参照。

脆弱であることを科学的に暴露してきている。このことを踏まえると、事業者による消費者の意思形成過程への介入は、「力」を頼りにしたハードなものから、「データ」を利用したよりソフトなものへと変わっていくだろう。しかもそれは、科学的な実証性に支えられたものだけに、きわめて効率的かつ効果的に消費者の「決定」をコントロールできることになる。大村敦志は、かつて、19世紀ドイツの意思表示理論をベースとした伝統的錯誤論は、「当時の心理学の知見を参照して、「①表示の側からではなく意思の側からスタートすること、②『効果意思』という確固たる意思が存在するとの前提に立つこと、③それ以前の意思形成過程を『動機』として捨象すること」の3つを意思表示過程の「エッセンス」としていたが、現代社会ではこうした「単純な図式」が当てはまらないケースが増えてきたと指摘していた[28]。そして、現代における多くの取引では、「確立した効果意思の表示の過程ではなく、意思決定に至る過程こそが決定的に重要になっている」とも述べていた[29]。今後の錯誤論においては、（外部的な）表出過程における「あやまり」、「まちがい」ではなく、（内部的な）認知・判断過程における「あやまり」、「まちがい」を考慮することが重要になるというわけである。大村自身の言葉を借りれば、限定的合理性を有する人間像や、「自律」に支援を必要とする人間像を前提とすれば、「制約条件の中で意思決定を行う者が犯す『あやまり』、『まちがい』につき、一定の要件の下にサポートを行なうのが錯誤理論の役割である」、ということになる[30]。契約締結過程の科学化・心理学化が進み、自己決定過程・意思形成過程の操作性が増したビッグデータ・AI社会では、消費者法による手当てだけではなく、大村が指摘するような錯誤理論の基本的な転換が求められるように思われる。かつての錯誤論が、「当時の心理学の知

[28] 大村敦志『民法読解　総則編』（有斐閣・2009年）340頁。
[29] 同前。
[30] 大村・前掲注（28）341頁。

見を参照」したものであるならば、現代の錯誤論もまたビッグデータの力を借りた現代の心理学[31]の知見を参照すべきなのは言うまでもない。

これらの３つのアプローチは相互に排他的なものではない。自己決定パラダイムの危機に照らせば、３つのアプローチを適切に組み合わせていくことが重要である。もちろん、その際には、消費者の自己決定を支援するような事業者による情報配信や、操作的とは言えないネット広告の配信等を妨げないよう、細心の注意を払うべきである。

○31 そこには脳科学や行動経済学などの知見も含まれる。

「身体の自由」のゆくえ
――〈サイバー／フィジカル〉が融解する世界の中で

※初出：２０１８年

1　問題の所在

憲法学において「身体の自由」を語る言葉に、例えば次のようなものがある。

「専制主義が支配していた時代には、不法な逮捕・監禁・拷問、および恣意的な刑罰権の行使によって、人身の自由（身体の自由とも言う）が不当に踏みにじられた。しかし、人身の自由の保障がなければ自由権そのものが存在しえないので、近代憲法は、過去の苦い歴史を踏まえて、人身の自由を保障する規定を設けるのが通例となっている」〇1。

〇1 芦部信喜（高橋和之補訂）『憲法〔第7版〕』（岩波書店・２０１９年）２５１頁。

ここで引用されるのは、奴隷的拘束および意に反する苦役からの自由を定める憲法18条と、刑事手続における人身の自由を定める同法31条以下の数条だが、身体の自由は、同法22条1項の「居住・移転の自由」を支える根拠としても顔を出す。すなわち、「居住・移転の自由は、身体の拘束を解く意義をもっているので、自由権の基礎とも言うべき人身の自由……とも密接に関連し、また現代では、広く知的な接触の機会を得るためにもこの自由が不可欠であることから、この自由は、精神的自由の要素をもあわせもっていると考えられる」[2]。別の論者によれば、居住・移転の自由は、「生産者としての人民〔が〕特定の土地に緊縛され、その職業〔が〕身分制的に固定されていた」封建体制を否定するもので、経済的自由の一環をなすとともに、「自己の移動したいところに移動できるという点で人身の自由としての側面」を持ち、かつ、「自己の選択するところに居を定め様々な自然と人と接し、生活を形成維持することは、その人の人格形成・精神生活にとって決定的ともいうべき意義をもつ」がゆえに、精神的自由としての性格を併有している[3]。

さらに、「身体の自由は、これを他者によって束縛されるならば如何なる主体的活動も不可能であるという意味において、全る自由の根底に横たわる自由」であり、「近代立憲主義が保障すべき最も基本的な権利のひとつ」であるとし、一般には憲法13条後段がこれを保障すると説く見解もある[4]。

以上のように見ると、近代憲法のひとつに数えられる日本国憲法が、あるいは近代立憲主義を標榜する日本の憲法学が、あらゆる精神的、主体的活動の前提として、肉体的実存としての身体の自由を高く位置づけてきたことが容易に理解できる[5]。確かに我々は、この肉塊に配置されたさまざまな感覚器官（目・耳・鼻・舌・皮膚）を通じて外界と接し、他者とコミュニケートして自己の人生を歩んでいる。また我々は、この肉塊の外形（appearance）によって自己を世界に対して

○2 芦部・前掲注（1）239〜240頁。

○3 佐藤幸治『日本国憲法論〔第2版〕』（成文堂・2020年）331頁。

○4 蟻川恒正「自己決定権」高橋和之＝大石眞（編）『憲法の争点〔第3版〕』（有斐閣・1999年）77頁。

○5 石川健治「人格と権利」ジュリスト1244号（2003年）27頁。

表象し、そのアイデンティティを維持・構築している面もある（ただし外形（アピアランス）は自己のアイデンティティを規定もする）。かくして憲法（学）が、肉体的実存―肉塊―身体の自由を重視し、その移動性あるいは完全性（integrity）を最大限保障しようとしてきたのには、十分な理由がある。

本章では、現在既に到来し、近未来に飛躍的発展を遂げることが予想される情報ネットワーク社会における「身体の自由」の意義ないし境位につき、若干の考察を加える。かかる主題は、以下のふたつの例題を想像するとき、さらに明確なものになるだろう。ひとつは、Ｗｉ－Ｆｉと接続不可能な囚人と、Ｗｉ－Ｆｉと接続不可能な自由人のどちらがより自由か、という問題（「自由な囚人」問題）である。囚人は肉塊としての身体を確かに拘束されている。しかしＷｉ－Ｆｉ環境を通じて世界と繋がり、この世界を自由に「移動」し、ＳＮＳを通じて「友達」と「触れ合う」ことができる。他方、自由人は、肉塊としての身体は自由だが、Ｗｉ－Ｆｉ環境を与えられていないがゆえに、ネットワーク上に「現れ」、この世界を自由に「移動」して「友達」と「触れ合う」ことができない。このいずれがより自由なのかは、世代によっても大きく異なろうが、重要なのは、高度情報ネットワーク社会において、その答えが一義的でなくなりつつあるという点である。もうひとつの例題は、麻酔をかけた身体への物理的な介入と、仮想現実（Virtual Reality：ＶＲ）における仮想的身体ないしデータ的分身――アバター――への仮想的な「介入」のどちらがより侵襲的か、という問題（「仮想的な苦痛」問題）である。後者は、肉塊への物理的な接触を一切伴わない。が、ある実験が示すように、人は実際に触れられたように「感じる」かもしれない。[6] このとき、「身体の自由」は、前者のみを対象にし続けることができるのだろうか。

○6 後掲注(27)参照。

本章は、以上挙げた例題に明確な解答を与えるものではない。ただ、高度情報ネットワーク社会において出現しつつある新たな問題状況を踏まえ、冒頭に記された「身体の自由」の憲法的意義を再検討する必要、あるいは、肉体的実存としての身体と仮想的・データ的身体との関係に注意を向ける必要性を明るみに出そうとするものである。

2　仮想的・データ的身体の境位

(1)デジタル・プラットフォームと「身体の自由」

かような主題を取り扱う上でまず注目さるべきは、「プラットフォーム」とも呼ばれる巨大IT企業の役割・機能である。彼らに、もともと肉塊としての身体が載る物理的な「舞台」・「場」を意味した「プラットフォーム」という言葉が充てられていることからも想像できるように、いまや我々は、この仮想的な「場」の上を「移動」し、この「場」において他者と「触れ合い」、多くの知的接触の機会を得ている。したがって、この「場」にinvisibleな壁やアーキテクチャ[○7]が構築されれば、我々は肉塊としての身体が拘束される場合と同様に、「自由権の基礎」を喪失する可能性がある。この点で、まず考察の対象とすべきは、プラットフォームへの「立入り」（アクセス）禁止である。2017年、アメリカの連邦最高裁判所は、性犯罪の前科を持つ者（登録性犯罪者）がフェイスブック等のSNSにアクセスすることを禁じた州法を合衆国憲法修正1条

○7　法学におけるアーキテクチャ論として、例えば、大屋雄裕「情報化社会における自由の命運」思想965号（2004年）、安藤馨『統治と功利』（勁草書房・2007年）269頁以下、成原慧『表現の自由とアーキテクチャ』（勁草書房・2016年）、松尾陽「『法とアーキテクチャ』研究のインターフェース」松尾陽（編）『アーキテクチャと法』（弘文堂・2017年）所収等を参照。

違反と断じた[8]。ここで最高裁は、「全ての者は、彼らが話し、聞き、また熟考した後に再び話し、聞くことのできる場所（places）へのアクセス権を保持する」との考えは修正1条の「基本原則」であると述べた上で[9]、「これまでは、意見のやり取りのために最も重要な場所（空間的意味におけるそれ）を特定することは難しかったが、今日、その答えは明らかになっている。それはサイバースペース、とくにソーシャルメディアである」とし、この「場所」を「現代の公共的広場（modern public square）」と呼んだ[10]。特筆すべきは、このPackingham判決において最高裁が、公園や公道といった物理的な「パブリック・フォーラム」へと身体を移動させ、実際に聞き、話すことと同様の意味を、デジタル・プラットフォームへのアクセスに認めたことであろう。もちろん、Packingham判決は、登録性犯罪者のSNSへの「立入り」禁止を修正1条違反と判断したにとどまるが、判決文中に見られるパブリック・フォーラム論との執拗な類推を見る限り、同判決を、物理的な移動・行動制限と、デジタル・プラットフォーム上の（仮想的な）「移動」・「行動」制限との意味的類似性を（少なくとも部分的に）承認したものと解することも不可能ではないように思われる[11]。

いま我々は、デジタル・プラットフォームへのアクセス制限が身体の（物理的な）移動制限と同様の意味を持ち得ることを見たが、こうした「場」からの「退出」制限もまた重要な身体的意義を持つ。例えば、特定のプラットフォームに開示してきた大量の個人情報を自ら回収できない場合、当該プラットフォームの提供するサービスないし〈世界〉から、他のプラットフォームの提供するサービスないし〈世界〉へと乗り換えることが困難となる。その場合、情報ネットワー

○8 Packingham v. North Caroline, 137 S. Ct. 1730 (2017).

○9 *Id*. at 1735.

○10 *Id*. at 1737.

○11 判決の詳細な分析は、水谷瑛嗣郎「ネットワークにつながる自由とプレスの自由の『共存』」慶應義塾大学メディア・コミュニケーション研究所紀要68号（2018年）参照。

ク自体が持つ本来的な流動性にもかかわらず、あるプラットフォームの〈世界〉——あるプラットフォームが構築する環境——の中に閉じ込められる（ロックインされる）ことにもなろう（それによって「経験」の範囲は限定される）。データを人質に仮想的身体を特定の「場」（プラットフォーム）に縛り付けられることは、あるいは、封建体制において人が特定の「土地」に縛り付けられ、搾取されたのと同様の意味を持つのかもしれない。周知のとおり、2018年5月に運用が開始されたEUの一般データ保護規則（General Data Protection Regulation：GDPR）は、その20条でデータポータビリティ（データ可搬性）の権利を保障した。[12] かかる権利は、いわゆる情報自己決定権を主たる根拠にするものであるが、プラットフォーム間の自己のデジタル・ファイル[13]——大量の個人情報によって構成されるデータ的分身[14]——の移動を可能にする点で、あるいは自己のデータ的分身を「場」から「場」へと移すことを可能にする点で、「身体」問題とも一定の関連性を持ち得よう。

また、イーライ・パリサー（Eli Pariser）の言う「フィルターバブル」[15]も、ネットワーク上の仮想的身体を「閉じ込める」ものとして本章の問題関心にかかわる。パリサーによれば、プラットフォームやSNS上で送信されるオンラインニュースの多くは、いまやユーザーの選好や政治的信条等をプロファイリング（アルゴリズムによる自動予測[16]）した結果を反映して選択的に送られている。我々は、アルゴリズムにより自らの好みに合わないと判断された情報がフィルタリングされた「泡（バブル）」——サンスティン（Cass R. Sunstein）の言葉を借りれば「情報の繭（information cocoon）」[17]——の中にそれぞれが包み込まれているというわけである。確かに、若い世代の多くは、

○12 詳しくは、生貝直人「AIとデータポータビリティの権利」山本龍彦（編）『AIと憲法』（日本経済新聞出版社・2018年）所収、石井夏生利『新版　個人情報保護法の現在と未来』（勁草書房・2017年）17頁以下、小向太郎「データポータビリティ」ジュリスト1521号（2018年）、宮下紘『EU一般データ保護規則』（勁草書房・2018年）112～119頁を参照。

○13 デジタル・ファイル（digital dossier）の法的含意については、*See generally*, Daniel J. Solove, *The Digital Person* (NYU Press, 2007).

○14 データ的分身（データ・ダブル）については、阪本俊生『ポスト・プライバシー』（青弓社・2009年）参照。

○15 イーライ・パリサー（井口耕二訳）『フィルターバブル』（早川書

〈世界〉の情報を、物理的な接触というより、SNS等を通じて流れてくるオンラインニュースから摂取している。したがって、個人が見るもの、触れるものの範囲――知識の範囲――は、この「泡」によって厳に制限されていると言えるだろう。パリサーらは、各人が自らの泡に囲われることによって、他者との対話可能性が減じられ、社会的・政治的分断が起き、ひいては民主主義が危険に晒される旨指摘するが、本章との関係でより問題なのは、この泡（ないしはそれを形成するアルゴリズム）が、ユーザー本人の利益ではなく、第三者の利益（広告主や国家）のために構築される可能性であろう。[18] この場合、自ら進んでこの泡の中に包まれているというよりも、不可視的な第三者によってその中に閉じ込められ、恣意的に歪められた〈世界〉を強制的に見せられていると考えることができる。例えば、本書でたびたび登場願っている次のような事例を考えてほしい。


メタボリック症候群を気にし始めた30代男性であるAは、ネット上でダイエット関連の商品をチェックしたり、実際にトレーニング・ジムを見学したりしていた。

ダイエット食品を扱う健康食品会社Bは、Aのウェブ閲覧記録や、行動履歴（GPS位置情報）などを継続的・網羅的に収集しており、ビッグデータ解析と、これらの情報を用いたプロファイリングの結果から、Aがメタボを気にする30代男性であると予測していた。

そこでB社は、ニュース配信などのサービスを行なうインターネット広告事業者Cに、同社のポータルサイト上で、一般的なニュースとともに、メタボの健康への危険性を報じるニュー

房・2016年）。

○16 プロファイリングの法的問題については、山本龍彦『プライバシーの権利を考える』（信山社・2017年）257頁以下参照。

○17 キャス・サンスティーン（伊達尚美訳）『#REPUBLIC』（勁草書房・2018年）。

○18 問題の所在について、工藤郁子「AIと選挙制度」山本（編）・前掲注(12)所収参照。

スを、Aに対してのみ数日間にわたって集中的に配信するよう依頼した。

その後、B社は、Aがこのニュースを読み、メタボへの不安をさらに増大させていることを他の行動履歴などから確認できたため、そのタイミングでAに対してダイエット食品のネット広告を配信した。[19]

この事例においてAは、高度に連携された広告ネットワークがCのプラットフォーム上に構築した「見えない壁」に囲まれ、商品に関する情報を集中的に浴びせられているように思われる。ところで消費者契約法は、消費者の（肉体的実存としての）身体を拘束して行なう事業者の勧誘を「不当勧誘行為」として取消しの対象としているが（消費者契約法4条）、右事例では、ネット空間がある種の「鳥籠」として消費者の仮想的身体を拘束しているようにも見える。[20] そこでは、Aの意思形成過程は、肉塊としての身体を拘束しての不当勧誘行為の場合と同様に、事業者によって歪められているとさえ言えるかもしれない。

以上、近年の高度情報ネットワーク化に伴って出現している問題状況を概観してきたが、その全ての場面で、肉体的実存としての身体は何からも束縛されておらず、完全に自由であるが、それにもかかわらず、身体を実際に拘束した場合と同様の効果が生じていると考えることができるだろう。本章で繰り返し使用している比喩に拘れば、いずれの場面でも仮想的・データ的身体[21]が拘束されていると言えるのである。もちろん、ここで挙げた問題状況は、表現の自由（Packingham判決参照）、データポータビリティ（GDPR参照）、自己決定権ないし自己情報コントロール権（憲

○19 この事例は、山本龍彦「個人化される環境」松尾（編）・前掲注（7）（本書第I部❶に収録）80～81頁。

○20 恣意的な情報配信の問題を「囚われの聴衆」との関係で論じたものとして、板倉陽一郎「ディジタルゲリマンダとプライバシ、自己決定権」情報処理58巻12号（2017年）参照。

○21 ここで言う「データ的身体」は、ドゥルーズの言う「記号的身体」にインスパイアされたものだが、同じ概念ではない。G・ドゥルーズ（宮林寛訳）『記号と事件』（河出書房新社・2007年）365頁。

法13条参照）といった、既存の、あるいは発展途上中の法的道具立てによって解決できるかもしれない。しかしその背景には、身体性にかかわる重要な問題が横たわっていることを忘却すべきではない。

（2）仮想現実（VR）と「身体の自由」

前項では、情報ネットワーク化にかかわる問題群の中でも、主として平面的・二次元的なそれを扱った。しかし、今後は立体的・三次元的なネットワーク空間をも視野に入れる必要がある。VRである。VRは、現実世界にデジタルコンテンツを重ね塗りする――その限りで現実世界との連関が維持される――拡張現実（Augmented Reality：AR）とは異なり（ARの典型は"Pokemon GO"である）、「現実世界を完全に置き換える」もので、「人を仮想的環境に置き、その中を動き回れるようにし、かつ、あたかも現実であるかのように当該環境と接触させるもの」である[22]。別言すれば、ARが物理的な世界に何かを付加するのに対して、VRは「完全に虚構的な世界を創り出す[23]」ものである。こうしたVRは、現在では専らゲーム目的で利用されているが、「そう遠くない将来、（アバターが十分に現実感あるものとなり、ユーザーの表情を細やかに模倣するようになれば尚更）我々は現実空間以上に、この仮想空間において相互に交流するようになるだろう[24]」とも説かれる。実際、VRは、ビジネスの業務、（職業）訓練、教育、精神療法といったさまざまな領域において利用されつつある。ビジネス分野で言えば、例えば「多様性訓練（diversity training）」は、VRの特徴をより活かした利用例と考えることができる[25]。これは、VR上で、実

○22 Mark A.Lemley & Eugene Volokh, "Law, Virtual Reality, and Augmented Reality," *University of Pennsylvania Law Review*, Vol. 166, No. 4 (2018), p. 1055.
○23 *Id.*
○24 *Id.*
○25 *Id.* at 1061.

際の自分とは異なる人種や性別で過ごすよう要請することにより（白人ならば黒人のアバターで、男性なら女性のアバターでＶＲ上に現れる）、「他者」の立場を疑似体験させ、偏見を「体験」させ、相互理解を深めようというプロジェクトである。ほかにも、共感喚起のため、ＶＲにおいてシリアの難民キャンプを「訪れる」というプロジェクトも存在している（ＶＲとしては技術的に未熟なものの、既にグーグルのCardboardがシリアの難民キャンプの３６０度映像を提供している）。[26]

　このように、立体的で三次元的なデジタル空間を構築するＶＲは、「そう遠くない将来」、ゲームでの利用を超えて、より広く社会実装されていくことが予想されている。しかし、仮にそうなると、肉体的実存としての身体の特権性はさらに揺らいでいくようにも思われる。例えば、スレイター（Mel Slater）らの有名な実験によれば、ＶＲ上で平手打ちを受けた者は、実際に平手打ちを受けたわけではない――肉塊としての身体への打撃は全くない――にもかかわらず、皮膚の電位活動（skin conductance）や心拍数のレベルでは、実際に平手打ちを受けたときと同様の反応をするという。[27]もちろん、「仮想的に殴られることの効果は、実際に殴られることの効果とは異なる。長引く打撲傷も、物理的な痛みも生じない。人は、頭では（intellectually）、自らの身体が実際に打撃を受けたわけではないことを理解している」。スレイターらの実験は、にもかかわらず、「多くの人にとって、仮想的なコンタクトに対する直接的反応が、物理的なコンタクトに対する反応とよく似たものである」ことを示している。[28]

　かような生理的な近似性は、いわゆる「ジョーダン・ベラミア（Jordan Belamire）」事件からも示唆される。この事件は、ベラミア（偽名）が、ゾンビを倒して街を守る複数プレイヤー型の

○26 *Id.* at 1060.

○27 Mel Slater et al. "First Person Experience of Body Transfer in Virtual Reality," *PLOS ONE*, May 2010, p. 6; *see also* Lemley & Volokh, *supra* note 22, at 1065.

○28 *Id.*

VRゲームをプレイしている最中に、他のプレイヤー（のアバターから）「痴漢された」というものである。[29] もちろん、ベラミア本人が、実際に（物理的に）痴漢されたわけではない。「BigBro442」と名乗る他のプレイヤーのアバターが、VR上でベラミアのアバターに痴漢しているかのようなジェスチャーを見せた、というだけである。ベラミアの言葉によれば、「ゾンビとデーモンが押し寄せてくるのを待っている間、私はふらっとBigBro442の隣に行って、次の襲撃を待っていたんです。そうしたら突然、BigBro442のヘルメットが私の方を向いて、彼の浮いた手が私の身体に近付いてきて、仮想的なのだけど、私の胸をこすり始めたんです」[30]。もちろんそれはVR上の話である。しかしベラミアは、「物理的なコンタクトを全く欠いているにもかかわらず、心を掻き乱すほど現実感のあるものだった」と述懐している。[31] 仮想的痴漢（virtual groping）では、「もちろんあなたは物理的に触られていないのだけど、……それは地獄のように恐ろしいものなのです（it's still scary as hell）」[32]。

激しい論争を喚起したこのジョーダン・ベラミア事件は、先述したスレイターらの実験とともに、VRがより一般化し、発展していくと、肉体的実存としての身体と、仮想的・データ的身体との境界が（少なくとも部分的に）融解し得ることを示唆している。レミリーとヴォロク（Mark A. Lemley & Eugene Volokh）は、現時点ではVR上の「性的暴行（sexual battery）」をそれとして処罰することは——いかなる物理的接触もないがゆえに——困難であるとしても、将来的にはその可能性を真剣に検討すべきであると主張している。[33] 彼らの言葉を借りれば、「仮想的痴漢は、今ではなく近い将来のことであるとしても、理論上は刑法が禁止すべき類の行為とみなされるの

○29 *See, e.g.*, Jordan Belamire, "My First Virtual Reality Groping," *Medium: Athena Tarks* (Oct. 20, 2016), at https://medium.com/athena-talks/my-first-virtual-reality-sexual-assault-233410b62ee; Melanie Ehrenkranz, "A Woman Was Groped in Virtual Reality. Here's How Men Reacted," *MIC* (Oct. 26, 2016), at https://mic.com/articles/157550/jordan-belamire-sexual-assault-groping-in-virtual-reality-how-men-reacted#.rEueO3uyQ.

○30 Belamire, *supra* note 29.

○31 Lemley & Volokh, *supra* note 22, at 1083.

○32 Belamire, *supra* note 29.

○33 Lemley & Volokh, *supra* note 22, at 1084.

に十分なほど、人を動揺させる（upsetting）ものとなるだろう」[34]。

また、VR上では、個人はアバターという固有の外形（アピアランス）を持った仮想的身体を保持し、この「身体」を通じて他者と関係することになる。現状のアバターは未だ漫画的なもの（cartoonish）にとどまるが、いずれはより現実的な外観（realistic-looking）を有するようになると予想されている。レムリーとヴォロクは、将来的に、この一貫したアバターは、「実際の氏名（real name）と同様に、ユーザー自身のアイデンティティの一部を構成し得る」とも指摘している[35]。確かに、VRへの没入がより日常的なものになれば、現実世界において自己の身体的特徴ないし外形（アピアランス）がそのアイデンティティの一部を構成するのと同様、VR上のアバターが自己のアイデンティティと密接に関連するようになるかもしれない。しかもそれは、現実世界の身体的特徴――例えば身体障害――のように、自己のアイデンティティを構成すると同時に規定するものとはならず、専ら自己の主体的選択によって造形されるものとなるため、自己のアイデンティティとより積極的な結び付きを持ち得る。したがって、この仮想的身体に対するコントロールを奪われ、不当にその表象を歪められるとき、それは物理的な外形（アピアランス）に力ずくで干渉された場合と類似した意味を持つかもしれない。

例えば、近年、実際の容貌・姿態と、AIが骨格や皮膚の色を自動調整した裸体イメージとを合成した「フェイクポルノ」の蔓延が社会問題化している。ハリウッド女優が実際に性行為をしているかのようなポルノ動画が拡散されるといった事態が多く生じているのである。このようなAIを用いたフェイクポルノは、実際の身体とデジタル加工された身体との境界を曖昧なものにするがゆえに、身体的表象に対する個人のコントロールを奪うものとも考えられる[36]。現在の技術

○34　*Id.* 高度なVRスーツの開発により触覚（haptics）までが再現されるようになれば、両者の境界はさらに混濁することになろう。

○35　*Id.* at 1105

○36　この問題は、現実と虚構とが混濁する「モデル小説」のプライバシー侵害性に関する論点とかかわる。周知のとおり、三島由紀夫のモデル小説のプライバシー侵害性が争われた「宴のあと」事件判決（東京地判昭和39年9月28日下民集15巻9号2317頁）は、「一般の人が……当該私人の私生活であると誤認しても不合理でない程度に真実らしく受け取られるものであれば、それはなおプライバシーの侵害としてとらえることができる」と述べた。さらにこの判決は、「プライバシーの侵害は多くの場合、虚実

水準からすれば、VR上で――本人に気付かれぬよう、例えば特定のコミュニティの中で――一個人のアバターの外形(アピアランス)を、性的魅力を高めるよう操作したり、顔を別の誰かのものに挿(す)げ替えたりすることは何も難しくない。そうすると、フェイクポルノの場合と同様、このような仮想的身体の改変・操作は、たとえ肉体的実存としての身体が無疵であるとしても、自己の身体的表象に対するコントロールを不当に奪われていると考えることができるかもしれない。

以上のように、VRが一般化した社会では、VR上に現れる自己の仮想的・データ的身体（アバター）の完全性(インテグリティ)を法的にどのように保護していくのかが重要な課題になるように思われる。**1**でも述べたように、もちろんこの完全性(インテグリティ)は、既存の法的道具立てによって保護されるかもしれない。先述のように、例えば仮想的痴漢には、今後は刑法の強制わいせつ罪により処罰すること、人格権侵害により民事上の責任を負わせることも検討の余地がないわけではない。また、アバターへの不当な干渉・操作については、プライバシー権ないし自己情報コントロール権（自己イメージコントロール権概念を包摂したそれ）[37][38]の侵害として構成することも不可能ではなかろう。しかし、こうした解釈をなすには、肉体的実存としての身体と仮想的・データ的身体との関係を整理しておくことが必要不可欠である。例えば、既にVR研究の領域では、家庭内暴力の加害者を矯正するため、加害者にVR上被害者として生活させ、被害者の感覚を追体験させるプログラムが開発されているが[39]、国家によるこのようなVR訓練（VR training）の強制の合憲性を考えるには（先述の多様性訓練を国家が強制することも考えられる）、やはり「身体の自由」概念の再検討が不可避であるように思われる。

がないまぜにされ、それが真実であるかのように受け取られることによって発生することが予想される」とも述べる。この古い判決は、サイバーフィジカルな社会において意外なポテンシャルを発揮するように思われる。この可能性については、例えば、山本龍彦「AIと個人の尊重、プライバシー」山本（編）・前掲注(12)92頁参照。

○37 自己イメージのコントロールについては、棟居快行『人権論の新構成』（信山社・1992年）192頁。渋谷秀樹は、日本の憲法学界には、このような多元的なプライバシーの捉え方が存在しているものの、「結局、自己情報の開示・非開示、そして開示する場合はその内容について相手に応じて自分が決定できることにその核心があり、それは自己情報のコントロールという定義の中に吸収で

3　結語に代えて

以上、本章は、高度情報ネットワーク社会、とりわけＶＲ技術が発展した社会において、「身体の自由」概念を、従来の肉体的実存としての身体から、仮想的・データ的身体にまで拡張する必要性について若干の検討を加えてきた。本章で記述したとおり、従来の「身体の自由」概念によって保障しようとしてきたものの多くは、いまや肉体的実存としての身体を保障するだけでは守られない。また権力は、仮想的身体を「拘束」・「侵襲」・「操作」することで、肉塊としての身体を実際に拘束・侵襲・操作することと同様の帰結を得ようとするかもしれない。もちろん、そうした試みについて、既存の法的道具立てをもって対抗することも不可能ではないが、その場合でも、サイバーフィジカルな世界における「身体性」の再検討は避けて通れないだろう。[40]

ただ、このように考えていくと、究極的には、肉体的実存としての身体の自由の——仮想的身体の自由に対する——劣位性が語られるかもしれない。人格的生存のために、この肉塊の移動性や完全性（インテグリティ）はもはや重要ではない、との主張である（**1**で挙げた「自由な囚人」問題を想起されたい）。確かに近年は、自然科学領域で身体性と結び付けて論じられてきた感覚器官でさえも、その存在意義を失いつつある。例えば、脳とコンピュータとを直接接続するBrain-Machine Interface（ＢＭＩ）の開発は、目・耳・鼻・舌・皮膚といった感覚器官の必要性を減じさせる。脳内埋め込み

きる」と指摘している。渋谷秀樹『憲法〔第３版〕』（有斐閣・２０１７年）４０７頁。筆者も同様の見解を有している。山本龍彦「プライバシー」宍戸常寿＝林知更（編）『総点検　日本国憲法の70年』（岩波書店・２０１８年）83頁。

○**38**　この点で、「石に泳ぐ魚」事件判決（最判平成14年９月24日判時１８０２号60頁）は、実際の身体的特徴（＝顔に腫瘍がある女性）とは異なる仮想的身体イメージを保護しようとしたものと解することも不可能ではない。

○**39**　S. Seinfeld et al., "Offenders Become the Victim in Virtual Reality: Impact of Changing Perspective in Domestic Violence," *Scientific Reports*, Vol. 8 (Feb. 9, 2018), p. 1. at https://www.nature.com/articles/s41598-018-19987-7.

○**40**　筆者は、ライアンが提示した、情報化社会

型のＳｏＣ（System-on-a-Chip）などは、脳からの電気信号をデジタル処理し、ロボットアームを動かしたり、無言タイピングを可能にしたりする。ＢＭＩによって、感覚器官を媒介せずに直接ネットワーク環境と繋がり、この環境の中を仮想的・データ身体をもって自由に「動き回る」ことが可能になるわけである。とすれば、フロリディ（Luciano Floridi）が予言するように、我々は情報圏（infosphere）の中に組み込まれた情報有機体（inforgs）に過ぎず[41]（「我のデータあり、ゆえに我あり」）、モノとしての感覚器官に本質的な人格性は宿らないのかもしれない。

　しかし、このような考え方を性急に推し進めるべきではない。例えば、近年の神経科学では、脳中心主義に対する批判が有力に説かれ、脳と身体（感覚器官）との相互作用が重視される傾向にある[42]。こうした見解に従えば、身体を持たないコンピュータのアルゴリズムと、人間の神経系はそう簡単に調和するものではない。人間の「思考」は、脳と身体とを含む有機体全体の複雑な影響を受けていると解されるからである[43]。そこでは、個人の思考は、当該個人の身体のかたちだけでなく、身体上の感覚器官の配置とも密接に関連していることになる[44]。このような考え方を前提にすると、肉体的実存としての身体は、なお我々の人格を構成する不可欠の一部であると解され、その重要性は、高度情報ネットワーク社会においても決して色褪せないと考えることができるだろう。０と１に還元できない「余剰」部分こそが重要であるとすれば、個人をデータに還元して短絡的に評価しがちな高度情報ネットワーク社会ないしＡＩ社会において、肉体的実存としての身体は――ある種のノイズとして――より特権的な地位を持つべきなのかもしれない。ＢＭＩを通じてコンピュータから脳へとデジタル信号が送られ、身体がアルゴリズムに乗っ取られる

における「身体の消失」テーゼ（デイヴィッド・ライアン〔河村一郎訳〕『監視社会』〔青土社・２００２年〕30～51頁）について批判的な考察を加えた上、同社会が〈脱―身体化〉と〈再―身体化〉の両方の契機を含むと指摘したことがある。山本龍彦『遺伝情報の法理論』（尚学社・２００８年）83頁。

○41 ルチアーノ・フロリディ（春木良且＝犬束敦史監訳）『第四の革命』（新曜社・２０１７年）１３０頁。

○42 例えば、R. Pfeifer＝J. Bongard（細田耕＝石黒章夫訳）『知能の原理』（共立出版・２０１０年）、Antonio Damasio, *The Strange Order of Things: Life, Feeling, and the Making of Cultures* (Pantheon, 2018).

○43 Pfeifer＝Bongard・前掲注（42）２頁、３９０頁参照。

○44 同前。

危険性を考えても、肉塊としての身体の「再発見」は重要な意味を持ち得よう。

しかし同時に、身体の形状や感覚器官の配置が「遺伝情報（genetic information）」という「データ」の影響を一定程度受けていることに想到すれば[45]、結局は、「我のデータあり、ゆえに我あり」と言えないこともない。また、BMIによる脳のハッキングも、仮にこれが非侵襲的な方法（ヘッドセットデバイスの装着など）により行なわれれば、侵害されているのはデータ的に構成される自己（脳細胞が発する電気信号の処理系統）なのであって、仮にそこで肉体的実存に拘泥すれば、かえって――侵襲性が低いがゆえに――その侵害性を低く見積もられることにもなる[46]。

無論、ここで結論の出る問題ではない。いま重要なのは、サイバーフィジカルな世界における、「身体の自由」という〈問題〉の必然性を認識し、これと正面から対峙することである。

○45　筆者がいわゆる遺伝子決定論とどの程度の距離をとっているかについては、山本・前掲注(40)78～82頁参照。

○46　かかる論点に領域横断的に挑む意欲的な研究として、小久保智淳『認知過程の自由』研究序説―神経科学と憲法学」法学政治学論究126巻（2020年）375頁以下。

第Ⅱ部　漂流する日本の個人データ保護法制とプライバシー

憲法13条の幸福追求権は、プライバシーの権利を保障するものと考えられている。しかし、この権利の具体的内実が何であるかについては、未だに争いがある。筆者は、憲法学で「通説」とされてきた自己情報コントロール権を批判的に継承した「アーキテクチャ志向型自己情報コントロール権」（個人データの取り扱いに関する本人の自己決定を支援・補完し、その決定に沿った適切なデータ管理を実現するための「アーキテクチャ」構築の重要性を強調する説）を提唱しているが、近年では、そもそも「コントロール」や「自己決定」を本質的要素と考えない新たなプライバシー権説も登場している（例えば、これを「適正な自己情報の取扱いを受ける権利」と捉える音無知展『プライバシー権の再構成』（有斐閣・2021年））。

第II部では、AI時代にふさわしいプライバシー権とは何かについて読者諸氏に考えていただくために、2018年から2021年にかけての、同権利について検討した小論を収録した。プライバシー権や個人データ保護をめぐる各国の法制度の動きは頗る速く、既に時代遅れとなった記述も散見されるが、こうした法制度の背景にある憲法文化や憲法原理は大きく変化するものではないのであって、各章の分析枠組み自体は未だに有効であると考えている（基本的に初出時のまま掲載したが、一部加筆・修正している）。問題は、EU、アメリカ、中国それぞれの方向性を受けて、日本がどこに向かうか、である。

筆者は、個人がネットワークシステムに埋没しがちなデジタル社会において、個人がなおその主体性・自律性を発揮するには、やはり「アーキテクチャ志向型自己情報コントロール権」が重要だと考えるが、さて、読者諸氏はどうであろうか。

GDPRが突きつける日本の選択
――求められる憲法調和的なAIネット化

※初出：２０１８年

１　GDPRの衝撃

日本が、慌てている。

厳密には、日本の産業界が慌てていると言うべきだろうか。

それは、２０１８年5月25日に施行（適用開始）された、欧州連合（ＥＵ）の「一般データ保護規則（General Data Protection Regulation：ＧＤＰＲ）」が、日本人からは「行き過ぎ」と思えるような進歩的な個人情報保護規定を有し、かつ、それが欧州でビジネスを展開する多くの日本企業をも適用対象としているからである（正確には、ＥＵ域内にビジネスの拠点を置く日本企業、ＥＵに所在する個人にサービスなどを提供する日本企業に適用される）。

例えば、このＧＤＰＲは、他の情報経済圏に先駆けて、①さまざまな行動記録から個人の趣味嗜好、健康状態、能力、信頼性などを自動的に予測・分析する「プロファイリング」に対し、異議申立てを行なう権利（21条）、②人工知能（Artificial Intelligence：ＡＩ）を用いたプロファイリング等の自動処理の**み**にもとづいて、採用や融資の可否のような重要な決定を下されない権利（22条）、③ある企業に一旦提供した自己のデータを一定の形式で受け取ったり、これを別の企業に移転させたりすることができる「データポータビリティ（可搬性）」の権利などを認め、また、④これらの権利を実効力あるものにするための透明性の確保や厳格な説明責任を企業に課している。

「プロファイリング」は、いまや多くの企業にとって、ターゲティング広告などの前提としてそのビジネスモデルの一部に組み込まれているから、この処理過程に対する異議申立ての権利（前記①）への対応は、企業に対して重い負担を課すことになる。また、日本でも、既に一部の企業が新卒の合否判定にＡＩを用いたプロファイリングを行なっているし、一部の金融機関は融資額の決定に際して、申込者の信用力をスコア化するＡＩプロファイリングを導入している。こうした企業が仮にＧＤＰＲの適用を受けるとなると、自動処理のみにもとづいて重要な決定を下されない権利（前記②）の行使への対応が求められよう。

もちろんＧＤＰＲは、採用や融資といった人生の重要場面でも、本人の明示的同意などを得て例外的にプロファイリング等による自動決定を行なうことを認めている。しかしこの場合でも、企業側は、個人に対し、人間の関与を得る権利、自らの見解を表明する権利、ＡＩの評価等を争う権利を保障しなければならないと定めており、ＧＤＰＲの適用を受ける企業は、こうした権利に対応するために、やはり多大な労力とコストをかけなければならない。さらに、データポータビリティの権利（前記③）についても、企業はこの権利が行使された場合、個人が持ち運びできるかたちでそのデータを当人に「お返し」したり、当人の望む別の企業に送信したりしなければならないから、やはり企業側にとって大きな負担となり得る。

しかもGDPRでは、こうした諸規定への違反があった場合、企業に高額の制裁金が科されることもあるとされており、その施行は、我が国のプライバシー保護基準に慣れ親しんだ日本企業にとっては、まさに「想定外」の事態と見られるのかもしれない。経済成長、あるいは経済合理性や効率性を至上命題としてきた戦後日本的価値観においては、企業に過剰な負担を課し、かつ、競争力を高める上で重要な情報の収集・利用を難しくするGDPRの諸規定は、「全く理解できない」ということにさえなろう。かくして、とりわけ欧州でビジネスを展開する日本企業は、GDPRという、西方から来襲した「黒船」への対応に、ある種の心理的ショックを受けながら——戦後日本的価値観の動揺をも感じながら——右往左往している、といった状況に置かれているように思われる。

しかし、憲法学を専攻する筆者から見ると、この慌てぶりは、喜劇である。GDPRの諸規定、あるいはその背景にある理念はもう何年も前からわかっていたし、少なくともその理念については、日本国憲法秩序下でとうの昔に受容しておくべきものだったからである。したがって、やや辛辣な言い方をすれば、その慌てぶりを見て、「何を今さら騒いでいるのだ」と思わずにはいられない（欧州で2023年6月現在議論されているAI法案〔欧州議会は既に採択〕やAI条約案について、同じ轍を踏んではほしくないが、いまのところ、GDPRの時と同様、施行近くになってから慌て始める日本企業の様子が想像できる）。

2　GDPRが生まれた背景

もちろんここで、GDPRは既に2016年4月に欧州議会で可決されていた立法であり、2年前からその施行に向けた「心構え」だけは持つことができたはずだ、と単純に言いたいのではない。経済合理性・効率性（市場の原理）とプライバシーとのバランスを、後者に**ウェイトを置い**たかたちで量るというGDPRの基本姿勢は、①EUの立法手続（手続的側面）と、②EUの基本的価値秩序（実体的側面）とに鑑みれば、その制定以前にも予想できたのではないか、ということが言いたいのである。

前記①の観点からは、EUの立法手続が——しばしば「民主主義の赤字（democratic deficit）」と批判されているように——民主主義的要素を抑えられているということが重要である。EUの立法は、コミッション（日本国憲法で言う「内閣」）、欧州議会（「衆議院」）、理事会（「参議院」）という3機関が関与して行なわれる。詳しい説明は割愛するが、コミッションは、EUの一般的利益のために、各国政府や団体から政治的に独立していなければならないとされており[1]、EUの立法手続においては、この政治的「独立」機関のみが立法提案権を有することになっている。そして、コミッションの立法提案を、直接選挙により選出されたEU市民の代表で構成される欧州議会と、各加盟国の閣僚級の代表で構成される理事会が承認することで、EUの立法は成立するこ

○1 このことはコミッションが民主的基盤を全く持たないということを意味しない。例えば、コミッション委員は、EU市民の代表機関である欧州議会の同意を得て、欧州理事会によって任命される。また欧州議会はコミッションの総辞職を求める動議を提出できる（庄司克宏『はじめてのEU法』〔有斐閣・2015年〕258～259頁）。

とになるのである。

ここで、EUにおける立法が、EU市民から一定程度離れて行なわれていることに注意を払わなければならない。確かにEU市民は、直接選挙で選ぶ自らの代表機関（欧州議会）を通じて、GDPRのような立法に関与していると言える。しかし、この代表機関は、そもそも立法提案権を有しておらず、政治的に独立したコミッションの立法提案に対して修正権を持つにとどまるし、欧州議会の修正案は、代表機関（選挙選出機関）ではない理事会によって覆され得る。しかも、欧州議会議員の任期は5年であるから、選挙は5年に一度しか行なわれず、投票率も低下してきている。こう見ると、EU市民が、「自分たちから遠く離れたブリュッセルで知らないうちに自分たちに関わる問題が決定されている」（庄司克宏）と感じるのも理解できるように思われる。

3　「純粋」な立法が可能なEU

しかし、経済合理性・効率性よりも「基本的人権」を重視するような純粋(ピュア)な——ある意味で青臭い——立法は、このような「民主主義からの距離」によって生まれたとも考えられる。選挙ないし選挙選出議員が立法プロセスに与える影響力が抑えられているEUでは、企業や経済団体が「選挙支援」（組織票の提供ないし政治献金）を通じて政治に容喙(ようかい)することが難しい。それゆえ、プライバシー保護のような憲法的価値を重視する純粋な立法が通りやすい状況が生まれるのである。

時代を巻き戻せば、米国が憲法を制定して連邦政府を樹立する際、建国の父のひとりであるマディソン（James Madison, Jr.）が、共和国の規模を拡大すれば、「党派（faction）」の結成や特殊利益の組織化が難しくなり、立法プロセスにおいて公共善が追求されやすくなると主張していたことが思い出される[2]。この理(ことわり)はEUという現代の広域的政治連合体にも当てはまるからである。

このように、選挙ないしは選挙を通じて組織化する経済的権力の影響が限定されたEUの立法プロセスの特殊性を踏まえれば、GDPRという純粋な——日本人からするとショッキングな——個人情報（データ）保護立法が制定され得ることは十分に予想し得た。経済合理性よりも基本的人権や民主主義を重視するAI法案も、組織化された経済的権力からある程度「超然」としていられるEUの立法プロセスを考えれば、無論さまざまな調整がなされるだろうが、最終的には成立、施行という運びになるだろう。

○2 A・ハミルトンほか（斎藤眞＝中野勝郎訳）『ザ・フェデラリスト』（岩波書店・1999年）52頁以下に所収されたJ・マディソン「第10篇　派閥の弊害と連邦制による匡正」。

4　AIによる自動決定を防ぐ機能

GDPRは、EUの基本的価値秩序からも想定可能なものであった。イェール大学のホイットマン（James Q. Whitman）は、予(かね)てより、欧州では貴族の誇りやプライドに由来する「尊厳（dignity）」という観念が強く、それが、個人が誇り高く自らの情報を主体的にコントロールできなければならないという発想（情報自己決定権）に結び付くと指摘していた（他方で、貴族的伝統を持たない米国では、政府に対する住居の不可侵性を源流に持つ「自由（liberty）」という観念が強い）。

したがって、欧州においては、「プライバシー」は他者から私生活を覗き見られないという消極的なものではなく、自らの誇り、体面を汚されぬよう、その情報の取扱いを自ら主体的・自律的に決定することで自身の社会的イメージを維持または構築していくという積極的なものとして理解されるというのである。[3] 実際、ドイツでは、1983年の段階で（！）、憲法裁判所により、ドイツ連邦共和国基本法（憲法）の「一般的人格権」に関する規定（「人間の尊厳〔Würde des Menschen〕の不可侵性」を規定する1条1項と「自己の人格を自由に発展させる権利」を保障する2条1項）を根拠に、「情報自己決定権」が承認されることになる。[4]

「尊厳」概念と紐づく個人の主体性をベースに発展した「情報自己決定権」というアイデアは、言うまでもなく、EUのGDPRの背景になっている。例えば、プロファイリングに対する異議申立権（21条）や、完全自動決定に服しない権利（22条）は、自己のデジタル・アイデンティティ（オンライン上の自己イメージ）が、専断的に収集されたデータにもとづきAIによって勝手に決めつけられること、あるいは、AIに一方的に構築されたアイデンティティによって個人が自動的に仕分けされることからの自由を保障している点で、〈尊厳＝個人の主体性＝情報自己決定権〉というアイデアと深く関連している。

実は、自動決定からの自由は、GDPRの前身である1995年EUデータ保護指令に既に含まれており、[5] この点でGDPRの22条等は、EUの基本的価値秩序を反映した伝統的なものであるとさえ言える。

○3 James Q. Whitman, "The Two Western Cultures of Privacy: Dignity versus Liberty," *The Yale Law Journal*, Vol. 113, No. 6 (2004).

○4 玉蟲由樹『人間の尊厳保障の法理』（尚学社・2013年）、實原隆志『情報自己決定権と制約法理』（信山社・2019年）。

○5 「個人の特徴に関する、完全に自動化された評価は、当該個人の利益を大きく侵害するような決定の唯一の根拠としてはならない」（同指令15条）。

ＧＤＰＲは、今後ＡＩによる自動決定が採用、融資、保険、教育といった場面で一般化し、それにより否定的な評価を受けた者たちが「理由」も知らされぬまま――自動決定のアルゴリズムはあまりに複雑化するため、その過程は「ブラックボックス化」してしまう可能性がある――社会的に排除されていくこと（バーチャルスラム化）を防ぐために、いま述べた「伝統的」な思考をより強化し、機能化させたものと位置づけられる。[6] また、先述のデータポータビリティの権利が、〈尊厳＝個人の主体性＝情報自己決定権〉と関連していることは論を俟たない。

以上のように、ＧＤＰＲの理念は、欧州の基本的価値秩序ないし「憲法文化」という観点から見ても予想可能なものであった。もちろん、欧州の事情に精通しない者からすれば、ＧＤＰＲはやはり「寝耳に水」ということになるかもしれない。が、忘れてはならないのは、日本でも、１９７０年代以降、欧州の情報自己決定権と通底したアイデアにもとづく「自己情報コントロール権」が憲法学界を中心に有力に主張されてきた、という事実である。この権利概念は、高度に張りめぐらされた情報ネットワークシステムの中で我々がなお「個人」として主体的・自律的に生きていくには、私生活をみだりに開示・公開されない消極的自由としての古典的プライバシー権概念では不十分で、自らの情報を積極的にコントロールできることが重要となる、という認識にもとづく。日本の憲法学界においては、ドイツの憲法判例と同様、実に約半世紀も前から、「個人の尊重」を謳う憲法13条を根拠に、「自己情報コントロール権」の重要性が説かれてきたわけである。

しかし、最高裁はこの権利概念の不明確性を根拠に――輪郭の不明確なものが権利として承認されないというならば、およそ全ての「人権」が存在しないことになるのだが――その承認を拒

○6 山本龍彦『おそろしいビッグデータ』（朝日新聞出版・２０１７年）

み続け、2003年に成立した個人情報保護法も、このフレーズ（「自己情報コントロール権」）の取り込みをあえて否定したのである。

かくして、個人情報保護をめぐる日本の議論は、個人情報の外部的な漏えいの防止にその焦点が当てられ、情報漏えいを防ぐセキュリティ構造とは何かといった問題が過度に複雑化・専門化されたかたちで探求されてきた。また、自己情報コントロール権という観念が峻拒（しゅんきょ）され、個人情報の保護と、これを本来基礎づけるはずの憲法上の理念とが切断されてきたため、個人情報保護がその目的を見失い、単に「個人情報保護のための個人情報保護」となってきたところがある。要するに、実務の世界では、「自己情報コントロール権」という名は知らないではないが、これを正面から受容することで企業側に多くの負担を課し、経済成長が妨げられることを恐れて、これを学者の戯言として黙殺してきたようにも思われるのである。

日本の個人情報保護実務のこうした状況を踏まえれば、GDPRの「来襲」によって受ける衝撃と動揺は想像に難くない。しかしながら、筆者を含む多くの法学研究者は、「言わんこっちゃない」という感覚を持つのではないか。70年代以降、GDPRの理念と共鳴する自己情報コントロール権の概念を国内法上発展させる機会を十分に持ちながら、経済合理性や効率性にのみフォーカスした単眼主義ないしはある種のショートターニズム（短期主義）に囚われ、この機会と断交してきた「ツケ」がまわってきただけのように感じられるからである。

こうして見ると、EUの立法手続やその憲法文化から、GDPRという「黒船」の来襲を予期し得ただけでなく、日本には、これに備えるだけの知的リソースが長年にわたり存在してきたということになる。そのいずれにも注意を払うことなく、いざ「施行」という段階になってようやくその対応に慌て始めるという姿は、筆者の目には、やはり喜劇にしか映らないのである。

5　大切な憲法13条の理念

先述のように、ＧＤＰＲは、数ある日本企業の中でもヨーロッパを対象にビジネスを展開する企業にのみ適用されるものである。したがって、この典型的「外圧」により自己情報コントロール権（正確には情報自己決定権）のコンセプトを受容せざるを得ないのは、実際には一部の日本企業に限られることになる。そうなると、日本では依然として経済合理性と効率性の追求が至上命題とされ、同権利の実現に向けた議論は、一般的にはなお軽視され続けることになるかもしれない。例えば、ＧＤＰＲは今世紀の「押し付け憲法」であり、日本には日本の古式ゆかしいプライバシー権概念があるのだ、という極論が出てこないとは言い切れない。

筆者には、個人が常に情報ネットワークシステムにからめ捕られた状態にあるこの高度情報化社会にあって、「すべて国民は、個人として尊重される」という憲法13条の趣旨を活かすには、個人が主体的に自らの情報をコントロールするという理念が不可欠であるように思える。そうでなければ、我々人間はこのネットワークの中で、ＡＩへの単なるデータ供給源として――ＡＩへの給餌役として――道具的に存在するだけになる。それにもかかわらずこの国は、ＡＩネットワーク化を強力に推進する政府の旗振りもあって、データ流通の「障害」になり得る自己情報コントロール権ないしはＧＤＰＲ的価値理念を――あらゆる理屈を総動員して――黙殺し続けるのかもしれない。

6　情報経済圏としての中国の存在

ただ、ここで考慮に入れなければならないのは、情報経済圏としての「中国」の存在である。中国は、近年財産的価値をも持ち始めた情報・データを政府が管理・統制し、財産（としての情報・データ）の社会的共有を目指す共産主義的な情報政策を進めようとしている。中国では、その共産主義的憲法体制によって、こうした「デジタル・レーニン主義」（セバスチャン・ハイルマン）が現実に実現可能となるわけである。ＡＩの予測精度（賢さ）とデータ量が完全な比例関係に立つこと（ＡＩは、より多くのデータを「食べる」ほど「賢く」なる）を踏まえれば、このような情報政策は、ＡＩネットワーク化にとって大きなアドバンテージとなる。そもそも中国の憲法体制下でどれほどプライバシー権が保障されているかは不透明である上、デジタル・レーニン主義の下、各企業が（財産としての）情報を「私有」することが事実上否定され、「民」の保有する情報や「官」の保有する情報が容易に「共有」ないし「統合」されるとすれば、ＡＩに供給されるデータの絶対量はとてつもなく大きなものとなるからである。別言すれば、データの流通と集積にプライバシーの壁と、民民・官民の壁を作らせない中国の共産主義的憲法体制は、ＡＩの予測精度を向上させるのに最も適した憲法体制だ、ということになる（例えば、その憲法文化から、市場における自由な情報流通を重視する米国でも、官民の情報共有にはプライバシー上の壁が立ちはだかる。ＦＢＩ＝官によるｉＰｈｏｎｅへのアクセスにアップル＝民が対抗した事件を思い出してほしい）。

以上のように考えると、この日本が、現行憲法と資本主義体制を維持しようとする限り、データをより多く収集・集積してＡＩの予測精度をとにかく上げるべきだという「予測精度至上主義」や、かようなＡＩの予測にもとづいて個人を効率的に分類していくべきだという「効率的分類主義」で中国と対抗するのは、現実にはかなり厳しいと考えざるを得ない。となれば、中長期的な経済成長のためには、実のところ、ＧＤＰＲ的価値理念や自己情報コントロール権を軽視して予測精度至上主義に走るよりは、個人の主体性を強調した右価値理念を重視する憲法調和的なＡＩネットワーク化を進めていくほうが合理的であるとも考えられるのである。ＧＤＰＲの規定する諸権利を「押し付け憲法」として否定するのではなく、それらの理念を真摯に受け止め、我々の憲法文化と適合するかたちで取り込むことによって、予測精度至上主義や効率的分類主義とは異なる新たな価値を創出していくほうが、中長期的には合理的な経済政策になり得る、というわけである。

この点で、例えば、①ネットワーク上の情報の動きに関する透明性やレビューアビリティ（審査可能性）を高めることで、情報に対する本人のコントロール可能性を強化・支援するシステム、②本人の信認の下、本人に代わってその情報を適切に管理・運用するシステム（いわゆる情報信託機能やAIエージェント）、③AIによる自動決定のロジックを本人にわかりやすく説明し（AI自らそのロジックを説明する「XAI（explainable AI）」開発・導入などが考えられる）、AIの作り出したデジタル・アイデンティティに本人が反論・修正する機会を保障するシステムなどを構築していくことが考えられる。このように、個人の主体性（個人の尊重・尊厳）を具体化するためのシステムを構築してはじめて、予測精度と効率性を重視する中国のAIネットワークシステムと真に対抗できるように思われるのである。

7　短期的視野から中長期的視野へ

以上のように見ると、GDPRの襲来という「喜劇」は、日本という国家の重大な岐路として捉え直すことができる。確かにその慌てぶりは滑稽だが、そこには笑って見過ごすことのできない国家的決断の機会が含まれているからである。

この岐路は、以下の二手に分かれている。

ひとつは、短期的な視野に立ち、GDPRの要請ないし憲法的要請を単なる経済的コスト（負担）と捉えてこれを黙殺し、予測精度至上主義ないし効率的分類主義の方向へと突き進む道である。ただ、これは、中国に勝ち目のない戦いを挑むこととなり、結果的に中国の憲法体制そのものに呑み込まれる可能性がある。この戦いを進めるには、個人をAIへの優秀なデータ供給源とするためにおよそプライバシーなるものを否定し、かつ、（財産としての）情報の社会的な「共有」（共産制）を実行しなければならないからである。もうひとつは、中長期的な視野に立ち、（短期的にはコストになるものの）ＧＤＰＲの要請ないし憲法的要請を経済的な「チャンス」と捉えてこれを受け止め、個人の主体性の実現に軸足を置いた憲法調和的なＡＩネットワークシステムの構築に向かう道である。

我々がこの岐路で合理的な選択を行なうには、メディアが、ＧＤＰＲのような情報法制を表層的に伝えるのではなく、その深層にある各情報圏の憲法体制ないし憲法文化と関連づけて伝えることが必要であろう。情報法制をめぐる世界の対立は、憲法の型をめぐる対立でもあるのだから。

“C”の誘惑――スコア監視国家と「内心の自由」

※初出：2019年

1　“C”と中国

非西欧世界のあるところに、“C”という国家があったとしよう。

このCには、二、三の巨大民間デジタルプラットフォーム（以下、一定の規模を持つデジタルプラットフォームを「DPF」と表す）が存在し、Cの人民の大半は、電子決済記録を含む、DPF上のあらゆる行動記録を変数にアルゴリズムが自動算定した社会信用スコアを保持していた。350点から950点の範囲内で付されるこのスコアが、彼らの社会生活のために、必要だった。スコアは、与信、採用、DPF上の取引場面で利用されるだけでなく、交通手段のチケッティングや各種行政サービス、さらには教育、“婚活”などにも広く利用されたため、それなしではおよそ「社会的」な生活を送れなかったのである。

やがて、民間DPFごとにデータが分断され、囲い込まれることによる収集データ量の限界、スコアの正確性の限界などが指摘され、政府がDPFのデータベースを統合し、信用スコアを一元的に管理するようになった。

この政府は、全国に死角なく張り巡らせた監視カメラネットワーク――しかも、人工知能による顔認証機能とセンシング機能の付いたそれ――とスコアとを結合させ、政府の奨励する行為をなした者には加点し、政府の否定する行為をなした者には減点する、そして、頚部静脈等のセンシングにより政府の奨励する精神状態にあると予測された者には加点し、政府の否定する精神状態にあると予測された者――たとえば、政府ポスターに攻撃的な精神反応を示す者――には減点するアルゴリズムを開発し、運用した。スコア付けにかかわる「行為」基準の概要は公開されたが、「精神」基準については公開されなかった（アルゴリズムが高度に複雑化し、基準の詳細を公開することはそもそも不可能であった）。

人民の多くは、一定のスコアを維持して「社会的」な生活を送ろうと、当初は模範的に振る舞うべく努めたが、意識的に努めていることが静脈センシングにより明らかになるとスコアが下がる可能性があることがわかり、次第に心から、あるいは無意識的に基準に合わせるようになっていった。

スコアが一定のラインを下回り、社会的に排除される者も現れた。政府の定める基準に意識的に同調しない抵抗者、この基準に生来的に同調・適応することが困難な不適格者らによって構成されるロースコア集団は、ネットワーク空間上にスラム（バーチャル・スラム）を形成した。

政府は、しかし、彼らの身体を侵襲するような侵害的措置をとることなく、アーキテクチャによりその行動を制御しつつ、「治療」と称して、主に抵抗者に対しては、脳波を遠隔コントロールして精神矯正を行ない、主に不適格者に対しては、生活保護等により身体的健康を保障しつつVR空間で「行動する自由（ゲームで遊ぶ自由）」を与えることで不満の鬱積を解消した。

かくして現在のCは、そこにおいて、ほぼ全ての人民が高度の健康と安全、一定の快楽を享受できる「ユートピア」を自称している——。

この、古くはハックスリーの『すばらしい新世界』、新しくは伊藤計劃の遺作『ハーモニー』を思わせる〝C〟の世界は、無論、フィクションである。しかし、これに急速に接近しつつある国家が現実に存在する。中国である。

彼（か）の地では、電子決済サービスが広く普及し（中国の巨大DPFである阿里巴巴（アリババ）グループの電子決済アプリ「支付宝（アリペイ）」利用者は約10億人以上とも言われる）、実に多くの者が、この決済記録やSNS上の交友関係、資産状況、学歴等を含むあらゆる属性情報や行動記録をベースにアルゴリズムが自動算定した社会信用スコアを保持している。

阿里巴巴グループ傘下の芝麻信用（セサミクレジット）では、阿里巴巴のDPF上でなされた利用者の振る舞いだけでなく、最高人民法院が公表している信用喪失被執行人リストも収集されているという。日本でも報道されるように、芝麻信用のスコアが高い者は低金利でローンを組めたり、賃貸物件の敷金が不要になったりと、さまざまな便益を享受できる反面、スコアが低い者は、企業の採用で不利に扱われたり、〝婚活〟で冷遇されたりと、あらゆる場面で差別的な扱いを受けると言われている（ただし最近はスコアの利用範囲は限定傾向にある）。○1

○1 中国の近況に関する冷静な分析として、梶谷懐『中国経済講義』（中公新書・2018年）。さらに、梶谷懐＝高口康太『幸福な監視国家・中国』（NHK出版・2019年）。

一方、中国政府は、２００４年以降、国務院の発表した「社会信用システム構築計画綱要」にもとづき、統一的な賞罰メカニズムの実現（「統一社会信用番号」による賞罰情報の一元管理）を目指している。２０１８年1月には、中央銀行の個人信用情報データベースのほかに、芝麻信用を含む民間８社と政府系業界団体の共同出資により「百行征信（バイハンクレジット）（信聯）」なる個人信用情報機関が設立された。百行征信を通じて、芝麻信用のスコアを含む民間各社の信用情報が統合されることが予定されているという。

この全国規模の賞罰メカニズムが、「天網」と呼ばれる既存のＡＩ監視カメラネットワークといかに結合し、いかに展開していくのかは未だ不透明であるが、既に地方政府のレベルでは、スコア連動型の賞罰システムが運用を始めているという。例えば江蘇省蘇州市や福建省福州市では、ボランティア、献血、労働模範への選出などによりスコアが加点され、交通機関の運賃が安くなるなどの特典が付与されている。○2 より詳細な調査が必要なのは言うまでもないが、こう見ると、スコア監視国家〝C〟と中国とのギャップはそう大きくないようにも思われる。

この小論が以下で行なおうとするのは、Cと日本との距離を査定すること、そして、Cの何が問題なのかを憲法学的見地から抉（えぐ）り出すこと、である。

○2 高口康太「中国の社会信用システムの真実」DG LAB HAUS ２０１９年３月30日、at https://media.dglab.com/2019/03/30-sesamecredit-01/。なお、石本茂彦＝松尾剛行＝森脇章（編）『中国のデジタル戦略と法』（弘文堂・２０２２年）１０３頁〔松尾〕も参照。

2 〝C〟と日本

(1)スコア利用社会からスコア監視社会へ

日本でも、既にみずほ銀行とソフトバンクが共同で立ち上げたJ・Scoreが、AIを用いた信用スコアリングサービスを行なっていた（※2022年12月のJ・ScoreとLINE Creditの事業統合により、2023年1月以降、順次サービスを終了）。また、NTTドコモ、ヤフー、LINEなど、日本の名立たるプラットフォーマーも、信用スコアリング事業へと参入している（※Yahoo!スコアのサービスは、2020年8月に終了）。

開拓者（パイオニア）であるJ・Scoreのアプリでは、「ハビットチェンジ」なる機能が付され、同社の定義する「良い行動」をとるとスコアが上がる仕組みとなっていた。例えば、「学習習慣」というカテゴリーがあり、アプリ上に掲げられた本や書評を読了するとスコアが上がった。「運動習慣」というカテゴリーもあり、自動記録される活動場所や歩数などがスコアに反映された。

もちろん、ここでは「良い行動」が強制されていたわけではない。そのPRページで[3]、「ユーザーの『自己実現』をサポートする」と謳われていたように、それは本人のため、本人の同意の下で「良い行動」をとるようその背中を「ナッジ（後押し）」するものだったと言うべきであろう。近年、「データ・ダブル（分身）」（阪本俊生）と呼ばれるようなデータ上の自己イメージをポンプアップして良く魅せる——ボディ・ビルディングならぬ——データ・ビルディングが重要な意味を持ち

○3「もう自分の『AIスコア』を測った？　J・Scoreの新アプリがビジネスパーソンの〝モチベーション増幅ツール〟になる理由」ITmediaNEWS 2018年8月22日、at https://www.itmedia.co.jp/news/articles/1808/22/news007.html。

始めているとすれば、「私のスコア」のポンプアップは、「良い行動」を習慣化する有効な動機づけになり得た。

かようなサービスは、DPFを通して自らの行動が「見られる」ことを自ら主体的に選択・利用している段階、換言すれば、自らの目的のために行動を「見てもらう」段階に属するものであって、「自由」の縮減が予定される監視とは一線を画している。それを監視ではなく、「自己実現」の手段にとどめおいているのは、未だ限定的なスコアの利用範囲である。その範囲が限定されており、我々の社会的な生活にとって信用スコアなるものが決定的な意味を持っていないがゆえに、DPFの定める「良い行動」基準を無視するという選択が実質的に可能なのである。この段階を、我々はスコア利用社会と呼ぶことができよう。

ただ、ここで気になるのは、J・ScoreのPRページに、「算定されたスコアは、今後さまざまな用途での活用が見込まれている」と記載されていた点である。もしこの予示どおり、芝麻信用のスコアのように、融資という原初的活用目的を超えて、採用、保険、教育、行政、〝婚活〟等、さまざまな分野で広く活用されていたならば、一定のスコアを維持することが社会生活の基本条件となり、運営DPFが定める「良い行動」基準に自らの行動を適合せざるを得なかったかもしれない。

こうした段階に至って、スコアシステムは、自らの目的のために「見てもらう」ものから、「見られる」ものへと変容する。日本では未だ訪れていないこの第2段階を、我々はスコア監視社会と呼ぶことができるだろう。

では、日本は、この段階をいずれ経験することになるのだろうか。筆者には、この可能性は容易に否定できないように思われる。例えば我々は、従前に比べ、他者と物理的に接触する機会を減らしている。多くのコミュニケーションが、情報ネットワークシステムないしDPFを通じてデータ的・仮想的に行なわれているのである。そこでは、電話のように相手の肉声に触れることもない。

さらにDPFは、利用者情報の分析（プロファイリング）によって、当該利用者の趣味嗜好や生活様式を予測し、当該利用者向きに情報を選別・濾過した個別的環境——フィルター・バブル（イーライ・パリサー）——を構築するため、DPF上では、趣味嗜好・生活様式等が合わない他者と鋭く分断される。

しかし、こうした状況にあっても、経済活動の継続を維持するために「他者」との取引を行なわざるを得ない。このように、実在しているかさえ疑わしい「全き（まった）他者」と安心して取引を行なうには、データ的に表示される信頼指標がきわめて重要となる。それなしでは取引ができないとさえ言えるだろう。

かくして、DPFを媒介としたnonphysicalなコミュニケーションが基本となる社会では、アルゴリズムが算定した信用スコアへの依存度、あるいはその需要が飛躍的に高まるように思われる「食べログ」スコアへの依存度を想起されたい。

そして、もしこう考えるならば、当然ながらスコアの正確性（accuracy）が真剣に問われることになる。スコアの不正確性は取引の失敗をもたらし、当事者に損失をもたらす。のみならず、信用スコアに対する当事者の信頼が失われ、スコア付けを担うＤＰＦ、あるいはＤＰＦを介した電子的取引それ自体の正統性が揺らぐからである。こうしてスコアの正確性が重視されるようになると、これも当然ながら、より多くの個人情報（データ）が必要になってくる。もちろん、スコアの利用が一般化すると、利用者はスコアを上げるために自らのプライバシーを明け渡し、より多くの個人情報を提供することに同意せざるを得なくなる。

しかし、“more data”思考の下では、このような本人提供情報だけではなお不十分ということになり、その行動記録をとにかく継続的・網羅的に収集すること、さらには、演技や虚飾が成り立たない無意識的・生理的反応のセンシング記録を広範に収集することが求められるようになる。仮に正確性よりもプライバシーを重視し、抑制的なデータ収集を行なうＤＰＦが現れたとしても、スコアの品質（クオリティ）という観点から早晩淘汰されるだろう。

このように、スコアの正確性を担保するために情報の収集範囲が必然的に拡張されることで、「何を見られるか」を個人が主体的に選択することは事実上できなくなる。無意識的・生理的反応も含め、常に見られているかもしれないという感覚が、ＤＰＦの定める「良い行動」基準への同調意識を否が応でも高めることも、多言を要しない。これは、「監視」以外の何ものでもなかろう。

以上のような、ＤＰＦ取引の膨張が惹起する因果的連鎖を踏まえると、スコア利用社会からスコア監視社会への移行は自然であるとさえ言い得る。

(2) スコア監視社会からスコア監視国家へ

では、日本において、スコア監視社会から"C"のようなスコア監視国家への移行は起こり得るのだろうか。筆者は、その可能性を過度に強調すべきではないが、かといって、可能性自体を否定すべきでもないと思う。

以下、その理由を5点ほど述べておきたい。第1と第2の理由は一般的なものであるが、第3、第4、第5の理由はこと日本に関するものである。

第1、スコアの正確性の向上。

前述のとおり、民間ＤＰＦは、自らのネットワークを拡張し、スコアの正確性のためにより多くの情報を収集するようになる。しかし、市場において他の民間ＤＰＦが競争相手として存在する限り、そこで収集できるデータの量にはどうしても限界がある。正確性のさらなる向上やスコアの品質統制という観点から見ると、政府が各ＤＰＦのデータベースを統合し、信用スコアを一元的に管理することが望ましい。

第2、治安維持。

伝統的に、警察の有する強制的な捜査権や国家の刑罰権は、犯罪が発生した後でないと発動できない。したがって、国家は、犯罪発生前の犯罪予防については原則として強制的な手段を有していない。これは、犯罪予防について国家が有効なツールを保持していないことを意味する。この点で、信用スコアと連結した一元的賞罰システムは、政府にとって、「悪い行動」を——フィジカルな侵害行為を要せずに——抑止し、治安を維持する魅惑的なツールになり得る。

第3、福祉国家の維持。

日本国憲法は社会福祉国家を標榜しており、政府は国民に「健康で文化的な最低限度の生活」を保障するよう義務づけられている（憲法25条）。他方、政府は財政規律を無視することもできず、有限の財政的基盤の中で有効な社会保障を繰り出す必要が出てくる。健康習慣と信用スコアとを結び付けるシステムは、国民に健康な生活を送るよう強く促すことができるため、社会保障費抑制につながり、持続可能な社会保障制度を渇望する政府にとって大きなメリットとなる。この点、憲法上福祉国家を標榜していない「自由」の国アメリカは、社会保障制度を維持する憲法上の義務を持たないから、政府による一元的賞罰システムの導入に強いインセンティブを持たないということにもなる。

第4、日本における官民情報共有の容易さ。

2019年1月、新聞報道により、日本の捜査機関が、裁判所のチェックを必要としない捜査関係事項照会によって、民間企業からその顧客情報等をスムーズに取得していた実態が明らかにされた（東京新聞2019年1月4日）。レンタルビデオショップを運営し、「Tカード」と呼ばれるポイントカードサービスを全国展開していたCCC社からは、こうした簡易な手続で、カードの会員情報だけでなく、ポイント履歴やレンタル商品名も入手していたという。○4

他方、例えばアメリカでは、ビデオプライバシー保護法（the Video Privacy Protection Act of

○4 「『ツタヤで借りたAV』は警察にモロバレ」『プレジデントオンライン』2019年4月12日、at https://president.jp/articles/-/28381?page=1。

1988）により、以前から捜査機関がビデオショップのレンタル履歴を取得する場合には裁判所の令状が必要とされてきたし、とくに国家安全保障局（ＮＳＡ）による広範な監視実態を暴露した２０１３年のスノーデン事件以降、ＤＰＦをはじめとする民間企業は、原則として裁判所のチェックを受けた開示要請にのみ対応するようになっている。民間企業は、捜査当局の「出先」機関ではなく、顧客プライバシーの「番人（gatekeeper）」としての役割を果たしているというわけである。○5

こうした憲法文化に対し、日本では、憲法が明確に規定する通信の秘密（21条2項）にかかわる情報でない限り、民間企業は捜査機関による顧客情報の開示要請に反射的に応じる傾向があり、捜査機関と民間企業との間に適切な緊張関係が育まれてこなかった。このような特殊な憲法文化に照らすと、日本では、政府が民間企業から個人情報を吸い上げることが比較的容易で、信用スコア等の官民連携が、欧米諸国に比べ進みやすいとも考えられる。

第5、日本における政治権力と道徳規範の不分離。

かつて丸山眞男は、カール・シュミットを引いて以下のように指摘していた。ヨーロッパ近代国家は「真理とか道徳とかの内容的価値に関して中立的立場をとり、そうした価値の選択と判断はもっぱら他の社会的集団（例えば教会）乃至は個人の良心に委ね、国家主権の基礎をば、かかる内容的価値から捨象された純粋に形式的な法機構の上に置」く。対して、「内面的世界の支配を主張する教会的勢力〔が〕存在しなかった」日本では、本来政治的権力のみを有すべき国家が、精神的権威として道徳世界をも支配することとなった。○6

○5 Alan Z. Rozenshtein, Surveillance Intermediaries, *Stanford Law Review*, Vol. 70, No. 1, p. 99 (2018).

○6 丸山眞男「超国家主義の論理と心理」『超国家主義の論理と心理 他八篇』（岩波書店・２０１５年）所収、14～15頁。

国家が完全にドライな形式的存在であるべきかについては議論の余地があるが、日本におけるそれが、過度にウェットな精神的存在であり続けたということは否定できない。この国家の精神性・道徳性が、現代の少なくない日本人の心になお沈殿しているという事実は、例えば２０１２年の自民党憲法改正草案が、前文に「日本国民は、……和を尊び、家族や社会全体が互いに助け合って国家を形成する」と書いたこと、家族条項に「家族は、互いに助け合わなければならない」という文言を付加したこと、そして、「思想及び良心の自由は、これを侵してはならない」と書いた現行憲法19条の歴史的特権性を抽象化し、その文面を変哲のない「思想及び良心の自由は、保障する」に改造したことなどからも明らかである。

こうした、国家による内面支配への抵抗感が薄い日本では、道徳的・倫理的に「良い」秩序を作るとの大義の下、国家が、信用スコアに紐づいた一元的・データ的賞罰システムを構築し、個人の行動・内面を――労りをもって――「見つめ」、その精神を嚮導・教化することが強い抵抗もなく進行していく可能性を過少に見積もることはできないだろう。

以上のように見ると、非西欧世界の片隅にあるこの日本で、スコア利用社会からスコア監視社会、そしてスコア監視国家へと移行する可能性――〝C〟の可能性――は完全には否定できないように思われる。

しかし、はたしてそれが問題なのだろうか。最後に、この困難な問いに憲法学の見地から若干の考察を加える。

3 〝C〟の問題——ロドリゴの自由

〝C〟は問題ではない、という議論もあり得る。スコア監視社会がスコア監視国家へと移行する背景として前節で挙げたものの言い換えになるが、以下、〝C〟を積極的（ポジティヴ）に捉えられる理由を例示しておこう。

まず、〝C〟は徹底した安全を我々に与えてくれる。しかもそれは、強制や厳罰という威嚇的な手段を用いずに実現され得る。多くの者は、一定の信用スコアを維持するために、意識的に、しかしやがて自然に、Cの定める「良い」基準＝アルゴリズムに適合するようになる。その上で、安全な、管理的「自由」を最大限享受できる。抵抗者はセンシング等により常時内面を把握され、行動も制御されるが、脳波的介入等により何ら身体を害されることなく「善人」へと嚮導される。不適格者はフィジカルな行動を制限されるが、身体的健康とともに、VR空間におけるゲーム的「自由」を最大限与えられる。スコアとセンシングとを結び付けたこうした統治技法により、隙のない徹底した——「犠牲者」なる概念が忘却された——安全社会、リスクなき階層社会が実現され得るのである。

また〝C〟は、スコアを通じた健康生活への誘導や身体モニタリングなどにより、徹底した身体的健康を我々に与えてくれる。一元的賞罰システムの構築やセンシングのための網羅的ネットワークの構築には莫大な費用がかかるが、その後の社会保障費は大幅に抑えられるため、前述のように持続可能な社会保障制度の実現も可能となろう。

さらに、〝C〟は一定の快楽を我々に与えてくれる。Cの統治の下で身体的な苦痛を感じることはほとんどない。病気で苦しむこともなくなっていく。Cの行動規範に適応した者にとって、その生活は快適そのものであるし、ロースコアな者もVR空間において快楽を享受できる。

では、〝C〟の実現により失われるものとはいったい何なのだろうか。

微視的(ミクロ)に見ると、それは、主体的・内面的自由の境位であろう。一般に人は、スコアが下がれば自由――それすら管理された「自由」であるが――が縮減するため、Cの「良い行動」基準に従わざるを得なくなる。これは、道徳的あるいは政治的にいかなる行動をとるべきかを自ら主体的に選択する自由が事実上失われることを意味する。また、スコア付けアルゴリズムの詳細は明らかにされない（できない）だろうから、実際にはスコアの低下と関連しない行為についても広くこれを差し控えるようになる（萎縮効果）。

ただ、ここで注意を要するのは、「行為」選択の自由の喪失が、主体的・内面的自由の喪失と同義ではないという点である。

我々は、「ふりをする」――自らの内面に嘘をつく――ことができるからである。Cの思想に合致した行為をなさざるを得ないということは、Cの思想に心から従わざるを得ないということを意味しない。人間は、自らの信条を保持しながら、Cの思想に従った「ふり」をすることが究極的に可能な生き物である――江戸期のキリシタン弾圧の歴史を描いた遠藤周作の名作『沈黙』

の中で、司祭セバスチャン・ロドリゴが、同志を拷問から救出するために、イエスへの信仰を維持しながら踏絵に足を乗せたように。ロドリゴは、外形的には確かにに棄教し、厳しい監視を受けたが、精神の内奥において司祭であることを決してやめなかったのである。彼は、行為選択の自由は失ったが、なお精神の自由という究極的自由を保持していたと考えることができる。

現実の日本に、例えば「君が代」事件がある。これは、その思想信条から式典での国歌斉唱等を拒絶する教諭に対して、政府が起立斉唱行為を命じることができるかを論点とした。最高裁判所は、この行為の強制は憲法19条の思想良心の自由に違反しないと結論し、激しい議論を喚起した。しかし、我々は最高裁が、その合憲判断に際し、式典での「儀礼的な所作」として、自らの信条と切り離して形式的に行為することが可能との立場を示していたことに留意しなければならない。

要するに最高裁は、人間は自らの信条を保持しながら行為することが可能であるとの前提に立って、「行為」強制により思想良心の自由――ロドリゴの自由――までは直接侵害されないと考えていたことになる。さらに、個人の信条は、それが「内心にとどまらず、……外部的行動として現れ、当該外部的行動が社会一般の規範等と抵触する場面において制限を受ける」という判例の一節を裏返せば、最高裁は、その信条が内心にとどまる限りは制限されてはならないこと、すなわち、内心領域の自由は絶対的に保障されることを宣言したものと解することができるだろう。○7

人の心の内奥を「見る」センシング技術と一体化した賞罰システムによって失われるのは、この人間の究極的領域、すなわち「ロドリゴの自由」である。

○7 最判平成23年5月30日民集65巻4号1780頁。

実は、従来の監視社会論やディストピア小説の多くは、遠隔的に直接精神を監視するというセンシング技術に強い関心を持っていなかった。外形的行為、身体的表層に注がれるまなざしへの意識が、規範への自発的服従をもたらすというパノプティコン・テーゼは、したがって、自発的に服従した「ふりをする」という究極の自由ないしはそれへの直接監視という論点を適切に主題化できなかったのである。ディストピア小説では、反体制派の「視点」――主人公――が当然のように描かれていたが、このことは、「ふりをする」自由が存在すること、精神の自由がセンシングにより把握されていないことを暗黙の前提としていなければ、決してなし得なかったはずである。

単純なスコア監視国家は、実のところパノプティコン・テーゼの延長で語れる。この国家では、パノプティコン国家と同様、「ロドリゴの自由」が辛うじて許容されるからである。他方、センシングを伴った〝C〟の監視システムは、かかる究極的自由をも圧殺する。それは、Cの世界で、パノプティコン的世界では存在し得た「ふりをする」革命家が、あるいは革命に向けられた隠れたる精神的自由が完全に排斥されること、Cの統治が――そこでは革命の芽が育たないがゆえに――不可逆的なものであることをも意味している。

Cによって失われるもの。これを巨視的(マクロ)に見れば、それは当然ながら近代というシステムそのものということになる。周知のとおり、近代は、人間の生理的・動物的・自然的な側面を私的領域に押し込めてこれを隠し、人間が理性的・政治的・主体的に「活動」する公的領域を切り出そうとしてきた。そして、動物と区別される人間のアイデンティティ(条件)を、主として後者の属性に見てきたと言ってよいだろう。政治システムや法システムは、理性的で政治的で主体的な「人間」を前提にしてきたのである。

しかし、〝C〟は、スコアの正確性を高めるために私的領域での無防備な動物的行動に注目するだけでなく、センシングによって「仮面（ペルソナ）」の下にある生理的な精神反応を直接見ようとする。要するにCは、「公共」という演技的空間（「ふりをする」空間）を失効させ、人間を全て動物的平面において管理しようとするのである。ここで失われているのは、「人間」という規範的概念であり、これを前提に構築されてきた近代というシステムそのものである。

4 〝C〟と、再帰的近代と

我々はいまや、〝C〟への移行を可能ならしめる技術を着実に手にしつつある。静脈センシング技術は、既に「不審者」予測のために実装されており、今後も進化の一途をたどっていくだろう。AIを用いた信用スコアリングサービスの社会的な実装状況から見れば、少なくとも我々は、Cへのファーストステップであるスコア利用社会には足を踏み入れている。

我々が自然に身を委ねるならば、日本が、スコア利用社会からスコア監視社会、そしてスコア監視国家へと歩を進めていく可能性はゼロではない。となると、我々は近い将来、「ロドリゴの自由」までをも明け渡し、安全と、健康と、快楽のために動物として生きていくのか、それとも、多少のリスクと苦痛とともに、人間として生きていくのかを選択せざるを得ないことになろう。

前者は近代立憲主義の理念とは異なるため、少なくとも憲法改正が必要であろうが、その選択が先験的・必然的に否定されるわけではない。それには、容易には抗し難い魅力が、確かにある。ただ、〝C〟に向けた選択が、一度それを行なったならば引き戻せない、メフィストフェレスとの契約であることを忘れるべきではない。我々がもし、精神における自由、そして、この自由を基礎にした再帰的な近代を望むのであれば、明らかに後者を選択すべきである。

しかし、Chinaが〝C〟と急速に一体化しつつあることからわかるように、安定と効率を渇望する政府の前に、その選択はきっと困難を強いられるだろう。このとき、情報化社会において既に傷だらけとなった「プライバシー」という語彙(ボキャブラリー)だけではたして十分なのだろうか。来るべき選択の日を前に行なっておくべきなのは、この日本においてかつて否定されたがゆえに現行憲法に明記された、思想良心の自由――内心領域の自由――の意味を再確認し、憲法上の権利として研ぎ澄ませておくことではないだろうか。

個人情報保護法制のゆくえ――憲法と個人情報保護

※初出：2020年

鈴木 正朝（すずき・まさとも）プロフィール
1962年生まれ。中央大学法学部卒業、情報セキュリティ大学院大学（IISEC）博士後期課程修了。博士（情報学）。ニフティを経て2005年より新潟大学法学部教授。専門は情報法。2016年より一般財団法人情報法制研究所（JILIS）理事長、2017年より理化学研究所AIP　情報法制チームリーダー（PI）を経て2020年より客員主管研究員を兼務。近年の著作として、「教育データと個人情報保護法制」情報法制レポート2号（2022年）、「次世代政策をデザインする 国家論 個人情報保護法令和3年改正（公民一元化）と個人情報の定義の統一」自治実務セミナー715号（2022年）、「デジタル社会の個人情報保護法制（特集　インターネットを巡る近時の法的諸問題）」法の支配 202号（2021年）などがある。

2020年、個人情報保護法の改正がなされた。これに先立ち、2019年11月末には個人情報保護委員会から「個人情報保護法　いわゆる3年ごと見直し　制度改正大綱（骨子）」が公表されたが、これが本対談の発端であった。その後においても、個人情報・個人データの取得をめぐっては、データエコノミー時代に対応するために他の法領域からも規制が検討・策定されており、依然として、個人情報保護法の役割（法目的）は何か、その根底にある視座は何かを立ち止まって確認する必要がある。その確認はまた――かつて就活学生の内定辞退予測スコア提供が問題になったが――今後のデータ利活用に関する企業活動を社会に受容されながら進める上でも、必要となるだろう。なお、本対談は、2020年の個人情報保護法の改正前になされた。記述は当時のものを（本書全体の表記統一のための修正を除いて）そのまま維持しているが、時系列については〔　〕内で補完を行った。制度の現状については脚注で若干の補足を行っている。

1　個人情報保護法制を考える上で、なぜいま「憲法」なのか

（1）個人情報保護法は何を目的としているか

鈴木　最近、個人情報保護をめぐる事件が続き、そのたびに個人情報保護法とは何かということに直面してきました。とくに、Ｓｕｉｃａ問題とリクナビ問題（後述）からは学ぶことが多かった。これらは我々に何を教えに来てくれたのだろうと考えています。

個人情報保護法はいわゆる道交法のような行政取締規定という位置づけで捉えられてきたと思います。私も個人情報保護法は、広い行政裁量の中で行政庁がガイドラインを示し、新しい事案にぶつかるたびに改正を重ね塩梅よく調整し、全体の保護水準を上げていくものだろうと捉えていました。したがって、ある種の決めの問題であろうと安易に流してしまった、そこにある理論的基礎を掘り下げることを怠ってきたという反省が私にはあります。

平成15（2003）年の成立時からしばらくは、漏えい事件の報道が続き過剰反応が問題になるほど個人情報の保護の機運が高まる中で、この法律はいわば個人情報漏えい防止法のような運用に流れていました。その反動もあるのか、ビッグデータ時代と言われるようになると今度はその利活用が叫ばれるようになり、そのタイミングで記名式

Ｓｕｉｃａ履歴データの無断提供問題が起きました。そして昨今は、ＧＡＦＡＭに加え中国勢の台頭の中にあって、日本企業としては人工知能（ＡＩ）等も駆使してデータ産業を興し、次なる「データエコノミー」の時代に向け形勢逆転を狙っていこうという機運も出てきているように思います。そのような状況下で、リクナビの内定辞退予測スコア販売問題が起きました。産業界からすれば新しいアイデアをもって挑戦的に取り組もうとするたびに、情報法の研究者らから急に難癖をつけられるという印象もあったのかなと思います。

一方、個人情報保護法は平成27（２０１５）年改正で個人情報保護委員会が立ち上がり、３年ごと――３年後ではなく――の見直し条項が入りました。これは、進化の過程にあるこの法律にとって非常に意味のある規定だと思います。しかし、個人情報保護法は、本来何を目的とするもので、いったいどこに向かおうとしているのか。ビジネスモデルを作っていく上でも、その行く先と見通しを見せて欲しいという率直な気持ちが産業界にあるのではないかと思います。

山本　人工知能も含め、技術の進歩が著しい。「３年ごと」でもこの進歩に追いつくことはできません。ですので、法律で具体的に書き込むには限界がある。私は以前、個人情報保護法は、具体的なルールを誰が決めるかを決める権限配分法という要素が強く、「ガバナンスの、秩序形成のための基本法」としても位置づけられる、と書いたことがあります。[1] 実際、この法律の中には、「政令で定める」といった言葉が約40回、「規則で定める」といった言葉が約20回も出てきます。さらに、認定個人情報保護団体の定める指針にも一定の重要性が与えられている。こう見ると、法律レベルでの不確定性や流動性はかなり高いわけです。多くを下位の規範に委ねる無責任な法律のようにも見えますが、技術革新の速度を考えると、そのこと自体は批判できません。

ただ、こういうタイプの法律の場合、重要になるのは、目的や原理、基本的な方向性を指し示すことだと思います。これがないと法律以下の規

○１　山本龍彦『プライバシーの権利を考える』（信山社・２０１７年）１８９～１９０頁。

範（政令・規則・指針等）を含む法制度全体の体系性や首尾一貫性が確保されず、予測可能性も担保されません。私自身、現行の個人情報保護法は「東西南北」のような基本的な航路も示せていないと感じています。これは、AI時代の人権保障にとって問題であるだけでなく、ビジネスにとっても、国際関係にとっても問題だと思います。

私は、データ保護を憲法上の基本権として捉え、個人情報保護法をこうした基本権の具体化法として明確に位置づけるべきだと考えています。

EUのGDPRは完全にそうなっていますね。ブリュッセルで「憲法」と呼ばれているEU基本権憲章8条にデータ保護の権利（right to the protection of personal data）が明記され、GDPRは前文1項でこれを引用して、データ保護は基本的人権のひとつだと宣言している。ここで言うデータ保護の権利の内容は、基本的にはドイツで育まれた情報自己決定権だ、と考えられています。ブリュッセルで、GDPRの「G」はGermanの「G」だ、というジョークを聞きましたが、それだけドイツ流の情報自己決定権の影響が強い。

アメリカでは、データ保護が憲法上の権利だという意識は強くない上、憲法は政府にのみ適用されるという考えが支配的で、民間事業者との関係で憲法は直接出てきません。ただ、最近アメリカのIT巨人の役員と意見交換する機会があったのですが、彼女は、データ保護とCivil Rights（市民権）とのかかわりが強くなってきた、と指摘していました。プロファイリングのような技術が民主主義にネガティブな影響を与え、差別をもたらすことが自覚されるようになってきたからだ、と。昨年［2019年］アメリカで最も読まれたプライバシー論文のひとつとされるハーツォグとリチャーズの論文[2]も、手続的な観点に限定されることなく、民主主義やCivil Rights、プラットフォームとユーザーとの権力関係を含めた包括的で憲法的な観点からプライバシー法を再構成する必要を説いています。我々は「憲法の季節（constitutional moment）」を迎えているのだと。こう見ると、アメリカでも、データ保護についてCivil Rights

[2] Woodrow Hartzog & Neil Richards, "Privacy's Constitutional Moment and the Limits of Data Protection," *Boston College Law Review*, Vol. 61, No. 5 (2020).

の保障といった基本権レベルの「目的」が前面に出てきつつある。

リクナビ事件や信用スコアリングの普及は、アルゴリズムやプロファイリングによってつくられる個人像——データ・ダブル（データ上の分身）——が、個人の人生にとって決定的に重要な意味を持ち始めていることを示唆しています。だとすれば、データ・ダブルの管理を可能にする情報自己決定権を基本権として認め、その実現を個人情報保護法の主たる目的と考えるべきではないでしょうか。それによって、「3年ごと」の見直しに方向性が与えられ、個人情報保護法制に体系性が生まれるように思います。

鈴木　現行の個人情報保護法は、むしろ意図的に憲法と切断しようとしていたと思います。立案担当者の書いた本など見ましても、プライバシーの権利の多義性を強調していますし、開示等の求めの法的性質においても自己情報コントロール権的な考え方は採用していないと言っていました。令和2（2020）年改正も含め、今後の3年ごとの見直しの中で、行政取締規定を維持しようという立場と、人権規定を反映した実体的な権利を創設し、憲法の具体化法として再構成していくべきだという立場のふたつがせめぎあっていくのではないでしょうか。山本先生と私は後者の立場です。確かに後者を実現するのは中味の吟味以前に難易度が高くリアリティがないとして敬遠される向きはあるでしょう。しかし、それに抗してこちらはしっかりとその必要性を論証していかねばなりません。マイナンバー制度も、独立行政委員会としての個人情報保護委員会の創設も100％無理と、個人情報保護法制2000個問題解消の必要性の提言に至っては問題自体が幻想だと批判されてきました。しかしどれも前向きに進捗してきました。時代の力だと私は思います。

小さなスコープのリアリティにとどまる限り、何度も何度も見通しを誤るでしょう。

昨今、立法事実という言葉が人口に膾炙して、例えば課徴金導入に反対するために立法事実がないということがここ数年の経済界を見渡すだけで軽く言われたりもしますが、ここで言う立法事実は、歴史と世界の潮流だと言うべきです。行政取締規定の設計思想にとどまる限り、強いサンクションは出てきません。データ社会への転換期という時代背景にあるという認識にあるからこそ、憲法上の権利の実現を個人情報保護法の主たる目的とし、それを受けた実体的権利を創設しようということになる。人権侵害的結果を招くような重大な義務違反を想定するならば、課徴金も直罰もその検討の俎上に載ってくるのはむしろ当然のことです。産業界からビジネスが萎縮すると騒ぐような話ではない。そもそも人権侵害的義務違反の領域はビジネスが成立しない。そこに踏み込むなという警鐘を鳴らす機能はむしろ歓迎すべきです。自国の憲法を通じて欧米普遍的な価値観を共有するところで法制度間のハーモナイゼーションを図り、そこを基盤にグローバルビジネスを展開することを狙うべきだと思います。

とはいえ、現実的には、面前の社会的事件の一つひとつが問題を提起し、考える契機となり、社会的コンセンサスの形成を促す力となっています。その意味で、Ｓｕｉｃａ問題とリクナビ問題を改めて振り返ってみたいと思います。

⑵ ふたつの問題の教訓

【Ｓｕｉｃａ問題】

鈴木　記名式Ｓｕｉｃａ履歴データ無断提供問題は、平成25（２０１３）年にＪＲ東日本が交通系ＩＣカード「Ｓｕｉｃａ」の乗降履歴データを、氏名等を削除するなど加工して日立製作所に販売、提供し、日立はマーケティング資料として統計化して販売するといういたってシンプルなビジネスモデルでした。ここで問題になったのは、その加工が匿名化、すなわち非個人情報化されていたか否かです。個人データに該当するならば本人同意またはオプトアウト手続（個人情報保護法23条）の適用があるところ、それを怠っていたことを、私を含めた一部情報法研究者等から指摘されニュースになって社会問題となった事件でした。

この事件の意義は、個人情報の定義の明確化に一役かったことです。要するに「匿名」と「仮名」の違いを考える契機となり、その後のＧＤＰＲにおけるanonymous information（匿名情報）とpseudonymization（仮名化）の概念を理解する上で大きく役に立ちました。アメリカではＳｕｉｃａ問題の4年前にネットフリックス事件があって、同種の問題に直面していました。日本では、こうした欧米の考え方の進展に全く追いついていなかったということです。

　また、この適法か違法かの争いは、平成27年改正における「匿名加工情報」、そして翌年の行政機関個人情報保護法等における「非識別加工情報」の新設にも繋がりました。さらには、23条の解釈に絡んで「個人情報」の定義における容易照合性の判断基準も争点となって、提供元基準説と提供先基準説が対立します。

　結論としては、従来から政府解釈として提供元基準で解釈してきたことが確認されましたし、匿名加工情報の要件を充たさないことは明らかですから、個人データのままだったという評価になります。これは、ＧＤＰＲと同じ結論になりますから、今日、日米欧のData Free Flow with Trust（信頼ある自由なデータ流通）を掲げる政府方針とも合致しますし、法制度のハーモナイゼーションという点からも良かったと思います。

　ＪＲ東日本と日立もよく対応されていました。彼らを擁護するとすれば、そもそも個人情報の定義の要件である容易照合性の判断基準が、個人情報保護委員会が定める個人情報保護法のガイドラインに明記されていなかったことです。私も前身である経済産業省の個人情報保護ガイドラインの策定に10年ほど関わってきましたので、この批判は我が身に返ってくるところもあるのですが、ガイドラインの1丁目1番地である個人情報の定義、判断基準が明瞭に打ち出されてこなかった。問題が起こってから個人情報に該当したと言われかねないのであれば、企業のビジネスにとって不安材料でしかありません。安全策に流れて過剰反応や萎縮を招き、また一方では法令遵守を最初から諦める出たとこ勝負を助長するようになりかねないと思います。

これまでは、紙文書上の個人情報、つまり「散在情報」（個人情報データベース等を構成しない個人情報）を前提として我々は匿名化を考えてきました。そこでは、氏名を消す、住所を消す、電話番号を黒塗りすれば対応でき、いわば紙だから行なわれてきた匿名化でした。

ところが、個人情報データベース等に記録された「処理情報」においては、匿名化のためにもう少し難易度の高い加工が要求されるようになった。Ｓｕｉｃａ問題ではＩＤ、氏名、フリガナ、電話番号の列だけを匿名化していました。これが紙文書だと匿名化、非個人情報化という評価ができます。ところがデータベースでは、それだけだと容易照合性が残るのでもうひと手間をかけなければなりません。これが匿名加工情報の加工基準の話になっていきます。

おそらく個人情報保護法には、散在情報としての判断基準と処理情報としての判断基準という区別が実はあって、Ｓｕｉｃａ問題は散在情報としての基準を採用してしまったことが問題の原因だろうと思います。

制度改正大綱（骨子）Ⅳ1（大綱第3章第4節2）

「仮名化情報」の創設

イノベーションを促進する観点から、他の情報と照合しなければ特定の個人を識別することができないように加工された個人情報の類型として「仮名化情報」を導入する。仮名化情報については、本人を識別する利用を伴わない、事業者内部における分析に限定するための一定の行為規制や、仮名化情報に係る利用目的の特定・公表を前提に、個人の各種請求（開示・訂正等、利用停止等の請求）への対応義務や、取扱いに関する制限を一部緩和する。○3

【リクナビ問題の教訓】

鈴木　個人情報保護法は、散在情報と処理情報と

○3 2020（令和2）年の個人情報保護法の改正では、データの利活用を促進する観点から「仮名加工情報」が新設された。仮名加工情報とは、「他の情報と照合しない限り特定の個人を識別することができないように個人情報を加工して得られる個人に関する情報」（2条5項）のことを指す。仮名加工情報は、開示請求等の本人からの請求の対象外となるほか、利用目的の変更が認められており、仮名加工した個人データを事業者内部で利用・分析することが想定されている。

いう違いを意識しつつ立法されていますが、平成15年法において情報公開法との関係を踏まえて立法した結果、本来のコンピュータの脅威に対応するという法目的が曖昧になってしまいました。処理情報、データベース中心の視点が欠落した解釈を続けてきた。ところが、データエコノミー時代を前に、リクナビの内定辞退予測スコア販売問題は、忘れていた個人データ保護法本来の法目的は何であったかを教えてくれました。

これは、本人が理解できない中でデータによる人間の選別が行なわれ、就職機会を奪われかねない問題でした。その危険性が表面化して、情報漏えいだけがリスクではないと。コンピュータ処理の濫用のリスクが具体化し広く世に知らしめられたわけです。

容易照合性の問題、つまり、Ｓｕｉｃａ問題で提供元基準が政府見解であるとは確認しましたが、従来からオンライン結合されているものに関しては、提供先のものも評価の対象に含めるという認識を明らかにしたということです。

今日のビジネスモデルは、複数の事業者間の同一システム上のデータ流通上、全容が見える範囲での特定個人識別性を考えるべきである。これは現行法のガイドラインをベースとしても言えるのではないかと思います。Ｃｏｏｋｉｅであるかどうかが本質ではなくて、要はその本人をターゲットにしているかどうかを見ていくのが本質ではないかということです。

制度改正大綱（骨子）Ⅳ2（大綱第3章第4節4）

提供先において個人データとなる場合の規律の明確化

個人に関する情報の活用手法が多様化する中にあって、個人情報の保護と適正かつ効果的な活用のバランスを維持する観点から、提供元では個人データに該当しないものの、提供先において個人データになることが明らかな情報について、個人データの第三者提供を制限する規律を適用する。○4

○4 2020（令和2）年の個人情報保護法の改正では、個人関連情報の第三者提供の制限等に係る規定が新設された（個人関連情報には、端末識別子を通じて収集されたサイト閲覧履歴などが該当する）。その結果、提供元では個人データに該当しないものの、提供先において個人データとなることが想定される情報の第三者提供について、本人同意が得られている等の確認が義務づけられることになった（31条）。

2　そこで語るべき「憲法」とは何か

（1）ふたつの世界と異なる論理

山本　そのとおりですね。個人に戻ることが前提とされているわけですから、個人の基本権保護という個人情報保護法の「目的」が強く意識されていれば、当然問題だ、となっていたはずです。けれども、この目的が明確でないから、法律の規定を過度に形式的に捉えてしまう。憲法論の不在は過度の形式主義をもたらし、目的論的解釈を不可能にしてしまうわけです。

ただ、私自身は、こうした観点から見ると、ふたつの問題には違いがあると考えています。リクナビ問題は個人に戻ることが予定されている。しかも内定辞退率という、個人に不利益を与え得る属性がプロファイリングされています。他方で、Ｓｕｉｃａ問題は最終的に個人に戻していくという目的はなかった。そうすると、どちらも法的には問題なのだけれども、批判の強度やポイントは変えなくてはならないように思います。どちらも同じトーンで目くじらを立ててしまうと、かえって萎縮して形式主義化してしまう。大事なものは何かがわからなくなり、「目的」に応じた保護のグラデーションがつかなくなるように感じます。

私は、個人に戻すことが想定されているか否かで、重視すべき論理を異にすべきだと考えています。個人に戻すことが前提とされる「個人の世界」では、自己決定の論理が強調される。そこでは、本人関与の実効性をいかに確保するかがポイントになるわけです。他方で、個人に戻ることが想定されない「集合の世界」がある。アセットの世界と呼んでもよいかもしれません。この世界で重要なのは、個人に戻ることを防ぐセキュアな仕組みなり構造なり技術なのだと思います。個人情報保護法の「目的」を明確化することで、異なる論理が適用されるふたつの世界を創造できる。そして、「集合の世界」では、一定の制度措置が講じられることを条件に、データの利活用を積極的に認めることが可能になります。憲法論的な視点から「目的」を語ることは、自己決定の論理から外れる、徹底した利活用領域をつくることでもあるのです。

Ｓｕｉｃａ問題は、「集合の世界」が徹底されなかったことが問題だったのであり、直接には基本権の問題ではなかった。この点を踏まえないと、リクナビ問題との質的違いが意識されず、結局、実体的価値との関係で濃淡のない、フラットな形式主義を助長してしまうようにも思います。

鈴木　本質論は先生のおっしゃるとおりで、まさにリクナビ問題こそ、個人情報保護法が守ろうとするものは何かが問われたものだと思います。以前より、私も「自動処理」という表現は把握していましたが、どういう意味かわかっていませんでした。コンピュータそれ自体が自動処理なものですから、コンピュータを形容する記述程度に捉えつつ、実際には腹落ちしておりませんでした。

リクナビ問題はまさに法目的の曖昧さから来るものです。全ての法律が憲法の個人の尊重原理の下にある以上、どのような法律であれ究極的には個人の権利利益の保護という目的に帰着するはずです。しかし、個人情報保護法では固有の法目的がしっかり述べられておりません。個人情報の有用性に配慮しながら個人の権利利益を保護しなさいと言うだけです。そこで、保護と活用のバランスが重要だというわけです。ところが、消費者保護団体の思うバランス論と企業の思うそれとは拠って立つ価値観が違いますから、裸のそれらがぶつかるだけで、そこに調整原理も何も見出せない。表現の自由とプライバシーの権利との関係のような議論は起こりませんでした。ところが、リクナビ問題が起きて、その根本の原因として、やはり個人の権利利益の保護が個人情報保護法で具体化されていなかったことが明るみに出ました。昨今のプロファイリングに関する議論と、今回の問題が相まって、個人情報保護法が守ろうとするものは何か――すなわち、憲法上の基本権――を具体化する必要に直面してきたのではないかと思います。

もしこれが確認されていくのであれば、課徴金導入などサンクションの強化についての議論も変わると思うのです。法が守ろうとするものは何か、つまり法目的をより明確にする。その上で、中核的な義務規定を設けて、その違反内容が人権侵害的領域に立ち入るのであれば、さすがに20億円を超えるGDPRの制裁金のようにはいきませんが、日本法の中でも強いサンクションをもって応える立法になっていくのだろうと思います。

その代わり、その人権侵害的領域を外れるものについては、もう少し実質的な影響度を勘案して、行政法的（手続的）規律のまま、利活用の促進を図るというのも、法の設計としてあり得るのではないでしょうか。メリハリをつけるという意味でも法目的の確認が重要だということです。リクナビ問題はそれを教えてくれたのではないかと思っております。

山本　そこは全く同感です。それこそがこの対談を開いた趣旨でもあります。

(2) 形式的、手続的規律から、実質的、実体的規律へ

鈴木　手続的規律にとどまる現行法のままでは、ガイドラインに従ったチェックシートに落とし込んで、それさえできていればよいというようになってしまう。リクナビ問題も、利用目的を修正し、本人同意を得れば、内定辞退予測スコアのサービスを継続することができてしまうでしょう。手続的規律では、白だけではなく黒も通過させてしまうことがあるということです。したがって、ここは適正・不正に踏み込む実質的規律が必要でしょう。もちろん適正さの判断基準をどのように示すか、考えていかなければなりませんが、この運用の積み重ねをベースに、憲法と接続した個人情報保護法制に再構成していく、その意味するところは実質化、つまり実体的な権利創設ということです。

制度改正大綱（骨子）Ⅱ2（大綱第3章第2節2）

適正な利用義務の明確化
　情報化社会の進展によるリスクの変化を踏まえ、個人情報取扱事業者は、不適正な方法により個人情報を利用してはならない旨を明確化する。[5]

山本　そうですね。プロファイリングなどの技術が向上する以前は、遵守する手続も比較的シンプルでした。取得データ自体の性質に着目していればよかったからです。ところがプロファイリングがデータ処理の肝になってくると、ささいな取得データから本人に不利益を与えるような要配慮のデータが引き出される。内定辞退率がまさにそうですね。本人にとっては不意打ち的な要素が強くなってきます。そうすると、「取得」段階と「開示」段階、すなわち「入口」と「出口」だけケアしておけばよいということではなくなる。その「途中」・「過程」が重要になるわけで、入口と出口でデータの性質が変わらないことを前提としてきた従来の手続を形式的に遵守するだけでは不十分ということになります。

　そこでは「守るべきものは何か」を考えることが重要で、そうしないと、何を通知・公表すべきか、何に対して同意をとるべきかといった手続すら混沌としてきます。取得データについて一所懸命同意をとっても、実はあまり意味がないわけですね。プロファイリングによってその性質が変わってしまいますから。

　ワチャーらは、プロファイリングに焦点を当てた上で、「合理的に推論される権利」こそが重要だ、と指摘していますが[6]、私自身は、自己情報コントロール権ないしは情報自己決定権を基軸に据えつつ、そこから訂正請求権や利用停止権などの権利を再定位していくことが重要と考えています。

　そもそも、憲法学説が1970年代以降主張してきた自己情報コントロール権は、プロファイリングに照準したものだったと思うのですね。個人情報が自分の知らないところで処理・連結され、不利益を受けるリスクがある。それが問題の本質なのだと。そうすると、AIの導入によりプロファ

[5] 令和2年の改正で新設。現行19条（「個人情報取扱事業者は、違法又は不当な行為を助長し、又は誘発するおそれのある方法により個人情報を利用してはならない。」）。

[6] Sandra Wachter & Brent Mittelstadt, "A Right to Reasonable Inferences," *Columbia Business Law Review*, Vol. 2019, No. 2 (2019).

イリングの精度が上がった今こそ自己情報コントロール権の出番で、その実質化が重要だと思うのです。

プロファイリングを今後の個人情報保護法制の核心だとすると、この核心部分を実質的に規律できない個人情報保護法に何の意味があるのかが問われます。周縁だけを形式的に規律し、核心の規律が空洞化してしまうのでは、真ん中に穴が空いたドーナツのようなものです。外堀を固めるという戦略もあり得ますが、そこを固めすぎると非本質的な部分が過剰に保護されてしまうことにも注意が必要です。

(3) 現行法を憲法に即して解釈することは可能か?

鈴木 ドーナツの中心にある本来個人情報保護法が守るべきものが曖昧であるために、とりあえずリスクとして明白な情報セキュリティ対策にしか目が向きません。番号法も同じです。識別子のリスクはまずは「名寄せ」だと説明しても、「漏えい」しか具体的なイメージがわかないので、そこの点のリスクだけが強調され報道されます。

個人データ保護は、基本権(人権)と密接に関係しているということをどう説得的に伝えるか。例えば、個人情報保護委員会委員長時代の堀部政男先生がEU側に日本の個人情報保護法の説明をする際のプレゼン資料には、一番上に「The Constitution of Japan」を置いていました。しかし、日本国内向けに事務局が用意した図では「憲法」の部分が省略されていました。はて、この一見些細なところに見え隠れする配慮と対応の揺らぎの意味は何であろうと思いました。

EUでは、リスボン条約(基本権)の具体化法としてGDPRを位置づけておりますから、当然に日本の個人情報保護法も日本国憲法の具体化法となることを期待して理解しようとするでしょう。相互に十分性認定をした時点で、日本の個人情報保護法制は、その性質の変容が始まっているような気もいたします。現行法の解釈論にも微妙な影響を与え、当然今後の立法政策にも大きな影響があって然るべきだと思うのです。

山本　十分性認定のプロセスで行なったコミットメントを言質として強調する戦略ですね。もうひとつ、G20との関連で内閣府が昨年3月に公表した「人間中心のAI社会原則」も重要だと思います。その中の人間中心の原則には、「AIの利用は、憲法及び国際的な規範の保障する基本的人権を侵すものであってはならない」と書いてある。さらに「プライバシー確保の原則」にはプロファイリングのことが書かれていますよね。そこを強調していく戦略もある。

そもそも六法全書の中で、個人情報保護法は憲法編に入っていますので、この法律は憲法に紐づいたものだという意識はあったように思います。

鈴木　しかも現行法でも、その3条に「個人の人格尊重の理念」がうたわれています。これは憲法13条の表現につながるわけです。義務規定の中核に「個人の尊重」の理念があることは明らかですので、それを個別の義務規定の解釈論に実質的に活かしていくというアプローチは当然にありますし、憲法との接続の橋頭堡にはなると思います。

山本　そう思います。関連して鈴木先生に伺いたいのは、平成27年改正で導入された要配慮個人情報の定義に「差別」や「偏見」という言葉が含まれたことの意義です（個人情報保護法2条3項）。ヨーロッパの情報自己決定権やデータ保護の背景には、「差別」や、人を「不当に選別すること（unduly singled out）」の禁止があります。ユダヤ人を選別し、ホロコーストへ連行するためにパーソナル・データが使われたからです。データを秘密裡に処理することが、人間の尊厳の毀損に直結するといったリアルなイメージが根底にありますよね。

そうだとすると、平成27年改正で要配慮個人情報が導入され、その定義の中に「差別」などの実体的な言葉が入ったことは、日本の個人情報保護法の性質を考える上で重要な意味を持つように思うのですが、いかがでしょうか。

鈴木　差別という表現での規律は重要だと考えています。これには異論もあります。差別という言葉には文化的・社会的背景も関わって法規範として振れ幅が大きく、価値判断の対立が起こるという懸念からだろうと捉えています。しかし、この表現を入れないと条理による判断に落ちてしまいかねません。ですから、判断が難しくても条文中にこの表現を入れて、ガイドラインや判例などを通じて何が差別か、その判断基準を見極めて形成していくという取り組みが必要であると思っています。

　また、既に個人情報保護法の要配慮個人情報に差別という言葉が入っております。しかし、その要配慮個人情報と同じように差別の要因となる情報を類型に落とし込む方式が妥当なのかは疑問が残ります。実は１９８０年のＯＥＣＤプライバシーガイドラインのメモランダムを見ていると、こうした一部類型化は可能でも全般に妥当する判断基準を策定するのは難しいのではないかということを議論した様子が見てとれます。結果的に、そのような価値的な要素から離れて規律すべきだというのが専門家会合の結論であったろうと思います。ＯＥＣＤのプライバシー8原則は、手続的な規律にとどまることを宣言したと見ることができると思います。平成15年法はこの考え方を設計の基礎にしていました。

山本　ＯＥＣＤは形式美の世界ですよね。いろいろな国から成っている以上、そうならざるを得ない。

鈴木　加盟各国間の法体系の違いを乗り越えなければならないですからね。平成27年改正はＥＵとの十分性認定を踏まえて、要配慮個人情報を導入しましたが、実はＯＥＣＤ８原則からのこうした設計思想を変容させる意味を持っていると思います。

山本　なるほど。それは重要ですね。もともとアメリカでは、Civil Right Act の反差別原理が業界ごとのプライバシー法に流れ込んでいた。Equal Credit Opportunity Act（ＥＣＯＡ）などが典型です。平成27年改正は、憲法とも紐づく反差別原理を明示的に摂取したとも言える。

　この点で、日本でも今後は、データ管理者は、あるデータ処理が差別や偏見に繋がらないかといった影響評価を絶えず行なう必要があるでしょうね。リクナビ問題ではそこが不十分だった。取得データ自体が要配慮個人情報ではないとしても、プロファイリングによって「不当な選別」をもたらし得る要配慮的な情報は絶えず析出されるわけですからね。

3　個人情報保護法と他の法領域との関係をめぐって

(1) 取得時規制への疑問

鈴木　リクナビ問題では、共通の情報システムを用いたプレーヤーが複数存在して、本人が知り得ないところで分析が行なわれました。しかも、その際に取得された情報は要配慮個人情報ではなく、単なるネット上の足跡（閲覧履歴）でしかありません。些末なデータの集積とＡＩ等プロファイリング等を介して人間を選別し、人権侵害的差別的な結果をもたらすことも可能です。必ずしも取得時に評価ができるわけではないという意味で、個人情報の取得規制の有効性を再度点検していく必要があるのではないかと思います。

　別の視点から言うと、そのようなＡＩを通じた人権侵害に対しては、ＡＩをもって対抗するしかないケースも増えてくるでしょう。そのようなＡＩの開発や導入を考えた場合に、ＡＩがネット上のデータを収集し、それをもって学習させなければいけません。例えば、サイト運営者に差別的書き込みなどヘイトスピーチ対策を求めるなら、人手には限界があるためソフトウェアプログラム的な支援を検討するほかありません。ヘイトスピーチを集めて機械学習させなければならないわけです。そこに要配慮個人情報が入ってくる場合には、本人同意が原則となります。はたして、取得規制がＡＩ時代に有効かどうか私は疑問を持っています。むしろ規制のポイントを取得時より利用時に下げることも検討してもいいのではないかと考えています。

山本　かつて刑事訴訟法における強制処分性の議論が、情報取得時のインパクトに焦点を当てすぎていることを批判して、「取得時中心主義」と呼んだことがあります。[7] GPS捜査やNシステムなどが典型なのですが、取得段階では大した人権侵害インパクトがないわけです。むしろ問題は、そこで網羅的・継続的に取得したデータを使って警察が何をするのか。何をプロファイリングし、その結果を何に利用するのかが重要かと。私は、「取得後」の規律が十分なものであれば、「取得時」のハードルは高くなくてよいと考えています。

この発想は情報法制一般にも展開できるように思います。「取得時」に焦点を当てても、データの性質は「取得後」プロファイリングによって変化するわけですからね。AI時代を前提にすると、取得後の規律を実質化することを条件に、取得時のハードルは下げる方向が望ましい。取得時・取得後のどちらにも高いハードルを課してしまうと、企業としては身動きがとれなくなってしまいます。

鈴木 データエコノミー時代に向けた法的基盤整備という点でも点検したいところです。

(2) 個人情報保護のドーナツ化【他の法領域との関係再構築】

山本 はい。あるべき方向というのは、プロファイリングを「本丸」と捉え、そこに一定の規律を課すことで、「外堀」の規律を緩めることかと思います。個人情報保護法はこのままいくと、外堀を固めていくだけのものになってしまう。本丸の部分は、Cookie規制も含めて独占禁止法などの法律に「アウトソーシング」することになりますよね。これは、個人情報保護の体系として好ましい方向なのかと。

鈴木 情報という視点から法分野を横断的に考察する必要性が出てきたという意味でひとつの情報法の役割が見えてきたのかもしれませんし、個人情報保護法の問題も見えてきたということだと思います。個人情報保護委員会が本来規律すべき部分がドーナツの穴のようにぽっかり空いている。そこに市場の規律など別の観点から優越的地位の濫用規制などを用いて公正取引委員会が乗り出そうとしています。ここの評価は専門の先生にお願

[7] 山本・前掲注(1)68頁。

いしたいところですが、少なくとも個人情報保護法がしっかり捉えていかなければならない領域です。個人情報保護法の本来の役割は何か、まずは自分の軸足を再確認した上で、他の法制度との交通整理もしていかなければ、本人保護もさることながら、事業者の今後のデータエコノミー時代に向けたビジネスの法的基盤整備にはなっていかないと思います。

山本　だからこそ、憲法上の基本権を共通理念とした体系的で整合的な制度間連携が必要だと思います。個別領域で閉じてしまうと、制度間にバラツキが出て、予測可能性も落ちる。フェイスブックのデータポリシーに記載された利用条件の使用を競争法上の搾取的濫用とした、ドイツ・カルテル庁の決定（２０１９年2月）は、競争法とデータ保護法を情報自己決定権概念によって横串で刺しました。こうした捉え方にはもちろん批判もありますが、今後は、憲法・個人情報保護法・競争法・消費者法の関係に関する理論的検討は避けられません。例えば、データポータビリティは、競争政策の一手段として位置づけるのか、基本権ないし人格権として位置づけるのかで、その内実も執行方法も変わってきます。

ひとつのあり方として、個人情報保護法は情報自己決定権の実現について中心的役割を果たす、独禁法は、特定の文脈で当事者間の力の不均衡を均すことで、自己決定の前提条件を整える先兵的な役割を果たす、といった関係が考えられるかもしれません。

ところで、いま私は、「自己情報コントロール権」ではなく、「情報自己決定権」という言葉を使いました。もともと佐藤幸治先生が提唱された自己情報コントロール権は、相手に応じて自己情報の開示範囲を選択する権利でして、「関係性」に関する自己決定権とでも言うべきものです。しかし、「コントロール」という言葉の語感が強いので、情報に対する排他的な所有権モデルを連想させ、残念ながら多くの誤解を生んできました。ですが、憲法学で言う自己情報コントロール権は完全に人格権的なもので、ヨーロッパの情報自己決定権と大きく異なるものではありません。ですので、最近は、誤解を生む「自己情報コントロール権」ではなく、「情報自己決定権」という言葉を使うことが増えています。言葉の問題で前に進まないのは不幸なことですので。

4 個人情報保護法と憲法論の接続

(1) 人権(基本権)保障と安全保障の両側面

鈴木 一方で、いまや情報法は諜報法(スパイ法)も見なければならなくなってきています。堀部政男先生が情報法をやるといった時に諜報法をやるのかと先生方に怒られたというお話を伺ったことがありましたが、一世代下ったら、現実の課題のひとつになってきました。超法規的ブロッキングをしようとしたり、告示で法執行するという発言があるなど立憲主義や法治国家が揺らぐ状況下では議論の頭出しをすることに躊躇するところがありますが、米中の協調と対立の中でビジネスも翻弄されていきます。

山本 安全保障の問題も絡みますよね。

鈴木 日本は外圧を受けてからあわてて動きがちで、そこには熟慮による内部の議論があまりないように感じます。常にGDPRが、OECDが、カリフォルニア州消費者プライバシー法がどうだと言っている。しかし、その欧米がなぜ動いているかと言えば、欧州の人権保障の観念と、アメリカの9・11以降の愛国者法をベースとする国家安全保障の要請があって、両者が対立しながら国際的なルール形成がなされている面がある。その結果が例えばEUとの十分性認定などを通じて日本に押し寄せているのですが、日本、とくに経済界はビジネスへの影響ばかりに目がいってしまう。その結果、見通しを誤って、グローバルビジネスで劣後するという悪い構造から抜け出さなくてはならないと思います。

山本 何とも不思議です。ただ、これには戦後の日本の憲法文化も関係しています。「憲法的に議論する」と言うと、実務家の方からは笑われるわけですね。「憲法」とか「人権」に特定のイメージがこびりついているからです。だから憲法論ベースでまともな議論ができない。そうすると、どうしても形式的な議論になり、「過剰かつ過少」のようなグロテスクな法制度ができあがる。それがまたビジネスを阻害する。悪循環ですよね。一方で、欧州ではfundamental rightsといっても笑われない。ブリュッセルでは、憲法と言うとかえって真剣な顔になる。

アメリカでも憲法とデータ保護は無関係ではありません。保護の限界として合衆国憲法修正1条の言論の自由が持ち出されるわけですね。プロファイリングは、マーケティング、つまり営利的言論（commercial speech）のための準備的行為だから「言論の自由」として保護されるといった議論もある。最近では、先ほど申し上げたとおり、データの使用がデモクラシーや人種的平等に否定的な影響を与えることもあるとされ、Civil Rightsとの関係でデータ保護の必要性が説かれていたりしています。プライバシー法は「憲法の季節」に入ったというハーツォグらの指摘は象徴的ですね。

中国でも、コミュニズムという憲法文化とデータ政策は意外に結びついているように見えます。財の共有がコミュニズムという憲法文化の核心だとすれば、財としてのデータは私人が囲い込むのではなく共有しましょうというのは彼らの「憲法」理念と適合的です。シェアリングエコノミーなども、「所有ではなくアクセス」という考え方とマッチしています。その意味では、データ政策に「理念」がないわけではない。昨年〔2019年〕5月に公表された北京人工知能原則では、「人間中心」に対抗して、「調和と協力（Harmony and Cooperation）」や「共生の最適化（Optimizing Symbiosis）」が挙げられています。

こう見ると、日本ではデータ政策に関する憲法論が圧倒的に不足しているように思います。データ政策は、「この国のかたち」とダイレクトにリンクしますから、これは褒められた状況ではありません。

(2) 憲法の生存権・地方自治、安全保障とデータ政策

鈴木 内憂外患で言えば、内なる問題もあります。今後40年で人口は8800万人に減少し、生産者人口が今の半分になります。高齢者とその面倒を見る人が1対1になるときに、憲法25条の生存権を具体化する年金、医療、介護といった社会保障制度の維持が問題となります。生命、身体、健康に関する問題がもう目前に迫っている。外国人労働者や移民の受入という難しい問題がありますが、それに頭を悩まして立ち止まっているなら、まずは電子政府化による効率化だけでも先に進捗させていかねばなりません。そのための道具を提供するのがマイナンバー制度であるわけです。一方で、自由主義的な立場から、中央集権的なものよりも分権的にやっていきたいという考えの人も多くいますしそれはとても重要なことだと思います。他方で、人口減少の中で福祉を維持するために、効率的な集中型へシフトしなければならないという状況もある。その折り合いをどうつけていくかも課題だろうと思います。

「個人情報保護法制2000個問題」の解消に向けた提言もこうした問題意識とかかわるものです。とくに医療情報の連携について言えば、地域医療の崩壊が目前に迫っているのに、個人情報の定義や取扱いルールと権限が個人情報委員会と総務省と広域連合や一部事務組合など含む地方自治体ごとに2000個に分立したまま平気でいられるのはなぜでしょうか。それは、インフラとして統一化する必要があります。自然災害は毎年のように起きて、被災者が出るたびに機能不全が起きています。

過疎地の自治体ほど人口減少のインパクトは大きく、財政的にも機能不全に陥ることは明らかです。そのような中で憲法の地方自治の規定は今のままでよいのだろうかという問題意識があります。

憲法を個人情報保護法に接続すべきという考えの背後には、こうした転換期の日本の現状があります。これらの問題に情報法がどういう役割を果たすのか、むしろ立法論が主戦場になっていくの

ではないかと思っています。

制度改正大綱（骨子）Ⅶ一（大綱第3章第7節2）

行政機関、独立行政法人等に係る法制と民間部門に係る法制との一元化

　行政機関、独立行政法人等に係る個人情報保護制度に関し、規定や所管が異なることにより支障が生じているとの指摘を踏まえ、民間、行政機関、独立行政法人等に係る個人情報の保護に関する規定を集約・一体化し、これらの制度を個人情報保護委員会が一元的に所管する方向で、政府としての具体的な検討において、スケジュール感をもって主体的かつ積極的に取り組む。○8

制度改正大綱（骨子）Ⅶ二（大綱第3章第7節3）

地方公共団体の個人情報保護制度

　現在条例で定められている地方公共団体が保有する個人情報の取扱いについて、法律による一元化を含めた規律の在り方、地方公共団体の個人情報保護制度に係る国・地方の役割分担の在り方に関する実務的論点について地方公共団体等と議論を進める。

山本　国のグランドデザインと絡めた情報法の構想が必要ということでしょうね。

　例えば、道路の規格が全国で違えば、そもそも車は走れない。それと同じで、ネットのインフラや最低限の情報取扱いのルールは規格化しておく必要があると思います。ただ、それ以上に、どのような医療連携をするのか、どのような「ケアの共同体」を構想するかは、地域差があってもよい。スマートシティ構想が進んでいくと、データの取扱いについてどこまで「シティ」ごとの自律性を認めるかが、地方自治の本旨（憲法92条）との関係でも重要論点になると思いますね。

　また、国家安全保障も、憲法的情報法の体系の中で議論すべきだと思います。機密事項としてあ

○8 2021（令和3）年の個人情報保護法の改正によって、①個人情報保護法、独立行政法人等個人情報保護法の3本の法律が1本の法律（改正個人情報保護法）に統合されるとともに、②個人情報保護委員会が、民間事業者、国の行政機関、独立行政法人等、地方公共団体等における個人情報等の取扱いを一元的に監督する体制が構築された。

る程度はブラックボックス化せざるを得ないのでしょうが、だからといって完全に聖域化すべきではなく、情報法的なガバナンスをいかに及ばせるのかを検討すべきでしょう。

関連して、個人情報保護の適用除外規定の解釈にも憲法論が必要です。適用除外規定の根拠は、報道の自由や学問研究の自由といった憲法上の基本権であるはずなのですが、これまで十分な憲法論が展開されてきたわけではありません。情報自己決定権の限界を画する基本権にも配慮が必要になると思います。その両者の調整も憲法的情報法の射程になり得ます。

制度改正大綱（骨子）Ⅱ三（大綱第3章第4節3）

公益目的による個人情報取扱いに係る例外規定の運用の明確化

利用目的や第三者提供の制限の例外とされる公益目的による個人情報の取扱いについて、ガイドラインやQ&Aにおいて具体的事例を追加するなど、国民全体に利益をもたらすデータ利活用を促進する。

5　これからの個人情報保護法制のあり方

(1) 利用目的の実質化

鈴木　個人情報保護法は、基本的に利用目的の範囲内で個人情報を利用することを目的として設計されています。そこでは、本人同意は例外的な位置づけであり、むしろ利用目的の表示原則を採用したと言ったほうがいいかもしれません。個人データの安全管理だけではなく、利用目的による情報管理が肝とされていました。ところが、利用目的とは何かということをしっかりと考えないまま今日まで来たために、個人情報保護法制の実効性に疑問が持たれ、また適正な自由利用が妨げられたり、安全策のためだけの無用な形骸化した同意の取得が横行するなどビジネスに混乱を来していたところがあったように思います。必要なのは、利用目的のコンセプトであり、その機能が何かということであって、具体的にガイドラインで示すべきは利用目的に何を書くべきかということです。リクナビ問題を例にとると、誰が、当該業務モデル全体について利用目的を就活生に示さなければならなかったのかを明確にすることでした。

その際に同意を実質化するには、利用目的というキーワードを実質化することが必要です。業務モデルまたはサービスごとに、取得する個人情報の項目を並べ、何と突合し、何をするかを語らせるということに踏み込んでいかなければなりません。本人同意が求められる場面では、判断の前提となる最低限の情報が利用目的というかたちで示されているべきです。

山本　そうですね。個人情報保護委員会の有識者会議でもお話ししたのですが、プロファイリングが一般化している現状においては、これまで以上に利用目的を明確にすることが必要だと思います。少なくとも要配慮個人情報に該当するような属性、つまり、差別や偏見その他の不利益をもたらし得る属性をプロファイリングする場合には、社内でしっかり影響評価を行なうのはもちろん、その旨を利用目的として示すべきでしょう。その上で、要配慮的属性をプロファイリングするためのデータ利用については、利用停止権を認めるべきです。それにより、個人情報保護法の中にプロファイリングに関する規定を新たに設けなくても、一定のプロファイリング規律は可能になると思います。

(2) 自己決定権モデル
——同意至上主義との区別

鈴木　利用目的は個人情報保護法のさまざまな義務規定に及んでいることからもわかるように、実はこの法律を支える概念でありました。ところがいまやそれが忘れられ、むしろ同意を重視する論者が増えているように思います。リクナビ問題でも、ハイスコアで得をする学生がいるならばそれは本人の選択の問題であると。本人同意を得ればよい問題ではないかという議論がネット上でも見られました。しかし、それは違うのではないか。

本人同意の有無の問題ではなくやってはならない問題もあるのではないかと思いました。

山本　同意至上主義は大問題だと思います。とにかく同意をとっておけばよい、という悪しき形式主義は、個人情報保護が憲法上の基本権として捉えられていない証拠です。よく情報自己決定権は同意至上主義を招くといわれますが、実際はその逆です。GDPRでも、本人同意はデータ処理を正当化する6つある事由のうちのひとつに過ぎないわけです（GDPR6条）。

「自己決定」は、尊厳や自律概念にもとづく規範的な権利観念ですから、尊厳や自律概念に反するような形式的同意は、そもそも「自己決定」とは言えない。また、「同意疲れ」によって自己決定の質が落ちるならば、同意をあえて制限することもあり得る。日本の情報銀行などはその発想にもとづくものと理解しています。どの銀行に自らの情報を託すかという「大きな決定」を本人が行なうことが重要で、個々の情報のやりとりに関する「小さな決定」は情報銀行が代行する。しかし、透明性を高めることで、情報銀行が行なう「小さな決定」に不満があれば、データポータビリティを行使して別の情報銀行に移るという「大きな決定」を行なえるようにする。同意の負担を減らして自己決定の質を高めるのが情報銀行だ、というわけです。これは、「情報自己決定権＝同意至上主義」ではないという重要な証拠です。

もちろん、情報自己決定権は、表現の自由など、他の憲法的利益によって制限を受けるものです。情報自己決定権は絶対的なものではありません。

鈴木　同意というものに重きを置く前提というのは、その保護利益が本人にかかわる権利利益に閉じているから、本人の決定にかからしめていいということなのだと思います。しかし、リクナビ問題を見ていると、個人の権利利益の保護の問題にとどまらず、社会全体の問題にも影響するところがあると感じています。

山本　この問題は、先ほど議論した利用目的の明確性と関連していると思います。内定辞退率をプロファイリングすることまで利用目的として掲げた場合、学生ははたして同意したのだろうか。それでも同意する場合に、いま鈴木先生がご指摘された問題が生じます。これは、「尊厳」のような憲法上の客観的価値との関係で正面から議論すべきです。代理懐胎など、同意はあっても尊厳の観点から実施を認めるべきか、という議論と同様です。同意があっても不適正な利用として許されないというカテゴリーもあり得る。

政治広告のマイクロターゲティングなどにも同じことが言えますよね。自分の政治傾向を積極的にプロファイリングしてください、自分に合った政治広告のみを送ってください、という人がいるとする。そういう「自己決定」は、選挙や民主主義を危険にさらすかもしれませんよね。ただ、これも憲法レベルでその制約可能性を正面から議論すればいいのです。こうした憲法論も、データ保護を基本権として位置づけることによって生まれる。そうすると、やはり情報自己決定権という発想は重要だということになります。

鈴木　日本だと憲法13条を根拠に議論するということになりますか。

山本　そうですね。憲法改正で個別の条文を設けない限りは13条でいくべきだと思います。

鈴木　個人情報保護法上の同意は、行政取締規定としていわば本人関与というかたちをとるために定められているわけです。しかし、同意といっても、クリックだけの事実行為である本人関与としての同意から、民事法上の意思表示に近い同意までグラデーションがあります。極端なことを言えば、前者は、本人が知らない間に猫がクリックしたとしても、あなたのパソコンでクリックされた、本人関与としての同意があったとされてしまいかねない世界です。

行政法的な同意から民事法的な同意までのグラデーションが全く整理されないまま同意という用語を使っている現状でいいのかどうか。ガイドラインで示されている同意の事例も、同意の効力発生時期が、表白、発信、到達、了知なのかよくわからない、あまり意識されていないのですね。憲法論をもとにしていかに権利創設して実質化していく中でもっと理論的な基礎を詰めていかねばならないのだろうと思います。また、山本先生からGDPRも、本人同意はデータ処理を正当化する6つある事由のうちのひとつに過ぎないとの指摘がありましたが、契約履行などGDPRなどからも示唆を受けながら適法根拠が定められていくのであれば、民法と個人情報保護法の接合も論点になっていくと思います。

2020年は、憲法と直結した権利の創設の中で、また民法との接合の中で、EUや米国と協調し時に対峙する個人情報保護法となる船出の年にすべきです。3年ごとの見直しにあたる今年の改正は、納期が短いなどの事情によりここまで議論されないまま終わるかもしれません。しかし、現実は少子高齢人口減少が進み、米中対立の影響が及ぶなどさまざまな弊害が押し寄せてくる中で、経済も社会構造も大きく変わっていく時代の転換点にあります。ここで法的基盤の整備が遅れればどうなるかという危機感を共有した上で、個人情報保護法制のあり方、より広く情報法のあり方を産官学民いっしょになってもう少しチャレンジングに考えようではないかということを年頭に当たっての提案として締めさせていただきたいと思います。

対談を振り返って

収録から既に3年半以上経っているが、いま振り返っても、中身の濃い、充実した議論ができたのではないかと思う。鈴木正朝氏とは、〟個人情報保護法と憲法との繋がりをもっと真剣に考えるべきだ〃、という点では意見を同じくした。対談で鈴木氏も触れているように、もともと「個人情報の保護に関する基本方針」(平成16年4月、閣議決定。直近では令和4年4月一部変更)は、「〔個人情報保護〕法第3条は、個人情報がプライバシーを含む個人の人格と密接な関連を有するものであり、個人が『個人として尊重される』ことを定めた憲法第13条の下、慎重に取り扱われるべきことを示す」と述べており、個人情報保護法と憲法との関係性を明確に示していた。

さらに、2023年3月に公表された個人情報保護委員会「犯罪予防や安全確保のための顔識別機能付きカメラシステムの利用について」では、個人情報保護法と（人格権としての）プライバシーの重複が強調されるに至っている。2020年の法改正で、不適正利用の禁止条項（19条）などが入り、同法の実体的解釈がとくに求められるようになってきていること、AI技術の飛躍的発展で、人権侵害〝リスク〟を踏まえた動態的・創造的な法解釈が一層求められていることを踏まえると、憲法価値を踏まえた目的論的解釈（憲法適合的解釈）を行なう必要はさらに高まっているように感じられる。ちなみにカナダでは、データ保護法は憲法的性質を持った「準憲法的法律（quasi-constitutional）」として明確に位置づけられ、憲法を踏まえた目的論的解釈が要求されている（詳細は、山本健人「カナダのデータ保護法―データ保護の隠れたパイオニア」山本龍彦ほか（編）『個人データ保護のグローバル・マップ（仮）』（弘文堂・近日刊行予定））。

他方、「自己決定」や「同意」の位置づけについては、鈴木氏との間に見解の相違が見られたように思う。この論点については、曽我部真裕氏との対談（本書第II部❺）でも触れられている。あわせて参照されたい。

自己情報コントロール権について

※初出：2019年

1　はじめに

憲法学では、プライバシー権の理解として自己情報コントロール権説が通説的な地位を占めてきた。しかし近年では、実務での頑なな受容拒絶に加えて、憲法学内部からも同説を批判する重要な見解が現れ始めている。例えば、自己情報コントロール権の基本権的地位を否定する曽我部真裕の所説や[1]、プライバシーの主観的権利モデルを批判し、これを信頼関係の問題として構成しようとする「信頼としてのプライバシー（Privacy as Trust）」説がそれである[2]。本章の目的は、データが新たな「天然資源」となり、AI（人工知能）が標準装備されるようなデータ駆動型社会ないし超高度情報ネットワーク社会において、自己情報コントロール権は先達の描いた夢物語と見るべきか、それとも、かような社会だからこそ必要な導きの光と見るべきかを考える契機を提供することにある。そのための作業として、まずは我が国におけるプライバシー権論の〈現在地〉を確認し（2）、その後に、曽我部の基本権否定説と「信頼としてのプライバシー」説（以下、「P

○1　曽我部真裕「自己情報コントロールは基本権か？」憲法研究3号（2018年）。なお本章の初出（2019年）後に公表されたものとして、音無知展『プライバシー権の再構成』（有斐閣・2021年）参照。

○2　日本での先駆的研究として、斉藤邦史「信認義務としてのプライバシー保護」情報通信学会誌36巻2号（2018年）、同『プライバシーと氏名・肖像の法的保護』（日本評論社・2023年）。

aT」と呼ぶ）に対する筆者なりの応答を試みることにしたい（3）。

2 プライバシー権論の〈現在地〉

(1) プライバシー権論の展開

既に別稿で明らかにしているが[3]、プライバシー権論の展開に関する筆者の理解は概ね以下のようなものである。

プライバシー権は、まずは私生活上の秘密を他者の視線・眼差しから隠す私生活秘匿権として生まれた（第1期プライバシー権）。しかし、1960年代後半に、情報技術の発展を背景に、「情報論的転回」と呼ばれるプライバシー権論の焦点変更が起こる。焦点が、私生活上の秘密の単なる秘匿から、個人に関する情報のコントロールへと移ったのである。周知のとおり、日本では、1970年に発表された佐藤幸治の記念碑的論攷「プライヴァシーの権利（その公法的側面）の憲法論的考察」[4]が、この動きの嚆矢となる。かかる「転回」以降、プライバシー権に関する学説が〝濫立〟することになるが、渋谷秀樹が指摘するように、その多くは「結局、自己情報の開示・非開示、そして開示する場合はその内容について相手に応じて自分が決定できることにその核心部分があり、それは自己情報のコントロールという定義の中に吸収できる」[5]と考えられてきた（第2期プライバシー権）。

○3 山本龍彦『プライバシーの権利を考える』（信山社・2017年）3頁以下参照（初出2010年）。同様の整理をするものに、成原慧「プライバシー——プライバシー1・0、2・0、3・0、そしてその先のプライバシー」駒村圭吾（編）『Liberty2.0』（弘文堂・2023年）所収。

○4 佐藤幸治『現代国家と人権』（有斐閣・2008年）所収。

○5 渋谷秀樹『憲法（第3版）』（有斐閣・2017年）407頁。

その後、1990年代後半に入ると、焦点を個々の情報のコントロールから、情報システムの構造やアーキテクチャに置く「構造論的転回（structural turn）」が起こる。○6 それは、IoT、クラウド、AIといった情報通信技術の劇的発展により、ネットワークと接続されている状態が我々の生活において「自然」（ベースライン）となり、情報収集が常態化した上、かかる情報の保存・分析・連携もきわめて容易になったこと、〝データ＝資源〟との思考の下、情報管理者にはより多くの情報を収集し、分析しようとする強い誘因が絶えず働くようになったことを背景としている。こうした状況の下では、収集後の個人情報の取扱いを明確にし、情報管理の構造・アーキテクチャを堅牢なものにしない限り、濫用や漏えいのリスクが常に存在することになり、個人が表向き語られる利用目的に「同意」したとしても、濫用等への不安が継続してしまうことになる（収集時の自己決定の形骸化・無意味化）。また、現況の下で闇雲に「同意」や「自己決定」に重きを置いても、難解なプライバシー・ポリシーをスキップして、中身もわからず同意ボタンをクリックしたり、スパムのように頻繁に現れるポップへの対応で「同意疲れ」を起こしたり、結局は形式的な「同意」・「決定」になってしまうだろう。そこで、個人情報を適切に管理するための構造・仕組みや、同意や自己決定を実質化するためのアーキテクチャ（実質的な決定を支援するためのUIなど）が決定的に重要になると認識されるようになったのである。カブキアン（Ann Cavoukian）が1990年代の半ばに提唱した「プライバシー・バイ・デザイン（PbD）」も、構造論的転回と軌を一にするものと言えよう。○7

筆者は、このような「転回」を踏まえ、第2期自己情報コントロール権論との連続性・関連性

○6 Neil M. Richards, "The Information Privacy Law Project," *Georgetown Law Journal*, Vol. 94 (2006), p. 1092. 山本・前掲注（3）7〜11頁。

○7 堀部政男ほか（編）『プライバシー・バイ・デザイン』（日経BP・2012年）参照。

を維持しながら、システム構造やアーキテクチャの重要性を強調する第3期プライバシー権論を主張した。[8] 無論、第2期の議論の主唱者である佐藤も、個人情報の保有・管理「方法」に無関心というわけではなかった。[9] ただ、佐藤の見解が、その主たる関心をプライバシー権の基礎づけに置いていたこと、そして何より、同権利を「尊重、愛、友情、信頼という〔人間にとって〕最も基本的な目的および関係」にとって不可欠な条件と捉えるフリード（Charles Fried）[10]の「ウェット」なプライバシー権論に強く依拠していたことから、同説では、構造やアーキテクチャのような「ドライ」な問題は二次的なものとして取り扱われた。したがって、第2期では、構造問題を組み込んだ具体的な憲法ドクトリン（法理）や違憲審査の枠組みまでは提示されなかったように思われる。例えば佐藤は、「公権力が……正当な政府目的のために、正当な方法を通じて〔外延情報を〕収集・保有・利用しても、直ちにはプライヴァシーの権利の侵害とはいえない」（傍点筆者）が、「かかる外的情報も悪用または集積されるとき、……〔同〕権利の侵害の問題が生ずる」と述べる。[11] ここでは、確かに「正当な方法」での「保有・利用」に関心が払われているが、その「方法」とは何であるのかは具体的に論じられない。また、現代の高度に複雑化したネットワークシステム（以下、「NWS」）の特徴が、公言される利用目的や方法といった「建前」（例えば法令の決定事項）が現実に実行されているのかが不可視化し、濫用リスクが常在化する点にあると捉えれば、「正当な方法」によって個人情報が取り扱われることを担保するための構造やアーキテクチャこそが重要と言えるが、佐藤説においてこの点に関する突っ込んだ考察がなされていたわけでもない（もちろん、当時の時代状況からしてそれはやむを得ないことであった）。第3期の観点から言えば、

○8 山本・前掲注（3）11頁。

○9 佐藤幸治『憲法〔第3版〕』（青林書院・1995年）455頁（佐藤憲法）、同『日本国憲法論〔第2版〕』（成文堂、2020年）206頁（佐藤憲法論）。

○10 Charles Fried, "Privacy," *The Yale Law Journal*, Vol. 77, No. 3 (1968), pp. 477, 484.

○11 佐藤憲法・前掲注（9）455頁、佐藤憲法論・前掲注（9）206頁。佐藤憲法論では、引用文中の傍点部分が「適正な方法」という言葉に改められている。

いわゆるプライバシー外延情報の収集であっても、表面上掲げられる正当な保有・利用方法を担保する「構造」が備わっていなければ、プライバシー権を不当に侵害するものと評価されることになる（後述の住基ネット判決参照）。

第2期と第3期の違いとしてもうひとつ注目しておきたいのは、プライバシー固有情報と外延情報との関係である。周知のとおり、フリードの議論に依拠する佐藤説では、プライバシー権の核心が、親密な人間関係の形成にとって重要な固有情報（センシティヴ情報）のコントロールに置かれ、固有情報と外延情報との間に明確な線が引かれた。前者についてはその取扱い自体が原則禁止され、開示・不開示が本人の厳格な管理下に置かれる――自己決定に服する――のに対して、後者については事が起きないと権利侵害が認定されないのである。[12] しかし、先述のとおり、現在ではプロファイリング技術により、外延情報の分析から（本人が開示・共有を決定していない）固有情報を自動的に、また高精度に推知することが可能になっており、かつ、〝データ＝資源〟という観点から情報管理者にこれを行なう誘因が強く働くようになっている。そうすると、この「誘因」を統御するための構造、例えば、外延情報の結合を抑止し、固有情報の推知を防ぐための構造がなければ、固有情報と外延情報の差はきわめて相対的・流動的なものとなるだろう。換言すれば、第2期の議論が前提としてきた固有／外延の区別は、両者を区別するための「構造」があってはじめて意味をなすように思われるのである。この点で、第3期プライバシー権論は、外延情報を外延情報にとどめおく構造がなければ、外延・固有とを峻別し得ない――外延情報も広く自己決定の対象とすべき――と考える。

○12 この点、佐藤憲法と佐藤憲法論とでやや違いがある。後者では、集積やオンライン結合の段階で権利は侵害されるという。佐藤憲法論・前掲注（9）206頁。

以上のように、第3期プライバシー権は、①第2期の議論が強調した情報に対する自己決定的要素を引き続き重視しつつ、②かかる決定を実効化するシステム構造やアーキテクチャの重要性を前景化したところに特徴を持つ。加えて筆者は、これも別稿で論じたとおり[13]、③自己情報をコントロールすることの目的や機能がこれまで以上に多元的になることも、第3期の議論の特徴のひとつと考えている。例えば、脆弱な構造からの保護は、濫用リスクの常在によって生じる萎縮効果を軽減することで、生き生きとした民主的自己統治の維持・実現にも資する。また、あるデジタル・プラットフォーム（以下、「ＤＰＦ」）から自己の情報一式（digital dossiers）を引き出し、別のＤＰＦに移転できること（いわゆるデータポータビリティ[14]）は、特定のＤＰＦに閉じ込められること（ロックイン）を防ぎ、仮想空間上の「移動」の自由を確保することに繋がる[15]。さらに、近年、センシング技術とネットワーク技術との連動により、個人の生理的な身体反応や無意識的な心理状態までもが詳細に捕捉されるようになってきていることを踏まえると、自己情報のコントロールは、「身体の自由（不可侵）」（仮想的な「移動」の自由）や「内心の自由」、さらには「人間の尊厳」の保護とも関連してくるだろう。このように考えると、「データ的な自己」ないし「データ上の分身」（後述）が持つ意味が、ＮＷＳを媒介にフィジカルな空間とサイバー空間とが融合しつつある状況を背景に大きく変化してきており、それに連れて、自己の情報（データ上の分身）を自己がコントロールすることの目的ないし機能が多元化してきていることも、プライバシー権の重要な特徴のひとつになってきているように思われる。

13　山本・前掲注(3)23頁以下。筆者の見解を引用して、長谷部も、プライバシーの根拠の多様性を強調している。長谷部恭男「絆としてのプライバシー」『憲法の論理』(有斐閣・2017年)121頁。

14　例えば、小向太郎「データポータビリティ」ジュリスト1521号(2018年)参照。

15　山本龍彦「『身体の自由』のゆくえ」法律時報90巻12号(2018年)〔本書第Ⅰ部❸に収録〕参照。

(2) Fitness

以下では、筆者が、①自己決定的要素、②構造・アーキテクチャへの着目、③目的・機能の多元性を特徴とする第3期プライバシー権を、我が国におけるプライバシー権論の〈現在地〉であると考える理由を簡単に述べておきたい。

(i) 学説　先述のように、その捉え方や実現形式には一定の相違があるものの、①については憲法学界において一定のコンセンサスが形成されていると言ってよいだろう。[16] 権利としての承認に、いま存在しているもの以上のコンセンサスを求めようとすれば、例えば表現の自由も権利として存在し得ないことになる。表現の自由も、その根拠・機能や具体的な保護範囲に関して厳格なコンセンサス（共通了解）が形成されているわけではないからである。自己情報コントロール権に関してのみ、学説間の「共通性」ではなく「差異」に着目するのはフェアではない。スマートフォンやIoTを通じて常にNWSに埋め込まれた状態にあって、なお個人としての主体性・自律性を確保するために、自らの情報に対する自己決定的契機がますます重要になってくることを踏まえれば、他の権利と同様、学説間の「差異」ではなく「共通性」にこそ注目すべきである。

ここで、いま一度、前記①の内容を確認しておくならば、それは、〝誰に対して自己の何を見せるか、いかなる情報を開示するか〟、〝誰と、自己に関するいかなる情報を共有するか〟について本人の自己決定を認めるべき、ということだろう。そこでは、プライバシー権は、誰に何を見せ、何を見せないかという自己決定権の一類型として再解釈されるのである。そうなると、例えば棟

[16] 渋谷・前掲注(5)407頁。ただし、後述する有力な批判もある。

居快行の自己イメージコントロール権も、[17] ①の共通了解の中に包摂できる。同説の要点は、個人が、相手（繋がるコミュニティやＮＷＳ等）に応じて自己イメージを使い分けられること、ひとつのメタ人格が相手に応じて（ＮＷＳごとに）複数のサブ人格を使い分けられることにある。それには、結局、あるＮＷＳに開示する自己情報を自ら主体的に決定・コントロールできなければならないため、自己決定的要素がどうしても必要となるのである。

また、小山剛は、ドイツ流の情報自己決定権（Recht auf informationelle Selbstbetimmung）と我が国の（主として佐藤流の）自己情報コントロール権とを「似て非なるもの」と断じ、[18] 単純個人情報に対しても正面から基本権的保護を与える点で、後者に対する前者の優位性を主張している。ただ、結局この見解も、前記①のコンセンサスから大きくはみ出るものではないだろう。ドイツの情報自己決定権は、もともと「各人が自己の個人データの開示および使用について、原則として自ら決定する権限」（傍点筆者）として、すなわち、自己決定的契機を強調するものとして観念されたのであり、[19] 我が国の自己情報コントロール権と多くの共通点を有している。

ところで、「コントロール」という語感から一般にしばしば誤解されるが、少なくとも憲法学で言う自己情報コントロール権は、所有権のように、自己情報に対する全面的・排他的な支配を主張するものでは全くない。それは、情報自己決定権の場合と同様、誰に何を開くか、誰といかなる情報を共有するかという自己決定を本質的要素とした人格権をひとつの淵源としている。このように、所有権モデルに依拠しない点でも、自己情報コントロール権とドイツの情報自己決定権は共通している。

[17] 棟居快行『人権論の新構成』（信山社・１９９２年）１８５頁以下参照。

[18] 小山剛「単純個人情報の憲法上の保護」論究ジュリスト１号（２０１２年）１２０頁。情報自己決定権については、さらに、實原隆志『情報自己決定権と制約法理』（信山社・２０１９年）参照。

[19] 玉蟲由樹『人間の尊厳保障の法理』（尚学社・２０１３年）２８３頁。玉蟲は、さらに以下のように続ける。情報自己決定権は、「結局のところ、自己に関するイメージを自ら作り出し、コントロールすることについての保障を意味し、自己実現および人格の自由な発展と密接な関連をもつ」。同前２８３～２８４頁。

また小山は、自己情報コントロール権説では固有情報と外延情報とが厳に峻別され、保護の程度に明確な差が設けられていることを批判する。が、ドイツでも、単純個人情報に権利性が認められるのは、情報技術の発展によりデータの結合可能性等が高まり、複数の単純情報からセンシティブな情報が推知されるといった濫用リスクを否定できないからであろう。そうなると、彼の地でも、両情報との質的な違いまでが全否定されているわけではないように思われる。ドイツにおける両者の非峻別要請が、NWSの構造的脆弱性に由来するものであるとすれば、やはり自己情報コントロール権と情報自己決定権の間に本質的な差異は存在していないことになる。両者に何らかの差異があるとすれば、ドイツの情報自己決定権が、いち早く「構造」的視点を権利論の中に取り込んでいたということだろう。[20] 超高度情報社会に適合したプライバシー権論を速やかに発展させる必要性を踏まえれば、権利のネーミングで争っている暇はなく、「差異」に関する具体的な検討はひとつの権利概念の内部で行なうべきである。

なお、小山は、古典的プライバシー権（本章の言う第1期の議論）と情報自己決定権とを別の権利として理解する必要性を説く（二元的構成）。[21] 傾聴に値する見解だが、NWSの拡張によりフィジカルな空間とサイバー空間の境界が融解するサイバーフィジカルな世界の中で、両者を峻別する意義がどこまであるのかは慎重に検討されるべきだろう。例えば、かような社会においては、フィジカルな私的領域での行動は、スマートフォンやIoTといったNWSを通して遍くデジタル化され、サイバー空間へと容易に「転写」されるため（フィジカル領域のデータ化）、情報に対するコントロール（権）から独立して領域プライバシーを主張する意義が薄らぐ可能性がある。

○20 情報自己決定権の「権利ドグマーティク」について詳細な分析を加えるものに、山田哲史「『権利ドグマーティク』の可能性」岡山大学法学会雑誌68巻3・4号（2019年）。

○21 小山・前掲注(18)122頁。

ＧＰＳ捜査判決[22]の複雑な論理構造が物語るように[23]、サイバーフィジカルな世界では、領域プライバシーという概念を情報プライバシーから独立して有することで、かえって議論が錯綜する可能性もある。

(ii) 判例　判例の中にも、自己情報コントロール権的発想に立たないとうまく説明できないものが少なくない。例えば、民事事件ではあるが、江沢民講演事件判決[24]がそれにあたる。講演会参加という公的領域での行動は、公演会関係者等の大学コミュニティに知れ渡ることが当然に予定される。したがって、ある者が講演会に参加するとの事実は、私生活上の秘密に属するものとは言えないだろう（宴のあと事件判決[25]で示されたプライバシー侵害3要件を単純には満たさない）。しかし同判決は、大学が本人の同意なく、講演会参加者名簿を第三者（警察）に提出したことについてプライバシー侵害を認めた。ここでは、かかる名簿提出が、講演会参加の事実をいかなるコミュニティと共有するか――大学コミュニティとは共有するが、警察コミュニティとは共有しない――という本人の決定・選択を侵害したことが問題視されたものと解することができよう。また、これも民事事件だが、「石に泳ぐ魚」事件判決[26]もその例として挙げられる。この事件は、原告が被告執筆のモデル小説の中で、自らの顔の腫瘍を殊更に描写されたなどとして、プライバシー権侵害等を理由に慰謝料の支払い等を請求したものである。ただよく考えてみると、そもそも顔の腫瘍は外部に表出されているものであるから、原告と直接の関係性をもつ近隣コミュニティには、既にこの事実は知られていたはずである。それにもかかわらず、最高裁がこの事件でプライバシー侵害を肯定したのは[27]、本件小説による公表が、文通（現在ならばＳＮＳ）等を通じて繋

[22] 最大判平成29年3月15日刑集71巻3号13頁。

[23] 山本龍彦「ＧＰＳ捜査違法判決というアポリア?」論究ジュリスト22号（２０１７年）参照。笹倉宏紀ほか「強制・任意・プライヴァシー［続］」法律時報90巻1号（２０１８年）。

[24] 最判平成15年9月12日民集57巻8号９７３頁。

[25] 東京地判昭和39年9月28日下民集15巻9号２３１７頁。

[26] 最判平成14年9月24日判時１８０２号60頁。

[27] もっとも「本件小説には、顔面の描写以外の点にもプライバシー侵害とされたものがあることから、本件判決が認めたプライバシー侵害に顔面の描写が含まれているかどうかは定かではな［い］」。長谷部恭男ほか（編）『憲法判例百選Ⅰ［第7版］』（有斐閣・２０１９年）１３７

がる遠方ないし仮想的コミュニティに対して顔の腫瘍を開示するか否かを自ら決定する機会を奪った――繋がるNWSによって顔に腫瘍のある自分と、顔に腫瘍のない自分とを演じ分ける機会を奪った――ことを問題視したからであるようにも思われる。[28]

同様の評価を与え得る判例が他にも複数存在することを踏まえれば、[29]自己決定的契機に関する学界のコンセンサス（第3期プライバシー権の特徴①）については、判例も黙示的に承認しているように考えられる。では、構造・アーキテクチャへの注目という、第3期プライバシー権の2番目の特徴（前記②）はどうだろうか。

これも既に別稿で詳しく論じているとおり、2008年の住基ネット判決[30]は、住基ネットによる本人確認情報の管理・利用等が「個人に関する情報をみだりに第三者に開示又は公表されない自由」を侵害するか否かを判断するにあたり、いわゆる「構造審査」[31]を行なった。すなわち本判決は、(a)法令による目的拘束、(b)システムの強度・安全性、(c)罰則等による漏えい等の統制、(d)監視機関の有無等をチェックし、「システム技術上又は法制度上の不備があり、……正当な行政目的の範囲を逸脱して第三者に開示又は公表される具体的危険が生じている」か――「構造」により「建前」が現実に維持されるか――を審査したのである。また本判決は、構造的脆弱性によってもたらされる「危険」の程度と権利侵害の認定とを結び付け、本件では構造の堅牢性（(a)～(d)）が確保され、建前から外れる「具体的危険」が生じていないがゆえに、前記「自由」の侵害は認められないと結論づけている。本判決は、結論としては合憲判断が下されたためにあまり耳目を引かないが、プライバシー侵害（権利侵害論）と構造的脆弱性とを結び付けた点、収集後の個人

頁（曽我部真裕）。

○28 棟居快行「表現の自由と人格的利益」LS憲法研究会（編）『プロセス演習 憲法〔第4版〕』（信山社・2012年）137頁。

○29 詳細は、山本龍彦「プライバシー」宍戸常寿＝林知更（編）『総点検 日本国憲法の70年』（岩波書店・2018年）参照。

○30 最判平成20年3月6日民集62巻3号665頁。長谷部ほか（編）・前掲注（27）42頁〔山本龍彦〕。

○31 山本・前掲注（3）14頁、54～62頁参照。いわゆるマイナンバー訴訟でも同様の判断枠組み（構造審査）が採用された。最判令和5年3月9日裁判所HP（令和4年（オ）39号）。

情報の取扱いに関する審査指標をシステム構造やアーキテクチャの観点から——不十分ながらも——具体化した点で、第3期プライバシー権の特徴を前面に出した判決と評価することができよう。[32]

第3期プライバシー権の第3の特徴である、プライバシー権の目的・機能の多元性については、判例の中にはっきりとその傾向を見出すことは難しい。しかし、例えば前科等の公表につき不法行為責任を認めたノンフィクション「逆転」事件判決[33]は、前科等が法的に保護される根拠として、「新しく形成している社会生活の平穏を害されその更生を妨げられない利益」を挙げた。これに対し、警察による政治的表現活動の情報収集を背景とした京都府学連事件判決[34]や江沢民講演会事件判決は、政治活動や政治的信条に関する自己情報のコントロールが尊重されるべき根拠として、民主主義や批判的公共空間の維持といった社会公共的利益を想定していた可能性がある。このように見ると、プライバシー問題が現れるさまざまな「文脈」に向き合わざるを得ない最高裁は、プライバシー権の根拠・機能の多元性ないし多様性を当然の前提にしてきたと考えることも不可能ではないだろう。

3 有力説への応答

以上述べてきたように、筆者は、第3期プライバシー権を、我が国におけるプライバシー権論

32 民事事件でシステム構造への注目を示したものとして、例えばヤフーBB顧客情報流出事件判決（大阪地判平成18年5月19日判時1948号122頁）を挙げられる。同判決は、情報管理者が「個人情報の適切な管理のために必要な措置を講ずべき注意義務を負っていた」とした。

33 最判平成6年2月8日民集48巻2号149頁。

34 最大判昭和44年12月24日刑集23巻12号1625頁。

の〈現在地〉と捉えることに相応の理由があると考えている。しかし、最近、かつての自己情報コントロール権批判説[35]とはまた異なる角度から、その自己決定的要素を批判する見解が現れている。以下、その中から曽我部真裕の所説とＰａＴを取り上げ、若干の検討を加えておくことにする。

（１）基本権否定説

曽我部は、「自己情報コントロール権は基本権か？」と題する論攷において、「プライバシー権とは自己情報コントロール権のことであるとする通説」を批判する[36]。その主たる理由は以下の３つである。

①自己決定の手段的性格　曽我部によれば、「自己決定・同意といった要素は、必ずしも本質的要素ではなく、個人情報の社会通念上不当な取扱い及びそれに起因する不利益を防止するのが目的であり、自己決定・同意の要素は基本的にはそのための手段である」[37]。また曽我部は、（ａ）情報の開示の範囲選択に関するコントロールと、（ｂ）個人情報の開示請求、訂正請求、利用停止請求といった本人関与に関するコントロールとを区別した上で、（ａ）も手段的だが、（ｂ）は「自らの個人情報が不当・違法な取扱いを受けていないかチェックを行うための権利」であり、「さらに手段的な色彩が強い」と述べる[38]。

②同意の有効性への疑問　曽我部は、「個人が日常生活のあらゆる場面でプライバシーポリシーを読み熟慮した上で同意を行うという想定はフィクションとしても維持不可能」[39]であり、ＮＷＳ

○35 例えば、阪本昌成『プライヴァシー権論』（日本評論社・１９８６年）１９１頁参照。

○36 曽我部・前掲注（１）72頁。

○37 曽我部・前掲注（１）72頁。

○38 曽我部・前掲注（１）76頁。（ａ）と（ｂ）の区別については、土井真一「国家による個人の把握と憲法理論」公法研究75号（２０１３年）14頁参照。

○39 曽我部・前掲注（１）75頁。

との接続状態が〈自然〉となった現在の超高度情報社会では、個人情報に対する自己決定・同意の有効性が疑わしくなっているという。

③実定法における自己決定の不徹底　曽我部は、個人情報保護法制を概観し、「実定法においては、同意不要な場合が、……相当な範囲で認められており、自己情報コントロールのうち、自己決定・同意の要素は必ずしも貫徹されていない」[40]と説く。法律レベルの同意の不徹底は、当該法律によって具体化される憲法上の権利それ自体が、同意を本質的要素としていないことを示す一証左であるとの趣旨であろう。

曽我部は、いま挙げた3点を理由に、自己決定・同意を本質的要素とする自己情報コントロール権を「基本権」と見ることに異議を唱えるのである。現実の状況や諸制度の冷静な観察にもとづくきわめて鋭い洞察であり、傾聴に値する。

しかし、前記①については、第1に、手段的性格を持つものは基本権と考えてはいけないのか、という疑問を呈することができる。実はアメリカでは、1980年代後半から90年代にかけて、憲法上の権利は原理的で、それ自体目的的でなければならないとする「権利本質主義（rights essentialism）」に対し、憲法上の権利の多くは手段的・政策的な要素を含んでおり、〝手段的であるがゆえに権利ではない〟とは言えないとする有力な批判が加えられた[41]。我々が通常「憲法上の権利」とみなしているものの多くは、実際には核心的な憲法価値を実効的に保護するために、あるいは、将来生じ得る核心的憲法価値の侵害を未然に防ぐために設定された政策的で戦略的なルールであるとするストラウス（David A. Strauss）の「予防的ルール（prophylactic rule）」としての権

[40] 曽我部・前掲注（1）74頁。

[41] 詳細は、山本龍彦「違憲審査理論と権利論」大沢秀介＝小山剛（編）『東アジアにおけるアメリカ憲法』（慶應義塾大学出版会・2006年）所収参照。

利論[42]」や、権利はそれ自体に救済的でプラグマティックな要素を含んでいるとするレビンソン（Daryl J. Levinson）の「救済的均衡論（remedial equilibration）」[43]などがその代表例である。こうした権利本質主義批判によれば、例えば表現の自由は、自己実現や自己統治といった基本的諸価値を実現するために保障される手段的な権利ということになる。仮にこうした核心的価値からの「距離」を問題にするならば、デモ行進の自由などはそれとの距離が遠く、より手段的と言えるのかもしれない（デモ行進は自らの政治的意見を表明するための一手段に過ぎないとも言えるからである）。しかし憲法学では、デモ行進の自由を基本権ではない（表現の自由に含まれない）とは考えてこなかった。このように考えると、それが手段的・政策的な性格を持つとの理由だけで、憲法上の権利としての地位が否定されるわけではないと解されよう。

第2に、国家に対して何を開示するのかの決定は、必ずしも手段的とは言えないのではないか、という疑問を呈することができる。既に述べた「構造」問題を踏まえれば、単純個人情報であっても、それが国家（とりわけ警察権力）によって収集・保存されれば、内部的な情報ＮＷＳの中でいかに利用され、どのような分析（プロファイリング）を受けるかが不明確となるため、政府批判を含む表現活動等を萎縮してしまう可能性がある。となると、国家と自らの情報をみだりに共有しないとの自己決定ないし選択は、批判的公共空間の維持等との関係でそれ自体権利としての重要性を帯びるようにも解される。もちろん、これをある目的（民主主義の維持）との関係で手段的なものと捉えたとしても、目的との距離が一概に遠いとは言えないだろうし、先述のように、そもそも手段的であることは「権利」としての性格を否定する決定打にはならない。

42 David A. Strauss, "The Ubiquity of Prophylactic Rules," *University of Chicago Law Review*, Vol. 55, No. 1 (1988).

43 Daryl J. Levinson, "Rights Essentialism and Remedial Equilibration," *Columbia Law Review*, No. 99, No. 4 (1999).

第3に、民間事業者との関係でも、個人情報は情報NWSを通じて通常「束」として収集されるから、そのコントロール（何をどこまで開示・共有するかの決定・選択）は個人の人格的自律と密接な関連性を有するのではないか、という疑問を呈することができる。

第4に、確かに前記①の（a）と（b）の区別は重要であるが、サイバーとフィジカルの境界が融解するサイバーフィジカルな世界では、（b）についても人格的自律との直接の関連性を認める必要があるのではないか、という疑問を呈することができる。例えば（b）の代表格である開示請求権は、単に不当な取扱いをチェックする権利というだけではなく、あるNWSないしDPFに提供していた自己データ一式を回収することに資するために、特定のNWS等への「ロックイン」を防ぎ、他のNWS等へとつながり直すための重要な権利となる（EUでは、データポータビリティは個人の基本権として位置づけられている）。また、特定のDPF等に長期的に蓄積された自己データ一式は、プロファイリングや人物（信用）評価など、個人に関する重要な決定の基礎にもなるため（こうした自己データ一式を「データ上の分身（データ・ダブル）」と呼ぶ見解もある）[44]、超高度情報化社会では本人にとってきわめて重要な意義を持つ。この「データ上の分身」ないし「デジタルな身体」の動向を本人がコントロールすることは、自らの（フィジカルな）身体に対する自己決定と同義ではないにせよ、少なくとも単なる「手段」以上の意味を有していると言えよう。

関連して、消去権も、現代では個人の人格的自律と密接に関連するようになってきている。かつては、自らのスティグマは、フィジカルな空間を移動し、別の土地に移り住むことによって自ら洗い流せたか（ノンフィクション「逆転」事件参照）、人間の記憶の限界によって自然に消去された。

[44] 阪本俊生『ポスト・プライバシー』（青弓社・2009年）38頁以下参照。

しかし、フィジカルがサイバーに転写される世界では、物理的な移動や人間の記憶の限界に頼ることができない。そうすると、「消去」というサイバー空間上の〈作為〉が、スティグマを洗い流し、更生（人生の再挑戦）を図るためにきわめて重要になってくるように思われる。かくして、サイバーフィジカルな世界では、消去権や利用停止請求権も、単なる「手段」以上の意義を持つようになるだろう。訂正請求権についても同様のことが言える。NWSに保存される自己データ一式が自らの「分身」としての意味を帯び始めるとすれば、そのインテグリティ（純一性）の維持は、本人の自律的な生き方と密接な関係を持つからである（自己データ一式からプロファイリングされる社会的信用スコアによって人生の可能性が大きく変わってくるとすれば、スコアの基礎となる自己データ一式が正確であることが重要な意味を持つ）。

以上のように、超高度情報社会においては、自己の情報に対する決定やコントロールは単なる「手段」を超えた人格的価値を持ち得るだろうし、仮にその手段的性格を認めるとしても、そのことが自己情報コントロール権の権利性を否定する決定的根拠にはならないと考えられる。

曽我部説の2番目のポイント（前記②）については、従来、我々情報主体が置かれていた決定環境や同意のアーキテクチャ自体に問題がなかったか、すなわち、情報主体が実質的な決定・同意ができる環境・アーキテクチャが現実に用意されていたのか、という精査がまず必要であろう。順序としては、この精査があって、然る後に同意の有効性に関する限界を主張すべきである。筆者は、データ保存のコストが下がり、かつ、データが「資源」となるような超高度情報化社会では、より多くのデータを集めることが情報管理者にとって合理的な行為となるため、管理者の側に、情報主体の決定環境をあえて複雑化する「複雑化の誘因（インセンティブ）」が働くと考えている（逆に言えば、「平易化の誘因」がない）。管理者にしてみれば、利用目的や情報連携先などを――視覚化などを通して――本当にわかりやすく情報主体に説明し、その結果、情報の収集等を拒否されたら困るのである（「資源」が得られない！）。管理者は、説明をわかりやすくしようとすればするほど収集できる「資源」が減り、自らの首を絞める「説明のジレンマ」に陥る。筆者は、このようなディスインセンティブ構造のゆえに、情報主体にとって有意な決定環境がこれまで十分に整備されてこなかったように思われる。つまり、曽我部の投げかける同意の有効性への疑問は、あくまでも現在の決定環境を前提にしたものであって、まず目指すべきは、権利概念の否定ではなく、決定環境の改善であるように考えられるのである。

近年では、AI等を用いて情報主体の認知傾向やプライバシー選好をプロファイリングし、その結果に合わせて、個々の主体のために「個別化（personalized）」した決定環境や説明内容を提供する技術（AIエージェント）も開発されていたり、[45]ひとつひとつの情報のコントロール（ルーティンとなる「小さな自己決定」）を信頼できる他者（例えば情報銀行）に託し、主体にはこの「他者」を選択・決定して（「大きな自己決定」）これを統制することに注力させる情報信託機能の制度[46]が議論されていたりと、決定環境の改善に向けた動きも見られる。今後は、自己情報コントロール権の客観法的側面（国家に義務を課す側面）として、立法府に、先述のディスインセンティブ構造を破壊し、決定環境の整備を促すための法制度を構築するよう求めていくことも必要となるだろう。[47]

○45 Christoph Busch, "Implementing Personalized Law: Personalized Disclosures in Consumer Law and Data Privacy Law," *University of Chicago Law Review*, Vol. 86, No. 2 (2019).

○46 例えば、総務省・情報信託機能の認定スキームの在り方に関する検討会『情報信託機能の認定に係る指針ver.1.0』（平成30年6月）参照。

○47 高橋和広「情報自己決定権論に関する一理論的考察」六甲台論集法学政治学篇60巻2号（2014年）142頁参照。

曽我部説の3番目のポイント（前記③）については、実定法レベル（例えば個人情報保護法）で同意が貫徹されていないから、憲法上の権利としても同意が本質的要素とされていないというのは、本来逆立ちした議論なのではないか、という疑問が湧く。仮に憲法上のプライバシー権が自己決定・同意を本質的要素としているならば、それに対応していない実定法のほうが批判されるべきである。また、仮に「逆立ち」を肯認とするとしても、そもそも実定法レベルで同意が軽視されているとまでは言えないとする批判も可能である。とくに、２０２０年の個人情報保護法改正により、同法の規定上も個人情報（保有個人データ）に対する本人のコントローラビリティが高まっている点は無視できない。例えば、同改正で、利用停止等に関する個人の請求権が認められる範囲が拡張し（35条）、開示に対してはデジタル形式での対応も含め、「本人が請求した方法」で提供しなければならないと規定された（33条1項・2項。適正な取扱いをチェックするための開示請求であれば、デジタル形式で返したり、「本人が請求した方法」で返したりする必要はないだろう）。そもそも、適正に取り扱われることが目的であるならば、本人が「チェック」する必要もないはずである。本人よりも適正な取扱いをチェックする能力を持つ者がいれば、その者に全面的にチェックさせればよく、なぜ個人情報保護法が開示請求や利用停止といった本人の関与を認め、またこれを拡大してきているのかを合理的に説明できない。これに対し、第三者よりも「本人がチェックするほうがよい」と応答するのであれば、第4期の議論は、〝同意・決定する〟個人の能力を批判しつつ、〝チェックする〟能力は肯定していることとなり、個人のabilityの解釈について一定の揺れが見られることにもなるだろう。

以上のように見ると、①自己決定の手段的性格、②同意の有効性への疑問、③実定法における自己決定の不徹底から、自己情報コントロール権の基本権的性格を否定する見解には、傾聴に値するところが多いものの、なお議論の余地があるように思われる。

(2) 信託としてのプライバシー論(Privacy as Trust：ＰａＴ)

プライバシー権に関する新たな動きとして近時注目されているのが、プライバシーを個人の権利として捉えるというより、個人情報を共有する者の間の関係性の問題として、あるいは、情報管理者が情報主体に対して負う信認義務の問題として捉えるＰａＴの議論である。ＰａＴは、個人情報の収集・分析・提供（販売）が「言論（speech）」の前提行為として合衆国憲法修正1条（言論の自由）によって保護される傾向のあるアメリカで[48]、プライバシーと言論の自由との――権利対権利としての――正面衝突を回避しながら、前者を合理的に保護する議論として、2010年代半ばから有力に展開されてきた[49]。もちろん、ＰａＴにもさまざまな流派があるのだが、さしあたり以下のように要約できよう。

①社会規範による主観性の合理的な制約　自己情報コントロール権のように自己決定・同意を本質的要素としたとき、プライバシーとして保障される範囲が個人の主観に大きく左右され、過度に広範なものになり、データ利活用のメリットが削がれるおそれがある[50]。また、このように範囲が主観に委ねられると、安定的で合理的な司法の判断枠組みも形成しづらくなる。他方、個

[48] *See, e.g.*, Sorrell v. IMS Health Inc., 564 U.S. 552 (2011).

[49] *See* Jack M. Balkin, "Information Fiduciaries and the First Amendment," *UC Davis Law Review*, Vol. 49, No. 4 (2016), pp. 1185-1186.

[50] Ari Ezra Waldman, "Privacy as Trust: Sharing Personal Information in a Networked World," *University of Miami Law Review*, Vol. 69, No. 3 (2015), p. 587.

人情報を共有する特定の関係（信託的関係）の中で受託者的立場にある者が負う義務（忠実義務を中核的内容とする）は、社会規範によって規制される情報主体の合理的期待によって客観的に決まるはずである。医師－患者関係における医師の義務、弁護士－依頼人関係における弁護士の義務は、これまでもこうして画定されてきた。ＤＰＦと情報主体との関係においてＤＰＦが負う義務等も、このような合理的期待によって社会的・客観的に決せられる。したがって、ＰａＴにおいては、プライバシーの範囲が無秩序に拡散することなく、情報共有がもたらす社会的に有用な効果も保護でき、かつ、司法の判断枠組みも安定的で合理的なものになる。[51]

②同意の有効性への疑問　「情報主体が有効な告知を受け、意味のある同意を行なうという前提は幻想（illusion）である」[52]。個人の同意能力には限界がある。にもかかわらず、自己決定・同意に重点を置いたプライバシー保護の枠組みを維持した場合、形骸化された質の悪い同意により、かえって情報管理者による情報の搾取・濫用等が起き、プライバシーの目的・機能が実現されなくなる。他方、ＰａＴは、本人の自己決定・同意に重点を置かず、情報管理者の側に合理的な義務を課すものであるため、より有効にプライバシーを保護できる。[53]

このように、ＰａＴもまた、ＤＰＦ等の情報管理者と情報主体という、現代の必然的な「情報関係（information relationships）」[54]——権力的であるが依存的でもある関係——を考慮したきわめて魅力的で現実的なプライバシー論と言える。しかし、右記①、②については、以下のような疑問を呈示することができよう。①については、主観的な性格を持つことが、その範囲を無秩序に拡張させることには必ずしも繫がらないとの批判が可能である。例えば、表現の自由は主観的な

[51] *See* Waldman, *supra* note 50, at 628.

[52] Neil Richards & Woodrow Hartzog, "Taking Trust Seriously in Privacy Law," *Stanford Technology Law Review*, Vol. 69, No. 3 (2016), p. 444.

[53] *See, e.g., id.* at 587-588; Balkin, *supra* note 49, at 1227.

[54] *See* Richards & Hartzog, *supra* note 52, at 448-456.

ものであるが、言いたいことを何でも言う自由が保障されるわけではない。信教の自由として殺人の自由が保障されるわけでもない[55]。権利の射程ないし保護範囲は、当該権利の目的や法秩序全体の理念から当然規制される。さらに最終的には、対立利益との調整が図られる。また、例えばＤＰＦと情報主体との関係においてＤＰＦが負う信認義務の内容が、伝統的な医師－患者関係において医師が負う信認義務の内容のように客観的に画定し得るかも疑問である。ＤＰＦと情報主体との関係は比較的新しいものであり、ＤＰＦに求められる行為について、明確な社会規範や長期的な慣習が形成されているわけではない。加えて、ＤＰＦのような情報管理者の目的や機能は、医療専門職の場合のように画一的ではなく、多様である。したがって、情報管理者が負う義務の内容が――権利の内容以上に――客観的かつ合理的に画定するとは必ずしも言えないように思われる。例えば、漏えいがなされないよう適切に情報管理することが信認義務の内容に含まれることに異論はないだろうが、プロファイリングを行なわないことや開示請求権や消去権に応答することがかかる義務内容に含まれるかについては見解が大きく分かれよう。

　また、仮にＰａＴが、誰と、あるいはどの情報管理者と「関係」を結ぶかに関する本人の自己決定ないし選択を認めるものであるとすると、それは、誰に何を開示するか、誰と何を共有するかを重視する自己情報コントロール権と矛盾しないことになる。さすがにＰａＴも、複数ある情報管理者（例えばＤＰＦ）のうちどれを信頼し、どれと「関係」を結ぶかの決定権・選択権が本人に与えられていないとは考えないだろう。そうすると、ＰａＴは、「関係」選択を重要な要素とする自己情報コントロール権のひとつの説明モデルに過ぎないということになる。

[55] 最大判昭和38年5月15日刑集17巻4号302頁（加持祈禱事件）。

②については、曽我部説の検討のときと同様、同意能力の限界論は、「複雑化の誘因」や「説明のジレンマ」が存在する中で構築された現在の決定環境ないし同意アーキテクチャを前提にしたものであり、まずはこの決定環境を、情報主体の有意な同意に資する方向で変革していくことが先決なのではないか、との批判が可能である。もっとも、現状の決定環境において殊更に同意を強調しても、いわゆる「同意疲れ（decision fatigue）」[56]により同意の質が落ち、かえって本人利益が害されるとの指摘は重要である。したがって、先述のように、個々の情報のやりとりに関する決定（「小さな自己決定」）は、自らのプライバシー選好を知った、信頼できる「誰か」に託し（「選択しないという選択」）[57]、本人はその「誰か」を選択し（「大きな自己決定」）、統制することに注力するという選択的信託モデルは確かに魅力的である。この選択的信託モデルの下では、我々は〝自己情報をコントロールしてくれる者をコントロールする〟という役割を負うにとどまるため、熟慮の場面が、「大きな自己決定」の場面に限定される。この結果、頻繁に同意を求められることによる「同意疲れ」が回避され、決定の質が担保され得ると解されるからである（言うまでもなく、このアイデアは、サンスティンの「選択しない選択」論だけでなく、個人が消費者的に振る舞ってよい「通常政治」の場面と主権者的に振る舞うことが予定される「憲法政治」の場面とを区別するアッカーマンの「二元的民主政論」から着想を得ている[58]。今後は自己情報のやりとりを個人が全てコントロール・決定することは困難であり、合理的でもないから、コントロール・決定を「二元的」に捉えること〔二元的コントロール論〕が必要であるように思われる）。しかし、ＰａＴの成立根拠を本人の自律的な決定・選択（大きな自己決定）に委ねるならば、それは結局自己情報コントロール権の範疇に包

○56 *See* Kathleen D. Vohs et al., "Making Choices Impairs Subsequent Self-Control," *Journal of Personality and Social Psychology*, Vol. 94, No. 5 (2008), pp. 895-896.

○57 キャス・サンスティーン（伊達尚美訳）『選択しないという選択—ビッグデータで変わる「自由」のかたち』（勁草書房・２０１７年）。

○58 Bruce Ackerman, *We The People: Foundations* (Belknap Press, 1991), pp. 6-7.

摂されることになる。

以上のように、ＰａＴは、本人の決定や選択とは無関係に、信認義務の範囲が客観的に定まるとする考えを前提にすれば、「情報関係」に関する社会規範が未成熟であるために、情報管理者の裁量が過度に広範に認められるなど、プライバシーの保護を過度に不安定化させ得るのに対し、〈誰を信頼するかに関する〉本人の決定や選択をなお重視する考えを前提にすれば、自己情報コントロール権との本質的な差異が消失し、単にその実現形式のひとつに過ぎないということになる。

4　おわりに

以上、本章は、①自己決定的要素、②ガバナンス構造やアーキテクチャへの注目、③プライバシーの目的・機能の多元性を特徴とする第3期プライバシー権論を、我が国におけるプライバシー権論の〈現在地〉と捉えた上で、とくに①に向けられた近年の有力な批判を紹介し、順次検討を加えてきた。この結果、筆者はなお第3期プライバシー権論が有用かつ有効と考えるが、現在の決定環境ないし同意アーキテクチャに問題があるとの批判説の指摘はきわめて重要であるように思われる。今後は、自己情報コントロール権の客観法的側面に注目し、立法等により適切な決定環境・アーキテクチャの構築を促していくこと、「適切な決定環境」とは何かをより具体的に議論していくことが求められよう。

自己情報コントロール権のゆくえ――憲法と個人情報保護、その先へ

※初出：2020年

曽我部真裕（そがべ・まさひろ）プロフィール
1974年生まれ。京都大学大学院法学研究科教授（憲法・情報法）。聖光学院高等学校、京都大学法学部、同大学院法学研究科修士課程、博士課程（中退）、司法修習生（第54期）、京都大学大学院法学研究科講師、准教授を経て2013年から現職。放送倫理・番組向上機構（BPO）放送人権委員会委員長、（一社）ソーシャルメディア利用環境整備機構（SMAJ）共同代表理事、（一財）情報法制研究所（JILIS）副理事長、日本ファクトチェックセンター（JFC）運営委員長など。主な編著に『情報法概説〔第2版〕』（共著、弘文堂・2019年）、『憲法Ⅰ　総論・統治〔第2版〕』『憲法Ⅱ　人権〔第2版〕』（共著、日本評論社・2021年）など。

1　対談の趣旨

山本　憲法学では、プライバシー権の理解として自己情報コントロール権説が通説的な位置を占めてきました。しかし、よく知られているように実務ではそれほどポピュラーなものとはなっていなかった。最高裁も、情報プライバシーの考え方についてはある程度受容してきていますが、「自己情報コントロール権」という言葉は一度も使っていません。最近では、こうした憲法学外部での「不

人気」に加え、その内部でもこの説に対して否定的な見解が現れ始めました。もちろん、阪本昌成先生の所説など、従来からこの説への批判はありましたが、近年は、情報通信技術の目ざましい発展から、個人情報保護の観点を重視しながら、しかし、自己情報コントロール権についてはこれを批判的に捉えようとする新しい動向が現れてきています。

例えば、自己情報コントロール権の基本権的地位を否定する曽我部さんのお考えや[1]、プライバシーを主観法の枠組みで捉えることを峻拒し、これを信認義務の問題として捉えようとする「信頼としてのプライバシー（Privacy as Trust）」説です[2]。

私自身は、ＡＩ技術の発展やプラットフォームの台頭が著しいこの時代だからこそ、自己情報コントロール権を基本権として捉えることがより一層重要になってくると考えています。と申しますのも、デジタルトランスフォーメーションが進めば、デジタルとリアルの境界が融解し、リアルな自分が「データ」として把握されるようになる。人格のクラウド化ですね。そうなると、データ・ダブル（分身）やデジタル・ツインとも呼ばれる、こうしたデータ的な人格に対して、終局的に自分自身が手綱を握っておく必要がこれまで以上に高まると考えているからです。デジタル人格の尊厳を保護するという観点からも、やはり主観的権利構成は必要であろうと。

世界に目を向けても、ＥＵのＧＤＰＲ（一般データ保護規則）を媒介に、ドイツ流の情報自己決定権の考えが広がっているように思います。アメリカでも、ＣＰＲＡ（カリフォルニア州プライバシー権法）のように、パーソナルデータに対する個人のコントローラビリティを高める立法ができ始めている。いわゆるＧＡＦＡＭの中にも、情報自己決定権は基本的人権のひとつだと捉える思想が広がりつつあります。例えばアップルは、「プライバシーは基本的人権です。……私たちは、あなたのプライバシーを守り、自分の情報を自分でコントロールできるようにアップル製品を設計しています（We design Apple products to

[1] 曽我部真裕「自己情報コントロールは基本権か？」憲法研究3号（２０１８年）。

[2] 斉藤邦史「信認義務としてのプライバシー保護」情報通信学会誌36巻2号（２０１８年）。

protect your privacy and *give you control over your information*）。簡単なことではありませんが、それが私たちの信じるイノベーションだからです」（傍点山本）と宣言しています[3]。またマイクロソフトも、「プライバシーは基本的人権のひとつであるとマイクロソフトは考えます。データがどのように収集され使用されるかをお客様が選択できるように、製品、情報、コントロールを提供していくことをお約束します（We are committed to providing you with products, information, and controls that *allow you to choose how data is collected and used*）」（傍点山本）と宣言しています[4]。むしろプラットフォームのほうが、法制度に先行して「自己情報のコントロール＝基本的人権」という考え方を積極的に取り込んできている面もある。

こうした状況の中で、私は、日本の実務や判例が情報自己決定権的な発想を受け入れるのは時間の問題と考えていたのですが、先ほど申し上げたように、憲法学内部で、このような権利理解に対して異議申立てがなされてきている。

今回の対談では、こうした自己情報コントロール権批判の代表的な論者である曽我部さんと、今後のプライバシー権のあるべき姿について議論していきたいと思います。

なお、私は、最近の日本の自己情報コントロール権説とドイツの情報自己決定権説は、どちらも人格権をベースに自己情報の処理に対する自己決定を重視しており、両者の間に本質的な相違はないと考えています[5]。小山剛先生（慶應義塾大学教授）などは、両説は「似て非なるもの」として、その違いを強調されています。もちろん細部を見れば相違点もありますが、私は、内輪でその相違点を強調するよりも、まずは両者の共通点に注目したほうが、はるかに建設的な議論が可能で、プライバシー法の発展にも資すると考えています。ですので、この対談でも、自己情報コントロール権と情報自己決定権という言葉をあえて互換的に使わせていただきます。

さて、話を本題に戻しますが、曽我部さんが自

○3 https://www.apple.com/jp/privacy/
○4 https://www.microsoft.com/ja-jp/trust-center/privacy
○5 山本龍彦「自己情報コントロール権について」憲法研究4号（2019年）（本書第Ⅱ部❹に収録）48～49頁。

己情報コントロール権の基本権的地位を否定されるのは、どのような理由からでしょうか。

曽我部　プライバシー権について長年緻密な考察を続けてこられた山本さんとは異なり、山本さんがいまご紹介してくださった小論で私がお示ししたのはごく素朴な疑問に過ぎませんので、真剣に受け止めていただいて恐縮しております。

粗々な議論ではありますが、まずはそこで述べたことをお示しすることによって、ただいまのご質問にお答えしたいと思います。

第1に、自己情報コントロールに含まれる自己決定あるいは同意は、プライバシーあるいは個人情報保護の文脈では、手段的性格が強いのではないかということです。自己決定・同意といった要素は、いわゆるプライバシー固有情報に関するような場合を除けば、必ずしも本質的要素ではなく、個人情報の社会通念上不当な取扱いおよびそれに起因する不利益を防止するのが目的であり、自己決定・同意の要素は基本的にはそのための手段であるように思います。コントロールには、（a）情報の開示の範囲選択に関するコントロールと、（b）個人情報の開示請求、訂正請求、利用停止請求といった本人関与に関するコントロールとを区別することができると思われるところ、（a）も固有情報に関する場合のほかは手段的ですが、とりわけ（b）は自らの個人情報が不当・違法な取扱いを受けていないかチェックを行なうための権利であって、さらに手段的な色彩が強いように思われます。

第2に、同意の有効性への疑問です。これもよく言われることですが、個人が日常生活のあらゆる場面でプライバシーポリシーを読み熟慮した上で同意を行なうという想定はフィクションとしても維持不可能でありまして、ネットワークシステムとの接続状態が当たり前となった現在の超高度情報社会では、個人情報に対する自己決定・同意の有効性が疑わしくなっていると思われます。つまり、個人情報を保護しようとするのであれば、同意に依存することでは不十分ではないかということです。

第3に、実定法における自己決定の不徹底ということです。日本の個人情報保護法では、要配慮個人情報を除き、個人情報の取得に同意は必要ではありません。もっとも、日本法は自己情報コントロール権説を採用したものではないとも言われるので、当然のことかもしれませんが、EUの一般データ保護規則（GDPR）を見ても、前文で「個人データに対するコントロール」の重要性を繰り返し強調しているにもかかわらず、本則では、同意以外の根拠にもとづく個人データの取扱いをさまざまに認めています。つまり、実定法においては、同意不要な場合が、相当な範囲で認められており、自己情報コントロールのうち、自己決定・同意の要素は必ずしも貫徹されていないわけです。しかし、こうした実定法のあり方が、憲法学説から声高に批判されてきたわけではないわけで、自己情報コントロール権説においても、その名称が示すほどには徹底した立場がとられてはいなかったのではないか、と思うわけです。

2 自己情報コントロールの手段的性格と基本権

山本　ありがとうございます。いずれも重要なご指摘で、現状認識としてはほとんど異論がありません。曽我部さんのお考えと袂を分かつのは、おそらくこういった現状認識が、直ちに基本権的地位の否定に結び付くかどうかなのだと思います。

第1の「手段的であるから基本権とは言い難い」という点ですが、そもそも手段的性格を持つものは基本権と考えてはいけないのか、という素朴な疑問を呈示することができます。アメリカでは、1980年代後半以降、憲法上の権利は原理的で、それ自体目的的でなければならないとする「権利本質主義（rights essentialism）」に対し、「憲法上の権利」と呼ばれるものの多くは、手段的・政策的な要素を含んでおり、「手段的であるがゆえに権利ではない」とは言えないとする重要な批判が加えられました。例えば、憲法上の権利の多くは、将来生じ得る核心的な憲法価値の侵害を未然に防ぐための予防的なルールだ、というストラウス（David A. Strauss）の「予防的ルールとしての権利論」が有名です。[6] また、法と経済学の知見を踏まえて、憲法上の権利は戦略的・救済的で、プラグマティックな要素をもともと組み込んでいるというレビンソン（Daryl J. Levinson）の「救済的均衡論（remedial equilibration）」もあります。要するに、憲法上の権利というのは、リスクというものを織り込んで、戦略的に過剰包摂的なところがあるというわけですね。

こうした議論によれば、自己実現や自己統治といった憲法の基本的諸価値を実現するために表現活動の自由が保障されるのと同様、人格的自律、反差別原理、自己統治といった基本的諸価値を実現するために自らの情報をコントロールする権利が保障されてもよいことになります。

そもそも憲法上の権利領域では、目的と手段の関係は相対的流動的であることが少なくない。例えば、「デモ行進」といった表現活動は、政治的意見表明のための一手段に過ぎない、と考えることができます。確かに、最高裁の間接的・付随的制約論（最大判昭和49年11月6日刑集28巻9号393頁）は、一定の表現活動は手段的だから権利としての格が落ちると考えている節がありますが、それでも、デモなどの表現活動自体が基本権保障の埒外であるとは考えていない。また、学説レベルでは、「活動」の保護自体が「目的」として捉えられているようにも思います。こう考えると、何が目的で何が手段なのかの区別はそもそも相対的流動的であり、重要なのは、このＡＩ時代に、自己情報の行方を自ら管理・決定できるというコンセプションが、核心的な憲法価値を実効的に保護する上でどの程度「必要なのか」、「役に立つか」という思考なのではないでしょうか。

この点で、私の答えは「非常に有用である」ということです。例えば、このコンセプションは、監視国家化や全体主義化への有効な歯止めになる。逆に言えば、このコンセプションがなければ、監視国家化が進み、個人の自律や自己統治が失われるリスクが高いと考えています。また、サイバー

○6 David A. Strauss, "The Ubiquity of Prophylactic Rules," *University of Chicago Law Review*, Vol. 55, No. 1 (1988).

とフィジカルの境界が融解するサイバーフィジカルな世界では、自らのデータ・ダブルを適切に管理するための訂正請求権や利用停止権が、自律的に生きることの保障にとってこれまで以上に重要な意味を持つことになると思います。

また、プラットフォームが台頭する社会では、ネットワーク効果によってそれが巨大化・広範化して市場支配力を持つことがありますから、対民間・対国家という公私区分が流動化するかもしれない。プラットフォームは、多くのビジネスユーザーを抱き込みながら、かつては国家が行なっていたような、保険・福祉、教育、通貨発行といったさまざまなサービスを展開していくようにもなるでしょう。そうすると、「情報自己決定」というコンセプションは、対国家という形式的な枠組みを超えて、有用性が増してくるように思います。

近年、GDPRが明記したこともあって、自らのデータを持ち運べるデータポータビリティ権が注目されていますが、このコントロールは、特定プラットフォームへの「ロックイン（閉じ込め）」を防ぎ、別のプラットフォームへの自由な「移動」を可能にするという観点からも重要になってくると思います。先日ある座談会で宍戸常寿さん（東京大学教授）とご一緒し、「移動の自由」をデジタル空間で保障するにはやはりデータポータビリティ権を基本権として捉えるべきかもしれない、という点で同様の認識を持ちましたが、[○7] このような意味での、自己のデータ一式に対するコントロールは、プラットフォーム時代において、人格的価値と不可分に結び付いた「移動の自由」（憲法22条）の実現にとっても不可欠な権利となるように思います。

曽我部　実定憲法から切り離された人権ではなく、実定憲法で保障される基本権を議論していることからすれば、手段的なものであっても基本権として保障され得るということ、そもそも、目的と手段とは連鎖的なものであって区別は相対的だという前提については、全くそのとおりだと思います。日本の学説でも、厳密には文脈が違うとはいえ、「確立された個別的人権の保障を全うさせ

○7 生貝直人ほか「座談会　プラットフォーマーの法律問題」Law and Technology 87号（2020年）16頁。

るために政策的・手段的に該権利に付随した主観的利益として憲法上保護すべき場合がありうる」[8]とするものがあり、こうした発想は受け入れられていると見られます。

また、データ・ポータビリティ権を例として最後にご指摘いただいたのが、デジタル空間の環境変化によって、手段的だと見られたものが人格的価値と不可分に結び付いたものに変化し得るということだとすれば、一般論としてそうした評価の変化があり得ることも、そのとおりだと思います。さらに、自己情報のコントロールが人格的自律と密接に結び付く場合もあることにも同意します。

その上で申し上げたいのは、私が問題にしていたのは、政治思想的な人権ではなく、多かれ少なかれ法解釈、法技術的な要素の入り込む基本権解釈の次元における、権利の法律構成あるいは権利構造の問題です。山本さんも同じ次元の議論をされていると思いますので、この次元で見方の違いがあるということかと思います。

具体的には、私が疑問に思っているのは、「憲法上のプライバシー権とは自己情報をコントロールする権利のことである（さらに言えば、それに尽きる）」という捉え方についてです。結論的に言えば、私は、例えば、EU基本権憲章8条1項の定式化を借りた「個人情報の保護を求める権利」、あるいは、意味合いとしては同様でしょうが、最近この問題について注目すべき博士論文を[9]執筆した音無知展さん（京都大学准教授）の表現では、「自己情報の適正な取り扱いを求める権利」という捉え方に転換すべきではないかと考えます。

基本権としての権利構成・構造の問題として考えたとき、コントロール（これ自体の具体的内容も多義的であって別途議論が必要です）を認めるべき理由には、コントロール自体が人格的価値と結び付く場合もあれば、実効的な個人情報の保護のための手段として必要だという場合とがあり得ます。後者については、個人情報の利用方法に関し、例えば、一定の文脈（例えば採用）において、利用できる個人情報の種類を法令上限定するなどといった代替的な保護手段が想定できます。自己

〇8 佐藤幸治『日本国憲法論〔第2版〕』（成文堂・2022年）198頁。

〇9 音無知展『プライバシー権の再構成』（有斐閣・2021年）。

情報コントロール権説では、こうした保護手段を適切に位置づけることができないのではないでしょうか。

また、住基ネット判決（最判平成20年3月6日民集62巻3号665頁）の分析の中で山本さんがいち早く着目し、瞬く間に学界に広まった「構造審査」[10]についても、目的外利用や漏えいといった病理現象に備える客観的な保護措置を講ずべき義務は、山本さんは権利制約の分析の中で処理されたところですが、一般的に言えば、自己情報コントロール権説からは説明がしづらいように思います。

いま述べた点は、別な観点から言えば、自己情報コントロール権説は、プライバシーあるいは個人情報保護においてコントロールの側面を過度に強調することによって、代替的な保護手段や客観的な保護措置などを含む個人情報保護法制全体の立法指針を提供できないということではないでしょうか。もっとも、ドイツ流の情報自己決定権においては、客観法的側面としてこうした点への対応が可能かもしれませんが、その場合にも少なくとも次に触れるネーミングの問題は残ると思われます。

さらに、これは副次的なことかもしれませんが、自己情報コントロール権説は、本来は、あらゆる個人情報についてあらゆるコントロールを及ぼし得るようなことを想定しているわけではないはずですが、そのネーミングが独り歩きをして、個人情報を取り扱う主体に対して過剰な負担となるなど混乱を生んでいる側面がないではないと思います。情報自己決定権と同意絶対主義とは別だとも言われますが、そこが十分理解されていないのが実情です。また、同意絶対主義ではないと言うとき、それは、対抗利益によって制約が正当化されるという意味なのか、それともコントロールというのは文字どおりの権利というよりは理念であるという意味なのかも明確にされる必要があると思います。後者であるならば、「個人情報の保護を求める権利」、あるいは、「自己情報の適正な取り扱いを求める権利」との違いはごく小さいことになりそうです。

[10] 本書第Ⅱ部❹2(2)(ii)参照。

以上のような次第で、先の小論では、「プライバシー権とは自己情報コントロール権のことであるとする通説は、少なくともその名称においてミスリーディング」ではないかと述べたところです。代替的な「個人情報の保護を求める権利」、あるいは、「自己情報の適正な取り扱いを求める権利」においては、意義づけは限定されつつではありますが、自己情報のコントロールも含まれるので、自己情報コントロール自体の基本権性を否定したものではありません。

山本　ネーミング問題はありますよね。拙稿（本書第Ⅱ部❹2(2)(i)）でも触れましたが、「コントロール」と言うと、全面的・排他的な支配を意味する所有権類似の権利として誤解される傾向があります。しかし、informationやdataはそもそも排他的に所有できるものではありませんから、自己に関する情報を誰とシェア＝共有するか、しないかを自ら決定する権利、つまり「情報自己決定権」と言うほうが実体に合っているし、誤解も少ないかもしれません。自己情報コントロール権の生みの親のひとりである佐藤幸治先生（京都大学名誉教授）の自己情報コントロール権も、その本質は、どこまでの情報を誰とシェアするかを選択する関係的な権利ですので、両者の互換的な使用は許されると考えています。ちなみに、利用停止権も、信頼できなくなった相手とのシェアをこれ以上許容できなくなったとき、つまりその相手との関係を断ち切りたいときに行使できる権利として捉えられるので、曽我部さんが主張されるように、「個人情報が不当・違法な取扱いを受けていないかチェックを行なうため」の単なる「手段」とも言い切れないように思います。また、データポータビリティ権も、あるプラットフォームとの関係を断って、別のプラットフォームと繋がり直す、関係の結び直しの権利とも考えられる。

現象面だけを見ればそれは自己情報の「コントロール」なのですが、その人格権的な意味を考える必要があるということなのだと思います。デジタルトランスフォーメーションが進むと、他者との関係がフィジカルなものからデジタルなものに変わっていく。従来、フィジカルに距離をつめたり、距離をとったりすることで可能になっていた相手との関係性構築を、今後はデータのやりとりで行なわなければならない。あなたとは情報をシェアするけど、あなたとはしない、と。このように、デジタル・ディスタンスを調整するためにも、これからの社会においては、基本権ないし人格権として、情報自己決定権を認める必要がとくにあるのではないかと考えているわけです。もしかすると、曽我部さんと私とで、現時点においてどこまでデジタルトランスフォーメーションをseriousに考えているのかの違いがあるのかもしれませんね。

もうひとつ、曽我部説との違いは、自分のデジタルな分身、データ一式が「何か嫌なやつ」、「世界観の違うやつ」の手中にあるが、しかしその相手は「分身」を「適切に」管理していると主張する場合の扱いでしょうか。情報自己決定権では、いくらその相手が「あなたの分身を『適切に』扱ってまっせ」と言っても、その「嫌な」相手から自己の分身を撤収できる、その相手と分身、デジタル人格のシェアを解消できることになる。他方で、「保護を求める権利」、「適切な取り扱いを求める権利」だと、「嫌なやつ」でも、その相手が分身を適切に取り扱っている限り、シェアを解消することができず、分身はその相手のところにロックインされることになる。どちらの考えもあり得ると思うんですね。適切に扱われているならば、そんなこと気にする必要ないじゃん、それはナイーブすぎる、という議論もあり得るでしょうし、デジタルトランスフォーメーションが進む社会では、相手が採用するアルゴリズムについて好き嫌いが出てくると思うので、自己の分身をシェアする相手を主体的に選択できることが自律的な生き方にとって重要になるという議論もあり得るでしょう。

次に、自己情報コントロール権説は、客観的な保護措置などを含む個人情報保護法制全体の立法指針を提供できないのではないかとのご指摘ですが、むしろそれは逆であるような気がしています。私自身は、アメリカ憲法を研究しながら〔ドイツ憲法が専門の〕小山先生にもご指導いただいためか、憲法上の権利の客観法的な側面、あるいは国家の基本権保護義務はあり得ると考えています。ですので、情報自己決定権というコンセプションは、国家の客観的な措置を方向づけるものと捉えています。

そうしたコンセプションを否定する場合に、何が個人情報保護法制全体の指針となるのか、むしろよりわからなくなるのではないでしょうか。もちろん、個人情報保護の目的は多元的で、高木浩光さん（産業技術総合研究所主任研究員）が主張されておられるように、データによる個人の不当な選別の防止というのも非常に重要な目的のひとつですが、おそらくこうした反差別的な目的だけでなく、個人の自律的な生き方の保障や民主主義の維持なども目的に含まれる。情報自己決定は、こうしたfirst-orderの目的を実現するsecond-orderの目的になるように思います。それは、先ほども申し上げましたが、表現の自由が、自己実現や自己統治というfirst-orderの目的を実現するsecond-orderの目的になるのと同じです。要するに、情報自己決定は、多元的なfirst-orderの目的を統合する最小公倍数的な目的になる。そうすると、立法作業や既存の法制度の解釈の際には、first-orderの目的を文脈ごとに意識しつつも、ひとまずはsecond-orderの情報自己決定に依拠してものを考えていけばよいわけです。

また、こうしたコンセプションを置かないと、なぜ「個人情報の保護を求めること」が基本権的な地位を得るのかを説得的に説明できないように思います。それこそ手段的なものになってしまう。EUでは、その背景に「自己決定」というコンセプションがあるから、基本権憲章でも、個人情報の保護を求めることが基本権として位置づけられるというところもあるのではないでしょうか。

ちなみに、私が対公権力との関係で権利概念と結び付けた「構造」ですが、それは、広範なネットワークシステムにおいては、監視機関を含めた適切な「構造」がないと、自らが決定・同意した範囲で実際に情報がやりとりされるかわからなくなるからです。住基ネット事件の文脈では、情報自己決定権の制約を形式的に正当化する法律（集合的な自己決定）の範囲内で本当に自己の情報がやりとりされるかを担保するために、「構造」が要求されるということになる。ですので、両者は関連しています。

情報自己決定権と同意絶対主義との関係は、曽我部さんの第2のご指摘と関わりますので、それとの関係で触れようと思います。

曽我部　first-orderの目的とsecond-orderの目的とを区別し、情報自己決定がsecond-orderに位置づけられるという構造については異存ありません。そして、first-orderの目的には、反差別のほか、個人の自律的な生き方の保障や民主主義の維持なども含まれる、つまり多元的だという点も同様に捉えています。もっと言えば、プライバシーの保護は、一般的自由であるとか、同じことかもしれませんが、社会の自由な雰囲気を維持するといった個別には基本権として保障されないようなものの保護にも仕えると思っています。

その上で、first-orderの目的を実現するためのsecond-orderの目的として、情報自己決定だけが特権化されることには必然性がないのではないかというのが私の疑問です。確かに、情報自己決定と他のsecond-orderの手段との関係性（優劣関係）をどのように考えるかの問題は残り、その議論の仕方によっては情報自己決定が軽視されるおそれがある点で山本さんのご懸念はわかりますが。

3　同意の有効性

山本　曽我部さんの第2のご指摘、つまり同意の有効性についてですが、これは、少なくとも現状の決定環境を前提にすればそのとおりかと思います。ただ、それをもって情報自己決定権の基本権的地位を否定することにはならない、というのが私の立場です。もし「現状の決定環境」が実質的な同意を許さないならば、そちらを改善していくというのが筋論かと思います。

この点で、公正取引委員会が、独占禁止法の優越的地位の濫用法理をプラットフォーマーに適用する可能性を示していることが注目されます。現状は、インフラ的サービスを享受するには、そのサービスに必要のない二次的なデータ利用についてまで同意せざるを得ない。その市場支配力から、嫌だったら同意しないで別のところに行く、ということが事実上不可能なわけです。実質的な同意を可能にするには、まずこうした力の不均衡を是正し、決定環境を整備してあげる必要があります。

また、現状は、ユーザーの選択を真に可能にするユーザーインターフェース（ＵＩ）がうまくデザインされているとは言えない。企業としてはデータをできるだけ自由に使いたいわけで、むしろ複雑なＵＩを設計するインセンティブのほうが働いてしまう。ですので、現状、通知・選択モデルが機能していないというのは当たり前なわけです。ヤフージャパンのプライバシーセンター[11]など、最近は、ユーザー・フレンドリーなＵＩのデザインに取り組もうとしている企業も増えてきていますが、まずは国家として、そうした取組みに対してインセンティブを付与するようなアーキテクチャを整備する必要があると思います。情報自己決定権の基本権的地位を諦めるのはその後なのではないでしょうか。

ただ、これは非常に重要な点ですが、曽我部さんもご指摘されているように、現在では、ネットワークと接続している状態が原則＝自然であり、基本的には常にデータをとられているわけです。また、企業間のデータ連携も当たり前になりつつある。そうすると、データ処理のひとつひとつに本人が同意を与えるというのは現実的ではないし、「同意疲れ」から、かえって質の悪い決定をして自らの利益を危険にさらす可能性も出てくる。また、データはプロファイリングによりその性質を経時的に変えていくので、ある瞬間を切り取った同意はあまり意味のあるものではありません。ですので、情報自己決定権と同意絶対主義は区別したほうがよい。情報銀行制度は、ある情報銀行を信頼し、そこに個々の情報処理に関する同意を委任する仕組みとも言えますが、そこでは、どの「銀行」に自己情報の管理を託すかという自己決定や

○11 https://privacy.yahoo.co.jp/

選択が重視され、その代わり個々の情報処理に関する本人の積極的同意は重視されない。

今後の情報自己決定権は、個々の情報処理に関する個別の「同意」というよりも、どのプラットフォームないしネットワークに自己情報の運用・管理を任せるかという「大きな自己決定」を重視するようになると考えています。個別の同意は相対化されますが、これも「ひとつひとつのやりとりについて同意しない」という「決定」を積極的に行なっているわけで、情報自己決定権のひとつの現れと見ることができる。こうした理屈は、本人のプライバシー選好を予測して、本人に代わってデータ管理をするＡＩエージェントにも当てはまると思います。

ところで、情報自己決定権と同意絶対主義は異なると指摘しましたが、当然、何らかの正統な利益があれば、同意がなくても一定の情報処理は可能です。表現の自由なども、他の正統な利益と調整されるわけですから、絶対的なものではありません。もともと権利というのは相対的にしか保障されないわけですね。ですが実務の場面では、なぜか情報自己決定権は問答無用の「切り札」的な権利なのだと誤解され、「利活用のメリットがあるのに権利とは強すぎる。問題だ。批判せねば」みたいな感じになってしまう。なぜ情報自己決定権だけそういう過剰反応になるのか不思議です。

同意絶対主義は、事業者側にとって楽な考えでもあったのだと思います。データ利用の実質的な正当化を図る必要がないからです。要は形式的にポチっとクリックしてもらえればよかった。一番楽な免責事由だった。けれども、「ポチっ」は実質的な同意でないから駄目だ、という風潮になってきた。それで今度は、ならばそもそも同意って必要ないよね、という方向に舵を切り出している。こう見ると、同意絶対主義は、同意を楽な免責事由と考え、それに依存してきた事業者側が作り出してきた「神話」だったのかもしれません。冷静に考えれば、そもそも同意は絶対的なものではないし、情報自己決定権も絶対的な権利ではないわけです。

ですので、もし基本権として認めても、当然、他の利益と衡量される。ですから、正統な利益による処理場面を強調するために、情報自己決定権それ自体を否定する必要はないし、むしろそれは危険なようにも思える。ある具体的な場面において「正統な利益とは何か」という検討がバイパスされ、抽象的で薄い「利益」でもOKとなってしまう可能性がある。これまで同意が形式的・絶対的に理解されてきたのだとすれば、今度は「正統な利益」が形式的・絶対的に理解されることになるかもしれない。情報自己決定権というコンセプションを認めることは、同意はないけど正統な利益を持つような情報処理を否定することを意味するのではなく、特定場面における正統な利益とは何かを具体的に検討する機会、処理される情報の性質と処理する利益との具体的衡量を行なう機会を作出することを意味します。

当然ながら、AI社会が進めば、データのFlowはますます重要になります。ここで付け加えておきたいのは、情報自己決定権が直接行使されるのは、基本的には個人情報の世界においてであって、匿名加工情報など、統計的で集合的な情報の世界においてではないということです。私は、後者の「集合界」の情報・データは、それが「個人界」に逆流しないことを制度的に担保すること、例えば、識別行為の禁止を厳格化することを条件に、自由にFlowさせ、徹底的に使い倒すことが重要だと考えています。このように、「個人界」と「集合界」とを理論上峻別し、自己決定が及ぶ範囲を個人界に限定することで、AI社会化に必要なデータの循環、Data Free Flowは妨げられないと思います。

曽我部　いまおっしゃったことも、それ自体としてはほとんど違和感がありません。その上で、いま言われたこととの関係では、むしろ、自己情報コントロール権構成ではなく、「個人情報の保護を求める権利」、あるいは、「自己情報の適正な取り扱いを求める権利」という構成のほうが適合的ではないかという気がします。

と言いますのは、自己情報コントロール権構成においては、具体的な場合において、そもそも同意を求めるのかどうか、どの程度の同意を求めるのか等々のことを柔軟に制度設計するには限界があると思われます。

自己情報コントロール権説は、あらゆる自己情報のあらゆる取扱いに対して本人の同意その他のコントロールを要求するものではないとは思いますが、ではどのような自己情報のどのような取扱いに対してコントロールを求めるものなのかは、プライバシー固有情報かどうかの区別等、大まかなものはありますが、全体としては不明確です。しかし、こうした名称を名乗る以上は、しかるべき範囲については同意が必要とするのが権利内容なのだと思われます。そうすると、この場合には同意は不要とか、オプトアウトでよいとかとするのは、権利の制約となって正当化を要するということになります。いまおっしゃったことは、この正当化論証を経由してさまざまな制度設計ができるはずだということだと理解しました。

自己情報コントロール権説をとる意義がある意味で最も明確になるのは、客観的な利益衡量からすれば情報提供をしても失われる利益がないにもかかわらず、本人が情報提供を拒否できると言える場合です。このような場合に、結局は利益衡量によって拒否を認めないのであれば、自己情報コントロール権説をとる意義は減退するのではないでしょうか。

むしろ、全体として適正な保護になっているかどうかを端的に問うほうが有益ではないかと思います。そのためには、「個人情報の保護を求める権利」、あるいは、「自己情報の適正な取り扱いを求める権利」の一側面として、制度設計の余地を正面から認めるのが適当ではないでしょうか。

もっとも、「個人情報の保護を求める権利」、あるいは、「自己情報の適正な取り扱いを求める権利」であっても、重要な場面（このあたりの明確化は今後の課題です）では同意の必要性はあると思いますので、結果として山本さんと全く違うことを言っているわけではないように思います。

山本　そうですね。これも「コントロール」という言葉それ自体が持つ形式性や排他性に関わっているように感じてきました。何でしょうね、やはり「情報自己決定」という言葉のほうがよいのかな。自己決定というのは、"informed"な熟慮的・実質的・自律的な決定なわけですよね。そうすると、事業者がプライバシーポリシーや規約に、提供先第三者や利用目的をずらっと5000項目ぐらい並べて「同意しますか?」と迫り、個人が「はい、同意します」という選択は、"informed"な自己決定では全然ないわけです。ひとつひとつ熟慮するのは現実的に無理。この場合、本人の同意を尊重することと、自己決定を尊重することとはずれる。と言いますか、矛盾する。ネットワークとの「接続」が自然状態となる現代社会では、形式的な同意はできても実質的な自己決定はできない場面が必然的に増えると思います。こう考えると、「情報自己決定権」を尊重するためには、今後は同意機会を制約して、数少ない同意場面でしっかりと熟慮してもらったほうがよい場合があり得ると思うんです。それが、ある意味で情報信託〔情報銀行〕制度やAIエージェントなのだと思うのですが、いずれにせよ、同意を相対化するというのは、情報自己決定権を尊重するためにむしろ要請されることがあると考えられる。だとすれば、情報自己決定権と同意絶対主義を区別することは論理的に可能ということになります。

4 信頼としてのプライバシー論

山本 ところで、最近、斉藤邦史さん〔慶應義塾大学准教授〕が、アメリカの議論を踏まえて「信頼としてのプライバシー」論を展開され、私法関係において、プライバシーを事業者側に課される「信認義務（fiduciary duty）」として捉える考え方を示しておられます。曽我部さんのご議論とともに傾聴に値する見解ですが、いくつかの点でなお議論の余地があると思っています。よく知られているとおり、「信頼としてのプライバシー論」は、アメリカにおける憲法学の大家であるイエール大学のジャック・バルキン（Jack M. Balkin）が、

２０１４年以降精力的に提唱し、多くの支持を集めている考え方です。

プラットフォームとユーザーとの間には、医師＝患者関係、弁護士＝クライアント関係のような情報の非対称性があり、プラットフォームには、医師や弁護士などの専門家に課されるのと同様の「信認義務」が課されるべきとの議論です。もともとバルキンが表現の自由を専門にしていたことからもわかるように、この議論は、ユーザーの情報自己決定権を認めると、情報の自由な流通が阻害され、表現の自由が制約されるのではないか、という考えを起点としており、その意味では表現の自由を殊更に重視する特殊アメリカ的な部分もあります。ただ、プラットフォーム＝ユーザー間に情報の非対称性があるという事実は動かし難く、ある程度の普遍性を持っている。そこで日本でも支持を集めているわけですが、２０１９年に、コロンビア大学のリナ・カーンとデビッド・ポーゼンがこれを正面から批判する論文を書いており、[○12]アメリカでも議論途上のものと言うことができます。


カーンとポーゼンによれば、医師や弁護士と患者やクライアントは、基本的に二面的な関係だが、プラットフォームは、エンドユーザー以外に株主等の利益にも配慮しなければならず、より多面的に捉えなければならない。そうすると、なぜ一方の側にいるエンドユーザーに対してのみ忠実義務を負うのか、逆に言えば、なぜもう一方の側にいる株主等に対しては同様の忠実義務を負わなくてよいのかの説明ができないと指摘しています。

また、プラットフォームとエンドユーザーとの間の情報の非対称性は、医師＝患者間の情報の非対称性と本質的に異なるとも指摘しています。後者の伝統的関係においては、患者は医療の専門知識はないものの、医師が医療サービスを提供しているという点は理解している。他方で、前者の関係においてエンドユーザーは、そもそもプラットフォームが何から収益を得ているのか、データを使って何をしているのか自体、あるいはプラットフォームの輪郭・姿かたち自体を理解していない。そこにはfirst-orderの非対称性があるというわけ

○12 Lina M. Khan & David E. Pozen, "A Skeptical View of Information Fiduciaries," *Harvard Law Review*, Vol. 133 (2019). なおカーンはこの後の２０２１年からＦＴＣ委員長を務める。

です。

カーンとポーゼンは、このような重大な相違があるために、プラットフォーム＝ユーザー間に従来の信認義務を単純にあてはめることができない、プラットフォームにはその特殊な地位からより高度な義務が課されなければならないと主張します。彼らは、プラットフォームは社会的インフラとして、より公共的な役割を担うことになると考えている。その特殊な公共的地位から、従来の信認義務では説明のつかない、より高度な義務を負うべきだと主張するわけです。例えばバルキンは、ケンブリッジ・アナリティカ事件で、フェイスブックも、そのデータを利用できる者、利用する目的を適切に制限しなかった点で、また、その連携パートナーを適切に調査せず、または監督しなかった点で、さらにそのポリシーに反して獲得されたデータを取り戻さなかった点で、信認義務に違反していたと述べているのですが、情報連携の相手が信頼に値するかを調査するといった「最高度（utmost）の義務」が、従来の信認義務から出てくるのかは、確かに微妙かもしれません。

このような批判を踏まえると、こと特定のメガプラットフォームについては、伝統的な信認義務とは異なる根拠からその義務を理論化する必要があるように思います。もしかするとそれは、カーンらが言うメガプラットフォームの公共的・インフラな地位、特殊な地位かもしれないし、メガプラットフォームの特徴を踏まえた情報自己決定権の客観法的な現れなのかもしれない。また、メガプラットフォームではない一般的な事業者について信認義務が課されるとしても、具体的にどのような義務が課されるのか、不明瞭な部分があるように思います。斉藤さんは、私のこうした指摘を引用し、「『「情報関係」に関する社会規範が未成熟』という解釈論上の問題は、保護法益を『自己情報コントロール権』として構成すれば、迂回し得るものであろうか」と述べられていますが[13]、先ほども申し上げたように、情報自己決定権というコンセプションは、義務の具体的内容を考える上で重要な指針を提供するのではないかと思いま

[13] 斉藤・前掲注（1）16頁。

す。渋谷秀樹先生（立教大学名誉教授）が指摘されるように、この権利の価値や目的は多元的だけれど、情報を自己決定することが大事だという点においては一定のコンセンサスがあるように思われるからです。[14]それは、表現の自由の価値や目的は多元的だけれども、表現の自由が大事だ、という点においてコンセンサスがあるのと同様です。

また、もうひとつ気になるのは、信認義務に関する議論は、憲法上の権利の私人間効力が否定されているアメリカにおいて、EUの基本権的アプローチを代替するための議論と見られている点です。[15]ですので、憲法上の権利の私人間効力が必ずしも否定されていない日本で、わざわざ展開する必要のある議論なのかどうかも精査されなければなりません。やや話が逸れますが、EUとの十分性認定を結ぶ過程において、日本における情報プライバシーをEU側にどのように説明したかも問題になります。もし私人間における権利も憲法上の権利と一定程度関連したものと説明されていたとすると、アメリカのように、憲法上の権利から切り離された信認義務として捉えることは、EU側に対する首尾一貫した説明にならない可能性もあります。

曽我部　斉藤さんは、公法私法の双方に目配りをした周到な非常に参考になる議論をされておられます。最近の論考でも、[16]自己情報コントロール権を念頭に置いた「自律としてのプライバシー」の理念の限界を指摘した上で、「信頼としてのプライバシー」の理念による補完を主張されておられ、注目されます。

確かに、一定の関係性にもとづいて、「信頼としてのプライバシー」が成立することはあると思います。ただ、既にご紹介があったとおり、医師や弁護士と、プラットフォーム事業者とを、単に情報の非対称性があるというだけの共通性で同列に語ることはできず、プラットフォーム事業者に信認義務が課されるのであれば、固有の理由が提示されるべきではないかと思います。はっきりとはわかりませんが、それはユーザーとの関係性にもとづく信認義務類似のものであるかもしれない

○14 渋谷秀樹『憲法〔第3版〕』（有斐閣・2017年）407頁。

○15 Lindsey Barrett, "Confiding in Con Men: U.S. Privacy Law, the GDPR, and Information Fiduciaries," *Seattle University Law Review*, Vol. 42, No. 3 (2019), p. 1109.

○16 斉藤邦史「プライバシーにおける『自律』と『信頼』」情報通信政策研究3巻1号（2019年）。

ですし、プラットフォーム事業者の独占的な地位、あるいは優越的地位を踏まえて課される義務かもしれません。

問題は、プラットフォーム事業者に一定の義務が認められるとして、その内容と、それに対応してユーザーにどのような権利が認められるべきかということだと思います。何らかの固有の理由にもとづいてプラットフォーム事業者に個人情報保護に関する義務が生じるとして、それに対応してユーザーに自己情報コントロール権が必然的に認められることにはならず、別途充塡される必要があります。山本さんが言われた「情報を自己決定することが大事だという点においては一定のコンセンサスがある」というのは、こうしたコンセンサスにもとづいて、プラットフォーム事業者とユーザーとの関係を、自己情報コントロール権を中心に規整すべきだという趣旨かと思います。

確かに、プラットフォーム事業者の義務とユーザーの権利とが、自己情報コントロールを中心に構成するのに無理のない範囲であればそのようなあり方でよいわけですが、そうでない場合について、客観法的な義務あるいは自主規制、共同規制的な義務も含め、柔軟な制度設計が求められることもあろうかと思います。そうした中で、「情報自己決定権というコンセプションが重要な指針になる」こと自体はそのとおりだと思います。

それから、最後にご指摘いただいた基本権の私人間効力論との関係の問題は、非常に重要な論点だと感じました。斉藤さんはこの区別を明確に意識されているように見えますが、私も含め、必ずしもそうではない論者もおり、反省すべき点です。とくに、いま主題化されたように、対公権力と私人間とで理論構成が異なり得るのであれば尚更で、整理が必要かと思います。

5　実定法および判例との関係

山本　曽我部さんのご指摘の第3の点、つまり、実定法における自己決定の不徹底ですが、これは曽我部さんご自身が認めておられるように、やや逆立ちした議論のように感じます。仮に憲法上のプライバシー権が「自己決定」を本質的要素としているならば、筋としては、それに対応していない実定法のほうが批判されるべきだと思います。

また、仮に「逆立ち」を肯認とするとしても、そもそも実定法レベルで自己決定が軽視されているとまでは言えない。個人情報保護委員会の『個人情報保護法 いわゆる3年ごと見直し制度改正大綱』（2019年12月）は、評価が難しいのですが、「情報を提供する個人の、自らの情報の取扱いに対する関心や、関与への期待が高まって（いる）」として、例えば利用停止・消去の請求に係る要件を緩和するなど、ある見方をすれば、自己決定・コントロールを実質化する方向に動いているとも言える。もちろん、この大綱のどの部分を切り取るかなのですが。

また、情報銀行制度など、「実効的な本人関与（コントローラビリティ）を高め」るための制度も現れている。[17]

世界に目を転じれば、冒頭で述べたように、GDPRやCPRA、さらにはアップルやマイクロソフトといった巨大IT企業が、同意絶対主義は採用しない一方で、本人の情報自己決定、コントロールを重視し始めていることにも注意が必要です。連邦レベルでも、民主党が消費者オンラインプライバシー権法（COPRA）、共和党が合衆国消費者データプライバシー法（CDPA）を提案しています。連邦議会の動向やこうした法案の理論的基礎についてはさらに精査が必要ですが、その流れ次第では、情報自己決定権といった考え方の受容を頑なに拒むほうが、国際的に浮いてしまうのではないかと危惧しています。

曽我部　実定法における自己決定の不徹底という点ですが、実定法がそうなっていないから基本権としてもそうではないのだという趣旨に伝わったのであれば、もちろん逆立ちした議論だということになります。自己決定・同意の要素が必ずしも貫徹されていない実定法のあり方が、憲法学説から声高に批判されてきたわけではないわけで、自己情報コントロール権説においても、その名称が

○17 総務省＝経済産業省『情報信託機能の認定スキームの在り方に関する検討会とりまとめ』（2019年10月）は、情報銀行を「実効的な本人関与（コントローラビリティ）を高めて、パーソナルデータの流通・活用を促進するという目的の下、本人が同意した一定の範囲において、本人が、信頼できる主体に個人情報の第三者提供を委任するというもの」（傍点山本）と定義している。

示すほどには徹底した立場がとられてはいなかったのではないか、ということでした。

それはさておき、ご指摘のとおり、日本国内でも世界的にも、自己情報のコントロールという理念をより尊重する傾向が見えてきているのは事実だと思います。もっとも、現在、国会提出されている個人情報保護法の改正法案〔令和2年個人情報保護法改正〕では、個人情報取扱事業者に対して不適正な個人情報の利用を禁止する規定を設けています（16条の2）。自己情報コントロール権説からすれば、とくに同意にもとづいて個人情報を利用する場合には、同意さえあればどのような利用をするかは規制されるいわれはないはずであり、このような適正利用義務は説明しづらいところだと思われます。

山本　判例との関係はどうでしょうか。私は、判例の中には情報自己決定権的な発想が既に出てきているようにも感じています。例えば、江沢民講演会事件判決[18]は、斉藤さんなどは、自己情報コントロール権説的な発想に立つものとは読めないと主張しておられますが、結局この判決のどの部分を強調するかなのだろうと思います。「プライバシーに係る情報の適切な管理についての合理的な期待を裏切るものであり、Xらのプライバシーを侵害するものとして不法行為を構成する」という結論部分を強調すれば、「適切な管理」を怠った客観的な注意義務違反として処理したものと読める。けれども、結論部分以前には、「〔単純〕個人情報についても、本人が、自己の欲しない他者にはみだりにこれを開示されたくないと考えることは自然なことであり、そのことへの期待は保護されるべきものである」と述べており、また、被告となった大学は「Xらの意思に基づかずにみだりにこれを他者に開示することは許されない」と述べています。

このあたりを強調すれば、「適切な管理」、「合理的な期待」の具体的な内容は、本人の欲しない他者にみだりに個人情報を開示しないこと・されないことであって、結局は個人情報をシェアする対象に関する本人の決定・選択権を保護している

[18] 最判平成15年9月12日民集57巻8号973頁。

ようにも思われます。他の判例と情報自己決定権との適合性については既に別稿で触れましたので[19]、ここでは省略したいと思います。

曽我部　私自身は、判例との整合性をまだ十分に考えているわけではないので、確たることは申し上げにくいのですが、江沢民事件については、斉藤さんと山本さんとの理解が異なるのみならず、さまざまな解釈が提示されており、結局は多様な読み方を許す判決なのだろうと思います。むしろ、同判決の読み方の違いを見ることで、その論者のプライバシー理解の特徴が浮き彫りになる点が興味深いのではないでしょうか。

斉藤さんの山本さんへの批判は、本件はプライバシー外延情報の提供が問題となった事案であるから、人格的自律に由来する自己情報コントロール権説からは説明できないのではないかというものですが、山本さんは自己情報コントロール権説をもう少し広く捉えておられるということだろうと思います。

また、自己情報コントロール権説的読み方になじむ点として、本件が、重要国の国家主席の警備のために、単純情報が提供されたものであり、同判決の反対意見が述べるとおり、これらの点の比較衡量からは提供が違法とは言えないとも考えられるところ、同意取得が容易なのに取得しなかったという一点をもって違法だとしたことが挙げられます。実体的な比較衡量とは別に、同意すなわちコントロール権の侵害を理由に違法とした点において、自己情報コントロール権説的であるとするのです。

ただ、この点は、「任意に提供したプライバシーに係る情報の適切な管理についての合理的な期待を裏切るもの」という判示からは、ある種の信認義務違反が問題とされたようにも理解可能です。斉藤さんはこのような理解にもとづいて、自己情報コントロール権説的な理解はできないと言うのですが、自己情報コントロール権の根拠は多元的であり、本件の場合には信認義務が根拠だとすれば、山本さんの理解とも矛盾がなくなるのではないでしょうか。前述のように、斉藤さんは自己情

[19] 山本・前掲注(5)49～51頁。

報コントロール権説を人格的自律と結び付けて理解しています。

6 まとめ

曽我部 これまでの議論で、山本さんと私との基本的な認識はほとんど違わないように思います。相違点としては、繰り返しになりますが、権利の構造をどう見るかという点ではないかと考えます。

例えば、いま言われた「巨大ＩＴ企業が、同意絶対主義は採用しない一方で、本人の情報自己決定、コントロールを重視し始めている」ということを例にすれば、こうしたあり方は、個人情報の扱いにそれほど頓着しない大多数のユーザーについては、法令上求められる一定の保護を提供し、個人情報保護の意識の高い一部のユーザーについてはコントロールを認めるという、「やろうと思えばできる」コントロールであり、穏当なあり方だと思います。

問題は、こうした状態の説明の仕方で、自己情報コントロール権からすれば同意は必要だが、対抗利益との関係から同意までは不要で、一定のコントロール権のみを認めることが正当化されるとするのか、あるいは、当該場合においては、同意までは求めず一定のコントロールを認めることで適正な取扱いであると言えると説明するのか、といった違いが生じると思われます。もっとも、後者の立場でも、情報に関する自己決定は理念としては承認しているので、大きな違いではないようには思います。自己決定の権利というからには、一定程度硬いものを想定すべきではないかということを考えています。

それから、個人情報保護の目的についてですが、一元的な説明は困難で、個人情報の不当な取扱いおよびそれに起因する不利益（そのおそれも含む）を防止することであると考えます。不利益にはさまざまなものがあるので、多元的な基礎づけということになると思います。それと情報自己決定との関係は複雑で、情報自己決定と人格的自律との関係が密接なものもあれば、他の手段でも代替できる場合もあるでしょう。こうした多様な内実を包摂するためには、権利の構成としては、自己決定の要素だけを特権化したものとするよりも、より包括的なものとして捉えるのが適当だと思います。

山本　私も、最初にお話ししたように、基本的な認識は曽我部さんと変わらないと思っています。向かうべき方向のようなものはおそらく一致しているので、問題は権利の構造をどう捉えることが、その方向に進んでいく上でベターなのか、ということなのかと。今回の対談で、その答えが出たわけではありませんが、考えるべき課題は明らかになったように思います。大変勉強になりました。読者の皆さんとも課題が共有できたならば、対談を組んだ意味があったように思います。どうもありがとうございました。

曽我部　冒頭に申し上げたように、この分野での研究をリードされてきた山本さんに素朴な疑問をぶつけることを通じて、山本さんのご議論をさらにクリアーにご提示いただけたと思っております。

私自身多くを学ばせていただいたとともに、この分野の研究をさらに前進させる契機になる対談となったのではないでしょうか。どうもありがとうございました。

新型コロナウイルス感染症対策とプライバシー
――日本版接触確認アプリから考える

※初出：２０２１年

１　はじめに

厚生労働省は、２０２０年6月、新型コロナウイルス感染症対策のひとつとして、接触追跡アプリ「ＣＯＣＯＡ」（以下「本アプリ」）をリリースした。これは、半径1メートル以内に15分以上あったスマートフォン同士が近接通信機能（ブルートゥース）を介して匿名ＩＤを交換することで、他者との接触記録を一定期間スマートフォン端末内に保存し、新型コロナウイルス感染症の陽性者と接触した可能性のあるユーザーに通知を行なうものである。筆者は、本アプリをプライバシー等の観点から評価する、新型コロナウイルス感染症対策テックチーム（以下「テックチーム」）下の「接触確認アプリに関する有識者検討会合」（以下「会合」）の委員を務めた。本章は、同委員としての経験を踏まえて、本アプリを憲法学的観点、とりわけプライバシー権の観点から検討し、デジタル・ツールを用いた感染症対策とプライバシー権との関係について若干の考察を加える。以下、まずは本章が前提とするプライバシー権の概要を述べる。

2　前提とするプライバシー権の考え方「第3期プライバシー権」の概要

筆者は、憲法学上のプライバシー権論の展開を、不特定多数の者に私事を公開・暴露されないことを重視する第1期（古典的プライバシー権・私生活秘匿権）、自己情報の開示等について自ら決定できること（自己情報のコントロール可能性）を重視する第2期（自己情報コントロール権・情報自己決定権）[1]、第2期の議論との連続性・関連性を維持しながら、データを取り扱うシステム構造やアーキテクチャのデザインを重視する第3期（アーキテクチャ志向型情報自己決定権）に区分した上で、第3期の考えを支持している。[2]ネットワークと接続した状況がベースラインとなり、情報の収集・保存・分析・連携が常態化した現況下では、情報の濫用・漏えいのリスクが常在し、収集時の個人の決定が無意味化・形骸化し得ること、同意の機会が形式的に増えることで、かえって自己決定の質が低下するという「同意のパラドクス」が生じ得ることなどから、適切かつ堅牢な情報管理の構造、さらには、自己決定を実質化するためのアーキテクチャの設計・構築が不可欠になると考えるからである。

また、第2期の議論では、この権利は専ら「人間にとって最も基本的な、愛、友情および信頼にとって不可欠な生活環境」を充足するためのものと位置づけられたが[3]、第3期は、こうした個

○1 自己情報コントロール権と情報自己決定権との違いについては、山本龍彦「自己情報コントロール権について」憲法研究4号（2019年）（本書第Ⅱ部❹に収録）48頁参照。後者に関する最近の詳細な研究として、實原隆志『情報自己決定権と制約法理』（信山社・2019年）。

○2 山本龍彦『プライバシーの権利を考える』（信山社・2017年）3頁以下。

○3 佐藤幸治『日本国憲法論〔第2版〕』（成文堂・2020年）203頁。

人の人格価値に加えて、民主政の維持や全体主義への対抗といった社会公共的な価値の実現とも結び付けられ、より多元的な目的に資するものとして理解される。近年、EUでは、情報自己決定権の一環として、データポータビリティ権が認められる傾向にあるが、これは、特定のプラットフォームに「データダブル（データ上の分身）」が閉じ込められること（ロックイン）を防ぎ、仮想空間上の「移動の自由」を確保することにも繋がる。フィジカル空間とサイバー空間とが融合しつつある状況を背景に、情報自己決定権の目的・機能が多元化してきていることも、第3期のひとつの特徴である。

　判例や法制度の中にも、第3期の議論と整合的に理解できるものが増えてきている。例えば、住基ネット判決[4]は、権利定式としては第1期の議論との連続性を強く意識しながら、審査場面ではシステム構造の堅牢性を重視している。また、「情報を提供する個人の、自らの情報の取扱いに対する関心や、関与への期待が高まって」[5]いることを動機のひとつとした、2020年の個人情報保護法改正は、利用停止・消去等請求権の範囲を拡大した上（35条）、保有個人データの開示方法について、デジタルでの提供を含め本人が指示できるようにした（33条）。後者は、先述したデータポータビリティ権実現の起点ともなり得る。さらに、「実効的な本人関与（コントローラビリティ）を高めて、パーソナルデータの流通・活用を促進するという目的の下、本人が同意した一定の範囲において、本人が、信頼できる主体に個人情報の第三者提供を委任するというもの」[6]と定義される情報銀行は、本人の自己決定を実質化または補完するための「制度」（アーキテクチャ）のひとつと言えるだろう。

○4 最判平成20年3月6日民集62巻3号665頁。

○5 個人情報保護委員会「個人情報保護法いわゆる3年ごと見直し制度改正大綱」（2019年12月）。

○6 総務省＝経済産業省『情報信託機能の認定スキームの在り方に関する検討会とりまとめ』（2019年10月）。

もっとも近年は、①自己決定・同意は、個人情報の不当な取扱いやそれに起因する不利益を防止する手段に過ぎない（開示・利用停止請求等は不当な取扱いがなされていないかをチェックするための手段である）、②個人が利用規約等を熟読して有効な同意・決定を行ない得るとの想定は現実に反するなどとして、第3期の言う構造やアーキテクチャの重要性を踏まえつつも、「自己決定」を重要な要素とする第2期・第3期の議論に鋭い批判を浴びせる、「第4期」とでも呼べるような新たな見解が登場してきている。[7] この見解については、傾聴に値するところが多く、今後さらに検討を深めていく必要があるが、さしあたり以下のような批判が可能であり、筆者はなお第3期を支持すべきだと考えている。[8]

前記批判①について、第1に、手段的性格を持つものは基本権と考えてはいけないのか、という疑問を呈示できる。例えば米国では、1980年代後半以降、憲法上の権利と呼ばれるものの多くは、その実、将来生じ得る核心的な憲法価値の侵害を未然に防ぐための予防的なルールだと解するプラグマティックな権利論が有力である。[9] そもそも、憲法上の権利領域では、目的と手段との関係が相対的流動的であることが少なくない。例えば、デモ行進等の表現活動は、それ自体が目的なのか、政治的意見表明のための手段なのか、必ずしも明確ではない。また政治的意見表明でさえも、自己実現や自己統治を実現するための手段と言い得る。そうなると、手段的性格を持つから基本権ではないと断ずるのは危険ということになる。

第2に、情報自己決定権が、個人情報が不当な取扱いを受けていないかをチェックするための単なる手段と言い切れるか、という疑問も呈示できる。例えば消去請求等は、特定の相手との情

○7 音無知展『プライバシー権の再構成』（有斐閣・2021年）、稲谷龍彦『刑事手続におけるプライバシー保護』（弘文堂・2017年）、曽我部真裕「自己情報コントロールは基本権か？」憲法研究3号（2018年）71頁、斉藤邦史「信認義務としてのプライバシー保護」情報通信学会誌36巻2号（2018年）127頁。

○8 以下の議論の詳細は、曽我部真裕＝山本龍彦「自己情報コントロール権をめぐって」情報法制研究7号（2020年）〔本書第Ⅱ部❺に収録〕。

○9 David A. Strauss, "The Ubiquity of Prophylactic Rules," *University of Chicago Law Review*, Vol. 55, No. 1 (1988). 山本・前掲注(2)18頁。

報共有を止めることで、相手との距離をはかる関係的な権利として一定の人格価値を有するように思われる。データポータビリティ権も、あるプラットフォームとの関係を断って、別のプラットフォームと繋がり直す、関係の結び直しの権利と捉えられよう。デジタル社会においては、これまでフィジカルに距離をつめたり、距離をとったりすることで可能になっていた相手との関係性構築を、データのコントロールを通じて行なわなければならない。誰と、あるいはどのネットワークと自らの情報をシェアするのかを自ら主体的に決定・選択していくことが、デジタル・ディスタンスを調整して自律的な生を歩むために必要となろう。こう見ると、本人関与が個人情報の適正な取扱いを担保するための単なる手段であるとは、簡単には言えなくなるように思われる。

前記批判②については、現状の同意環境を前提にすれば、反論の余地がない。政府や企業としてはデータをできるだけ多く収集し、自由に使いたいがために、利用者が主体的な選択を断念せざるを得ないような複雑なUIを設計するインセンティブが働く。現状はこのインセンティブが十分に抑制されていない。しかし、まず求められるのは、この環境を変えることであり、現状の環境に合わせて権利概念を変えることではない。この点、第3期の議論は、利用者重視のUI（ユーザーインターフェース）の設計を権利概念からの要請と考える。

また、第3期の議論は、全ての情報の取扱いに同意を求めることを意味しない（情報自己決定権≠同意絶対主義）。デジタル社会において、同意を常に、また形式的に要求することは、情報自己決定権の趣旨とかえって矛盾する。データ処理のひとつひとつに本人が同意を与えるというのは現実的ではないし、「同意疲れ」から、かえって質の悪い決定をして自らの利益を危険にさらす可能性も出てくる。逆に、同意機会を適切に制限することが、情報自己決定権のよりよい実現に繋がる場合もある。信頼できる他者にroutineな同意をアウトソーシングするような情報銀行やAIエージェントなどの仕組みが、第3期の視点から積極的に評価されているのはそのためである。

ほかにも、「第4期」の議論については、「情報自己決定」や「コントロール」に代えて、何を権利の本質的要素とするのかが不明瞭で、権利の内実が第3期の議論以上に曖昧なものとなり得ること、それにより同権利が実現すべき価値――人格的生存や民主政の維持――が侵食される危険性がより高まることなどが懸念される。今後の議論によってこうした課題が解消される可能性は十分に認められるが、筆者としては、以上述べてきた理由から、第3期の理解がなお適切であると考えている。

3 日本版接触確認アプリとプライバシー権

(1) 経緯

以下では、2で述べてきたプライバシー権の理解を前提に、本アプリを査定する。が、まずは本アプリがリリースされるまでの経緯を振り返っておくことにする。

2020年3月に、シンガポール政府が接触追跡アプリ(TraceTogether)を開発すると、各国で同様のアプリを導入しようという気運が高まった。日本では同年4月6日に、テックチームのキックオフ会議が開かれ、接触確認アプリの実装の検討が提案された。そして同月7日に、東京を含む7都道府県に緊急事態宣言が発出されることになる。

その頃、世界的に、本アプリの方向性を左右する重要な動きが見られた。2020年4月16日、欧州委員会が、コロナ対策アプリに関する指針（コミュニケーション）[10]を公表し、「信頼でき、アカウンタブルなアプリ利用の諸要素」として、国の保健当局がデータ管理者となること、個人がコントロールを保持すること、データ処理について法的根拠を求めることなどが示された。実は同月10日、既にアップルとグーグルが、接触確認アプリのAPIの開発を発表していたが、その後、5月4日に、両社は同APIにアクセスできる条件を提示した。①アプリの運営者が国の保健当局であること（原則として一国一アプリ）、②位置情報を収集・利用しないこと、③アプリのダウンロードと陽性登録の両場面においてユーザーの任意性（自己決定）を確保すること、④接触記録を（中央サーバーではなく）端末で管理し、陽性者・接触者とのマッチングを端末で行なうこと、⑤識別子を周期的に変更し、個人や端末を特定できないようにすること、などである。後述するとおり、このアップルとグーグルが課した利用条件が、本アプリの開発に決定的な影響を与えることになる。

視点を国内に戻すと、5月9日、テックチームの下に「接触確認アプリに関する有識者検討会合」（座長・宍戸常寿）が設置され、オンラインにて第1回会合が開催される。実はここで、「BluetoothをOS上でコントロールすることで、他のアプリ利用中でもバックグラウンドで利

[10] Communication from the Commission, "Guidance on Apps supporting the fight against COVID 19 pandemic in relation to data protection" (April 16. 2020).

用可能となることから、AppleとGoogleから提供されるAPIを利用して構築する」[11]ことが提案された。なお、この段階では、接触確認アプリの意義・目的として、「①〔接触通知を受けて〕自らの行動変容を確認できる〔こと〕、②自分が感染者と分かったときに、プライバシー保護と本人同意を前提に、……濃厚接触者自ら国の新型コロナウイルス感染者等把握・管理支援システム（仮称）に登録できるようにすることで、健康観察への円滑な移行等も期待できる〔こと〕」と記されていた。[12]②は、自主的な行動変容に加えて、疫学調査の可能性を示すものであった。

同月17日、第2回の有識者検討会合がオンライン開催された。この時点でも、本アプリの利用目的等については、なお曖昧な部分があった。例えば、資料として提出された「接触確認アプリ及び関連システム仕様書（案）［概要］」では、上記②と同様の記述が残り、「保健所による健康観察等に円滑につなげる補助をする機能」（陽性者の処理番号と接触者識別子を結び付けた疫学的な調査・分析）の付加が検討事項とされた（「仕様書（案）」7頁）。要するに、接触通知を受けることによる本人の自主的な行動変容という目的と、疫学調査目的、さらには統計分析情報の活用目的との関係が必ずしも明確ではなかったのである。しかし、検討会合にて議論を重ねる中で、利用目的の明確化が繰り返し強調され、[13]複数の目的を置く場合には、そのことを明らかにした上で、別々にその正当化について議論することが必要である点などが指摘された。

最終的に、5月26日、テックチームが「接触確認アプリ及び関連システム仕様書」を、検討会合が「接触確認アプリ及び関連システム仕様書に対するプライバシー及びセキュリティ上の評価及びシステム運用上の留意事項」（以下「評価書」）を公表した。そこでは、上述の②が完全に削

○11 テックチーム事務局「接触確認アプリの導入に向けた取組について」（2020年5月8日）4頁。

○12 テックチーム事務局・前掲注(11)1頁。

○13 第1回・第2回「議事概要」参照（各回の議事概要は政府CIOポータルに掲載）。

除され、当局が濃厚接触者等を把握・管理する可能性のない、行動変容のみを目指すアプリとしての性格が確立した。その後、6月19日に本アプリがリリースされることになる。

(2)第3期プライバシー権論との親和性

「自己決定」

本アプリは、感染症対策としての有効性という点で異論はあったものの、アプリの利用開始と、利用後の陽性者登録の両場面で、「ユーザーの正しい理解と自由な意思にもとづく同意を取得するべきである」とされた(評価書5頁)。また、評価書は、このことが実質的に確保されるよう、ユーザーに対して「あらかじめ、感染症対策全体の仕組みの中でのアプリの位置づけ、プライバシー情報を取得する目的、データ項目ごとの利用目的や利用方法等について十分な説明を尽くすべきである」(同5頁)と繰り返し指摘している。

利用目的の特定・明確化

「公衆衛生」や「感染症拡大防止」という言葉は多義的である。実際には、クラスター特定のような疫学的な目的から、個人の自主的な行動変容の促進、高リスク者の行動監視まで、さまざまなものを含む。「公共の福祉」が抽象的に用いられることで人権制限が容易に肯定された過去の歴史を踏まえると、公衆衛生などの抽象的な概念が都合よく使われ、なし崩し的に利用範囲が拡大されないよう十分に注意する必要があった。先述のように、本アプリの目的は、最終的に自主的な行動変容の促進に限定されたが、評価書の中でも「使用目的の限定」が留意点として強調されている（評価書10頁）。さらに同目的との関係で、「取得するプライバシー情報が最小限であること」（同6頁）も考慮された。

構造

評価書は、「本アプリ運営者等は、通知サーバーで保管するプライバシー情報について、十分なセキュリティ措置を行うことで、データの安全を確保しなければならない」とし、「本アプリがこれらの基準を満たしているかどうかについては、システム導入時の脆弱性検査を行うことに加え、本評価書……に示す検証を継続的に行う必要がある」（評価書7頁）としている。さらに、「運営者は、……原則（透明性や使用目的の限定）を遵守していることを自ら継続的に検証し、中立かつ専門の有識者による検討会に報告するとともに、その評価を受けるべきである」（同11頁）と書いている。こうした観点は、それ自体、「構造」や「アーキテクチャ」を重視する第3期プライバシー権論の考え方と親和的である。

4　第3期プライバシー権論からみた課題

(1)民主的正統性——「法令」の根拠？

本アプリはプライバシーに最大限配慮したものと言えるが、本来、感染症拡大防止の実効性とプライバシー保護とのバランシングは高度の政治的判断を必要とする。また、接触追跡・確認アプリは、コロナ対策の肝となる重要なツールとして位置づけられるべきもので、その実装や仕様に関する決定は重要かつ本質的なものと考えられる。この点で、先述のように、EUの指針がその運用に法的根拠を求めていたことが注目される。実際、フランスのアプリ（Stopcovid）は、その導入にあたり「民主的正統性及び専門的正統性の両者を意識したプロセスが踏まれ、最終的にはデクレ（政令）で定められた」[14]。また、「上下両院で複数回の公聴会等が開かれ、最終段階では上下両院の本会議で、憲法50条の1に基づく討論と決議が行われた」という[15]。オーストラリアのアプリ（COVIDSafe）も、「利用者のプライバシー侵害や個人情報のセキュリティに対して懸念があったため法律による規制が求められた」[16]。

他方、日本では、本アプリが国会という公開の場で審議されることはほぼなかった[17]。そのため、専門家によって構成される検討会合の中ではプライバシー保護の観点から積極的な議論が行なわれたものの、その意義や仕様が国民へと十分に伝わらず、設計・開発プロセスの不透明感を助長して、アプリに対する信頼の形成に繋がらなかった側面があったように思われる。本来、代表機関である国会が、法律の根拠を設け、民主的統制の構造を明確なかたちで組み込むべきであった。また、本アプリは、プライバシーに配慮して有効性を犠牲にするところがあった。したがって、有効性を経時的に検証してその必要性が認められた場合、疫学調査も行ない得る、より厳格な手段を導入することも含みおく必要がある。本来、国会は、本アプリの有効性や感染状況を踏まえたロードマップを策定し、デジタル・ツールの利用段階について大綱を示した上で、立法的な手

○14 曽我部真裕「『接触確認アプリ』の導入問題から見える課題」法律時報92巻9号（2020年）3頁。

○15 曽我部・前掲注(14)3頁。

○16 内海和美「【オーストラリア】プライバシー法改正（公衆衛生接触情報）法―新型コロナウイルス感染追跡アプリの利用促進―」外国の立法No.284―2（2020年）16頁。

○17 曽我部・前掲注(14)1頁。

当ての必要性について詳細な検討を行なうべきであったように思われる。

(2)透明性――「自己決定」のために十分な情報が提供されたか?

情報に関する自己決定には、アプリの責任主体や、データのフローなどがわかりやすく説明されることが重要であるが、「プライバシー・テクノロジー・パラドクス(以下「PTP」)から、本アプリについてはこの説明が十分になされなかった可能性がある。PTPとは、秘密計算など、プライバシー保護のための技術的工夫がなされればなされるほど、その仕組みが複雑化し、一般市民の信頼が得られにくくなるというパラドクスを表現したものである。このPTPの存在を踏まえると、責任の所在やインシデントが発生した場合の措置などを明確にした上で、次項で述べるガバナンス体制の構築とそれに関するより明確な説明が求められたように思われる。

構造

先述のように、評価書では、検証と第三者による評価が要求されているが、この検証はあくまでも自己評価である上、第三者による評価が具体的に何を意味しているのかも明確でない。後者については、その第三者が誰で、評価の結果どのような責務が運営者の側に生じるのかも不明確と言わざるを得ない。この点は検討会合でも問題にされ、第3回会合(9月17日)議事概要には、「検証の体制が非常にあいまいになっているため、明確化すべき」との委員の言葉が残っている。「構造」を重視する第3期プライバシー権論の観点からきわめて問題と言わざるを得ない。

また、とくに感染症対策としてデジタル・ツールを用いる場合、システム構造の問題として、サービスの停止をいかに設計するかも重要である。後述のように、感染症対策として構築されたシステムが、「平時」の統治のために常態化される危険性があるからである。評価書は、「本感染症が終息したと厚生労働省が判断した場合には、アプリ運営者は、速やかに本アプリのサービス提供を停止すること」（10頁）と記載するが、常態化の危険を踏まえれば、サービス停止の判断プロセスや基準を明記した上、停止する場合のアンインストールの自動化などを検討しておくべきだったように思われる。

5 おわりに――感染症対策とプライバシー権

最後に、これまでの検討を踏まえ、より広範な視点から、感染症対策とプライバシー権との関係について考察しておきたい。

(1) デジタル・ツールを使った感染症対策の決定主体――プラットフォームによる統治？

近代国家が公衆衛生をもたらしたのではなく、公衆衛生が近代国家なるシステムを実現させたとの指摘があるように、国家主権と感染症対策とは不可避的な関係にあると見られてきた。[18] 今回

[18] 塚原東吾「コロナから発される問い」現代思想48巻7号（2020年）145頁。

のパンデミックでも、「国民国家や主権の役割が強調され」、「国民国家が全面に押し出されつつある」との指摘がある。[19]が、日本においてその役割が強調されたのは、国家ではなく、民間のデジタル・プラットフォーム（以下「ＤＰＦ」）ではなかったか。

例えば、２０２０年3月31日、政府は「新型コロナウイルス感染症の感染拡大防止に資する統計データ等の提供について要請」を出し、ＤＰＦなどに協力を求めた。これに応じ、ヤフー等が政府と協定を締結したが、興味深いのは、ヤフー側が一定の交渉力をもって、データ提供に、①政府が、提供されたデータの利用目的を守り、その利用の成果を適切な時期に公表すること、②適正な利用が担保されない場合に、ヤフーがデータ提供を中止できることなどの条件を付した点[20]、政府がこの条件を受け入れざるを得なかった点である。このことは、有効な感染症対策を実施するのに必要なデータを有しているのはむしろＤＰＦで、ＤＰＦが国家の対策を左右する力を事実上有していることを暗に示している。

また、本アプリの設計については、アップル・グーグルが支配的で圧倒的な役割を果たしてきた。当初、政府は、コード・フォー・ジャパンという一般社団法人にアプリ開発を打診し、シンガポールで開発されたソースコードをベースに、日本独自の仕組みを導入しようと考えていた。ところが、先述のように、4月10日にＯＳ提供ＤＰＦであるアップル・グーグルがＡＰＩの共同開発を発表すると、政府はこれを利用する方向に大きく舵を切った。[21]そして、この決定によって、アプリはアップルらが示すＡＰＩへのアクセス条件に厳しく拘束されることになる。本アプリは、プライバシーに最大限配慮した仕様となったが、これは、憲法学者が検討会合に参加していたこ

19 西迫大祐「フーコーにおける感染症と安全」現代思想48巻7号（２０２０年）94頁。

20 ヤフーのプレスリリース「新型コロナウイルス感染症のクラスター対策に資する情報提供に関する協定を厚生労働省と締結」（２０２０年4月13日）。詳細は、宍戸常寿「パンデミック下における情報の流れの法的規律」論究ジュリスト35号（２０２０年）63頁。

21 「シビックテック：アプリは幻に、それでも…」朝日新聞２０２０年10月16日朝刊7頁。

とよりも、実際には、アップルらが示したアクセス条件によるところが大きかったように思われる。

今回は、同条件に拘束されることで、積極監視型のアプリ開発の途が抑制され、最終的に、EU指針にも合致するようなプライバシー配慮型のアプリとなったが、他方で、有効な感染症対策とプライバシー保護のバランシングという、大きな主権レベルの決定が、海外DPFによって先行的に行なわれたとも言い得る。いかなるデジタル・ツールを導入するかについて政府が決定できる余地は、実際上ほとんど残っていなかったわけである。このことは、上述のような指摘とは逆に、感染症対策における国民国家の落日と、インフラ権力ないしアルゴリズム権力を背景としたDPFの影響力の増大を意味しているように思われる。フランスは、「フランス人の健康保護は、もっぱら国家に属する任務であり、国際的な民間アクターに属するものではない（……）これは、衛生・技術的な主権の問題である」[22]と宣言し、アップルらのAPIの利用を峻拒して独自のアプリ開発を進めたが、この一国民国家のプライドは、今回のパンデミックによってDPFの存在感が増したことを逆に強調している。

筆者は、感染症対策に関して政府とDPFとの協働は不可避と考えるが[23]、その際には、政府がDPFに対し一定の交渉力を持った上で、DPFとの交渉過程を透明化し、その協定内容が民主的にチェックされることが必要であると考えている（DPFが主権国家に一定の影響を及ぼすこと自体は、国家の暴走を抑制し得る点で必ずしも否定されない）。先述のようにデジタル・ツール導入にあたって法律の根拠を求めることは、その民主的正統性を確保し、DPFの関与を透明化して民主的批判の回路をひらくという観点からも重要であった。

○22 曽我部・前掲注(14)3頁。

○23 山本龍彦「プラットフォームと戦略的関係を結べ」Voice2020年6月号〔本書第Ⅳ部❶に収録〕参照。

(2)デジタル・ツールによる憲法保障／デジタル・ツールからの憲法保障

メディアなどでは、プライバシーか公衆衛生か、といった二項対立的な議論を煽るものが少なくなかった。無論、両者を衡量する必要はあるものの、「どちらか一方」と見るべきではない。デジタル・ツールの利用は直ちに監視国家に繋がるとの主張、パンデミックのような非常時にはプライバシーは全面的に犠牲になるべしとの主張、そのいずれもが極端であり、採用することができない。ここで想起されなければならないのは、感染症対策の歴史である。かつて感染症対策において重要だったのは、感染者やその接触者に目印をつけ、コミュニティメンバーの間に「切れ目」を入れることだった。16世紀のパリでは、ペスト条例により、ペスト患者を出した家は白十字で印をつけられ、患者は外出時に白い杖を持たなければならなかった[24]。現在の日本でも、自治体ごとで、感染状況に関する情報の公表範囲はまちまちで、詳細な情報提供によって深刻な偏見・差別が生じ、コミュニティに「切れ目」が入るケースも少なくない。しかし、デジタル・ツールを用いれば、リスクに関する情報を、個別に、ピンポイントで通知することができ、うまく作り込めば、「切れ目」をつくらずに感染拡大を防ぐこともできる。また、隔離を最小限度にとどめ、移動の自由を最大限保障することにも資するかもしれない。デジタル・ツールが、従前は苛烈であったパンデミック時の人権制約を最小限にとどめることに貢献し得るわけである（デジタル・ツールによる憲法保障）。

[24] 西迫大祐『感染症と法の社会史』（新曜社・2018年）47頁。

したがって、何より重要なのは、プライバシーに配慮しつつ、感染症対策として効果的なデジタル・ツールをデザインするという視点だろう。そこでポイントになるのは、やはり第3期プライバシー権論が強調したアーキテクチャないし構造である。データ利用を法律で根拠づけるのはもちろん（そこでは目的の特定が厳格に求められる）、実質的権限を有する監督機関の設置は不可避である。このアーキテクチャには時限性のデザインも含まれる。フーコーが指摘したように、公衆衛生のために構築された管理システムは、統治者にとっての理想世界——「危険なコミュニケーション、混乱した共同、禁じられた接触が生じ得ない完全に規律された世界」[25]——を実現するもので、常態化の危険がつきまとう。「政治権力が完全なかたちで行使される見事な瞬間としてのペスト」[26]と呼ばれたように、パンデミックは「統治者の夢」を叶える絶好の機会にもなる。したがって、積極的なデータ利用には、プライバシー保護技術を駆使するなど、その夢を実現させないための工夫を施すのはもちろん、時限性を担保し、常態化への誘惑を断ち切る強固なアーキテクチャが必要となる。

「アンインストール」のボタンをどのように設置し、構造化するか。アーキテクチャを重視する第3期プライバシー権論は、デジタル・ツールからの憲法保障を実現するためにも重要である。結局、感染症対策のデータ利用に際しては、これを第3期の議論の一応用問題として、努めて冷静に捉える視点が必要というわけである。

[25] 西迫・前掲注（24）52頁。

[26] ミシェル・フーコー（慎改康之訳）『異常者たち』（筑摩書房・2002年）52頁。

第Ⅲ部　デジタル化する言論環境と表現の自由

近年、フェイスブック（現メタ）、ツイッター（現X）、ユーチューブのようなプラットフォーマーがあらゆる言論のゲートキーパー（門番）となったことで、彼らのビジネスモデルである「アテンション・エコノミー」が情報空間を覆い尽くすようになった。アテンション・エコノミーとは、この情報過剰時代においては、市場に供給される情報量に対して、我々が向けられる関心や時間が圧倒的に希少となるため、それらが交換財として経済的価値を持ち、市場で取引されるというビジネスモデルである。この経済構造が、ユーザーの属性をプロファイリングし、その属性に合った情報をレコメンドしてアテンションを奪うAI等の情報技術と組み合わさり、フィルターバブルやエコーチェンバー、さらにはフェイクニュースの拡散・増幅といった問題を引き起こしていると指摘される。

第Ⅲ部では、このようなカオティックな言論環境において、表現の自由（憲法21条）の伝統的な思考枠組みや、その解釈に際して重視されてきた「思想の自由市場」論がどこまで有効かを検討した。いわゆる「政府言論」の問題を扱った「原発と言論」、「続・原発と言論」は、デジタル化とは直接関係がなく、執筆時期もだいぶ古いが、ステルス的な政府プロパガンダや情報操作は、生成AIの普及によりさらに巧妙化・容易化する可能性もあると考え、本書に再録することとした。

なお、第III部に収めた論考を執筆する中で思索してきたことは、近時、「情報的健康（information health）」という言葉で概念化するに至っている。「さまざまな情報をバランスよく摂取したりすることで、フェイクニュース等に対する免疫を獲得している状態」を指す「情報的健康」は、アテンション・エコノミーが作り出すフィルターバブルなどにより情報の「偏食」が生じ、これが個人の自律的な生き方やリベラル・デモクラシーに否定的な影響を与えているのではないかという問題意識の下で生まれてきた。詳細は、鳥海不二夫＝山本龍彦『デジタル空間とどう向き合うか——情報的健康の実現をめざして』（日経BP・2022年）を参照いただきたい。

思想の自由市場の落日——アテンション・エコノミー×ＡＩ

※初出：２０２０年

ＡＩの利用によって、人間の心理的な特性であるＢｉｇ５（開放性・誠実性・外向性・協調性・神経症傾向）よりも、さらに詳細な精神状態を予測・分析できるようになっている。最近の実験では、ツイッター（現Ｘ）の情報から、個人のＩＱや性格、統合失調症や鬱病のような精神状態、人生の満足度まで見抜けるという。プラットフォーム時代においては、人間の「アテンション（関心）」を引き、これを交換財として取引するアテンション・エコノミーが重要なビジネスモデルになると言われるが、このモデルと、ＡＩを用いた心理プロファイリングの相性はすこぶる良い。個人の精神状態を見抜ければ、その者のアテンションを、長く、効果的に引くことができるからである。本章は、アテンション・エコノミーとＡＩとの組み合わせが、憲法学が長く信じてきた「思想の自由市場」を、「思想の競争」から「刺激の競争」の場へと変質させる可能性を示し、国家による思想市場の再設計の必要性を探る。

1　はじめに

２０２０年８月30日、日本経済新聞のサイエンス面に、「ＳＮＳから内面見抜く」というタイトルの記事が掲載された。同記事によれば、総務省傘下の情報通信研究機構が、ツイッターの情報から個人のＩＱや性格、統合失調症や鬱病のような精神状態、人生の満足度などを見抜く実験に成功したという。個人データからＢｉｇ５（開放性・誠実性・外向性・協調性・神経症傾向）をあぶり出す心理プロファイリングの存在は、ケンブリッジ・アナリティカ事件に関する一連の報道や書籍によって既に知られていたが[1]、ＡＩを使って細かい精神状態まで予測・分析する技術が日本でもavailableな状態になったことは、長くプロファイリングの憲法問題[2]を探究してきた筆者にとっても、それなりの衝撃であった。

ＡＩを使ったこうした高度な心理プロファイリングは、プラットフォーム時代の重要な経済モデルとされるアテンション・エコノミーと、すこぶる相性が良い。アテンション・エコノミーとは、インターネットの普及による情報過多世界では、人々が払えるアテンション（関心）や消費時間が情報量に対して稀少となるため、これが交換財——「通貨（currency）」——として経済的価値を持ち、流通するようになるという考えを言う[3]。魅惑的な無料コンテンツで利用者を引き付け、そこで獲得した当該利用者の消費時間ないしアテンションを広告主に販売するというプラッ

○1 ブリタニー・カイザー（染田屋茂ほか訳）『告発―フェイスブックを揺るがした巨大スキャンダル』（ハーパーコリンズ・ジャパン・２０１９年）１１４頁。

○2 山本龍彦『プライバシーの権利を考える』（信山社・２０１７年）２５７頁以下参照。

○3 法学の観点からアテンション・エコノミーを論じたものに、Tim Wu, *The Attention Merchants: The Epic Scramble to Get Inside Our Heads* (Knopf, 2016).

トフォームのビジネスモデルは、まさにこの考え方に合致したものである。

　こうした経済モデルの下では、個人の精神状態はきわめて重要な意味を持つ。個人の精神状態が把握できれば、その者のアテンションを、長く、効果的に引くことができ、その消費時間を高く広告主に売ることができるからである。ＡＩによる心理プロファイリングは、この収益サイクルを高度に合理化・効率化できる。無論、これまでも広告主は、個人の「精神へのアクセス権（the access to the mind）」[4]を求め、そのaccessibilityに金を払ってきたわけだが、いまや広告主は、ＡＩによる心理プロファイリングを通じて、個人の精神へのダイレクトなアクセス権を「購入」できるようになってきた。またプラットフォームにとっても、ＡＩプロファイリングが、これまで不可侵領域とされてきた「心」を開拓し、マネタイズするきわめて有用なツールとなることは多言を要しない。

　かように、ＡＩとの相性の良さによって、アテンション・エコノミーはますますその影響力を増大させていくように思われるが、我々は、このことが提起する憲法問題に刮目しないわけにはいかない。この経済モデルは、人間の精神の内奥に深入りするものであるために、憲法19条が保障する思想・良心の自由の意義[5]、さらには、憲法21条が保障する表現の自由の伝統的解釈法理である「思想の自由市場」論の前提条件を大きく揺さぶり、民主主義の在り方そのものを変える可能性があるからである[6]。本章は、ＡＩがアテンション・エコノミーの構造の中にどのように取り込まれ、いかにして思想の自由市場論の前提条件を揺さぶることになるのかを検討し、その憲法学上の課題を浮き彫りにしようと試みるものである。

○4 Tim Wu, "Blind Spot: The Attention Economy and the Law," *Antitrust Law Journal*, Vol. 82, No. 3 (2019), p. 786.

○5 問題の所在として、小久保智淳「『認知過程の自由』研究序説：神経科学と憲法学」法學政治學論究126号（2020年）。

○6 問題の所在として、水谷瑛嗣郎「思想の自由『市場』と国家」法律時報92巻9号（2020年）参照。

2 「アテンション・エコノミー×ＡＩ」と思想の自由市場

(1)アテンション・エコノミーとＡＩの構造連関

人のアテンションを取引する「アテンション仲買（attention brokerage）」は古くから存在した。消費者のアテンションを引き付け、これを広告主に販売するというビジネスモデルは、１８３０年代に、ニューヨーク・サン紙などが採用し始めたという[7]。その後に登場した民間のラジオ・テレビ放送も、基本的にはこのビジネスモデルを維持してきた。しかし、フェイスブックやグーグルなど、このモデルに「ほぼ排他的（nearly exclusively）に依存している」[8]プラットフォームの台頭により、アテンション市場は急速に拡大してきている。我々はいまや、アテンションの販売に依存したビジネス（アテンション産業）が、世界の市場で５０００億ドルもの利益を生む世界に住んでいるのである[9]。我々の生活基盤そのものが巨大な広告プラットフォームなのであり、我々は常に広告と共に生きている、というわけである。ある試算によれば、アメリカ人は、２０１６年に、広告付きコンテンツを消費するために４３７０億時間を費やしているという[10]。

ウー（Tim Wu）によれば、現在では情報の受け手の全ての時間が――かつては非商業的な時間であった友人や家族と過ごす時間さえも――激しい奪い合いの対象となっており、「我々の毎時間、実際には毎秒が、それを支配しようという商業的アクターの標的になっている」[11]。プラッ

○7 Wu, *supra* note 4, at 786-787.

○8 *Id.* at 771.

○9 *Id.* at 772.

○10 *Id.* at 784.

○11 Tim Wu, "Is the First Amendment Obsolete?" *Michigan Law Review*, Vol. 117, No. 3 (2018), p. 556.

トフォームは、可能な限り多くの時間、多くのアテンションを獲得するため、データを駆使して、その利用者が「最も強く反応するもの」を予測しているというわけである。[12]

こうしたアテンションをめぐる競争に、ＡＩがきわめて有用であることは論を俟たない。まさにＡＩは、当該利用者が「最も強く反応するもの」を高い精度で予測することができるからである。周知のとおり、ウェブの閲覧履歴や「いいね」などの行動記録から、機械学習を用いて利用者の趣味嗜好（しこう）、政治的信条、精神状態などを自動予測する技術（プロファイリング）は、利用者がクリックするであろう情報を選択的にフィードし、そのアテンションを稼ぐために、既に広く利用されている。

冒頭で紹介したように、今後、統合失調症や幸福感のような細かい精神状態までＡＩで予測できるようになれば、個人の認知過程に直接介入してアテンションを強制的に「奪う（grab）」ことも可能になるだろう（いわゆるニューロマーケティングはこのような方向性を示唆する）。ケンブリッジ・アナリティカ社が、行動マイクロターゲティングの基礎にしていた「サイコグラフィックス」（行動心理学や社会心理学などの知見を動員して構築された、性格のタイプ分析）を用いれば[13]、それと同様のことは技術的に既に可能なのかもしれない。

いずれにせよ、ＡＩを用いたプロファイリングが、アテンションを引き付ける、これ以上ないツールとなることは疑いようがない。ＡＩがアテンション産業の中に構造化されていくのは、時間の問題である。

○12 *See* G. Michael Parsons, "Fighting for Attention: Democracy, Free Speech, and the Marketplace of Ideas," *Minnesota Law Review*, Vol. 104 (2020), p. 2202 (quoting Roger McNamee, "How to Fix Facebook —Before It Fixes Us," *Washington Monthly* (Jan. 7, 2018)).

○13 カイザー・前掲注（1）113～114頁参照。

(2) 思想の自由市場への影響

では、この両者の組み合わせが、思想の自由市場の成立条件にどのようなインパクトを与えるのだろうか。

思想の自由市場(論)とは、憲法が保障する表現の自由(21条1項)の伝統的な解釈法理で、「真実の最良のテストは、市場の競争の中で(in the competition of the market)それ自体を受け入れられるようになる思想の力である」[14]という考えである。20世紀前半に活躍したアメリカ連邦最高裁判所判事オリバー・ウェンデル・ホームズが、ある判決に付した反対意見から、それは生まれた。「連邦最高裁は、長きにわたって、修正1条〔表現の自由条項〕を、異なる見解と相争う思想のぶつかり合い(clash)のための市場を保護するものと捉えてきた」[15]という連邦最高裁自身の言葉が示すように、アメリカで、そして日本でも、憲法学において長く通説的な地位を占めてきた考えと言って差し支えないだろう。その含意は、虚偽表現や名誉棄損的表現のような悪しき言論は、それへの批判(対抗言論)を通じて次第にその支持を失い、淘汰(とうた)されていくものであり、国家が市場に介入してこれを直接規制すべきではない、というものである。この解釈法理の下、長く憲法学は、政府は思想間競争に立ち入らず、思想の優劣の判定を市場に委ねるべきだ、と考えてきた。

アテンション・エコノミーの中に構造化されたＡＩは、大要、以下に挙げる4つの理由から、この自由放任的な――市場に関してある種楽観的な――解釈法理の成立条件を掘り崩すように思

○14 Abrams v. United States, 250 U.S. 616, 630 (1919) (Holmes, J., dissenting).

○15 Citizens Against Rent Control v. City of Berkeley, 454 U.S. 290, 295 (1981).

われる。

①フィルターバブル

アテンション・エコノミーにおいて、ＡＩは、利用者のアテンションを特定プラットフォームに引き付けておくために、当該利用者を「フィルターバブル」で包み込むことに一役買う。プラットフォームは、ＡＩを使って利用者の趣味嗜好や精神状態を予測した上で、それらに適合しない情報をフィルタリング（濾過（ろか））し、その者のアテンションを引く情報――思わずクリックしたくなる情報――ばかりを集めた「泡（バブル）」を作り出す。この泡は、利用者に対して魅惑的で快適な空間を提供するが、他方で、泡から排除された思想に利用者が触れることを困難にする。

先述のように、思想の自由市場は、相異なる複数の思想がぶつかり合うこと、独立した個人がその衝突を見て、思想間の優劣を主体的に判断できることを前提とする。しかし、ＡＩによって創出されるフィルターバブルは、個人が多様な思想に触れ、自らの支持する思想を他の思想と突き合わせて反省的に吟味する機会を失わせる。パーソンズ（G. Michael Parsons）が指摘するように、ここでは、「虚偽しか聞かない者にとって、真実は存在しない」[16]。虚偽を否定する良質な対抗言論が存在しても、泡に包まれた者には届かないからである。また、そのことで、虚偽言論は思想市場において淘汰されないばかりか、一部のサークルの中でかえって増幅することもあり得る。これもまた、思想の自由市場論が想定しなかった事態と言えよう[17]。

○16 Parsons, *supra* note 12, at 2170.

○17 計量経済学の観点からこの問題に取り組んだ労作として、山口真一『正義を振りかざす「極端な人」の正体』（光文社・２０２０年）56頁以下参照。

②システム１への砲撃

よく知られているように、人間の思考モードには、直感的で処理速度の速いシステム１（自動システム）と、論理的・内省的で処理速度の遅いシステム２（熟慮システム）がある（心理学で言う二重過程理論）[18]。アテンション・エコノミーの世界では、システム１の思考モードを刺激して個人の自動的な反応を引き出し、当該個人を特定プラットフォームやアプリなどにくぎ付けにしておくことが合理的である。多くのソーシャルメディア系プラットフォームは、「アディクションのパターンを構築するために、心理的傾向（psychological tendencies）を捕捉する……技術的要素を採用している」[19]（傍点筆者）とも指摘されるように、ＡＩは、利用者の認知傾向を分析し、中毒状態を作出するために利用される可能性がある。「機械学習、データ・アナリティクス、習慣形成的デザイン（habit-forming design）が力を持ち始め、心理的な脆弱性につけ込んで（exploit）消費者の依存性を高めることが可能になっている」[20]というわけである。

先述したように、思想の自由市場は、思想間の優劣――どちらの内容に、より説得力があるか――を独立した個人が主体的に判断すること（システム２の思考）が前提とされているが、ＡＩによって我々の「真に自由な思考が強奪（rob）」され、思想内容について個人が主体的に判断するという前提が、現実味のない幻想にまでおちる可能性がある[21]。また我々が、このようなシステム１への「砲撃（bombardment）」を受け、「囚われの聴衆」と化すことで[22]、思想内容の良し悪しにかかわらず、システム１の思考モードとマッチするような刺激的で触発的（hair-trigger）な言論が、広く市場に流通することにもなるだろう[23]。これがもたらすのは、思想の競争――どれだけ説得で

○18 一般書として、ダニエル・カーネマン（村井章子訳）『ファスト＆スロー（上）（下）』（早川書房・２０１４年）。

○19 Parsons, *supra* note 12, at 2207.

○20 *Id.* at 2253.

○21 *Id.*

○22 Wu, *supra* note 4, at 799-780.

○23 *See* Kyle Langvardt, "Regulating Habit-Forming Technology," *Fordham Law Review*, Vol. 88, No. 1 (2019), p. 132.

きるか——ではなく、刺激の競争——どれだけ刺激できるか——である。
このことが思想の自由市場の成立条件に重要な影響を与えることは、いかにも見やすい道理である。[24]

③ディープフェイクの生成・拡散

ＡＩは、これまで述べてきた心理プロファイリングとはまた異なるかたちで、すなわち、ディープフェイク画像・動画・音声の生成というかたちでも、思想の自由市場の成立条件に影響を与え得る。周知のとおり、ＧＡＮ（Generative Adversarial Networks. 敵対的生成ネットワーク）のような機械学習を使った素材加工は、これまでの稚拙なコラージュ画像と比べて、偽物か本物かの区別がはるかに難しい。否定的で真新しい情報（negative and novel information）は人間のアテンションをつかむ傾向があり、また、こうした情報については他者と共有したいという人間の認知傾向があると言われる。[25] このことから、もともとフェイクニュースとアテンション・エコノミーとの相性は良く、フェイクニュースはプラットフォーム時代に突入して以降、既によく拡散していたのだが、[26] ディープフェイクは、この問題状況を一層深刻化させる可能性がある（このことは大規模言語モデルが生成したテクストについても言える）。

その理由として第1に、ＡＩによって巧妙に作られたディープフェイクは、真偽判定が非常に困難となるため、対抗言論による市場からの追放を強く期待できないということが挙げられる（思想の自由市場においては、虚偽情報にはこれを否定する言論が対抗することで、市場から退場していくことが予定されていた）。第2に、ディープフェイクが、人間の認知バイアスまで学習したＡＩによっ

○24 本文②の記述は、東京大学大学院工学系研究科の鳥海不二夫教授（計算社会科学）から重要な示唆をいただいた。記して感謝申し上げる。

○25 Robert Chesney & Danielle Keats Citron, "Deep Fakes: A Looming Challenge for Privacy, Democracy, and National Security," *California Law Review*, Vol. 107, No. 6 (2019), p. 1765.

○26 「誤情報は事実よりも遠く、深く、速く、幅広く拡散する」。笹原和俊『フェイクニュースを科学する—拡散するデマ、陰謀論、プロパガンダのしくみ』（化学同人・2018年）46頁。

て作成され、かつ、それが――ケンブリッジ・アナリティカ社が行なったとされるように――心理プロファイリングでフェイクに騙されやすいと予測された者に選択的に送られた場合（マイクロターゲティング）、受け手の意思形成過程は「ハック」され、それがために、対抗言論を通じての排除可能性がさらに低くなることが挙げられる。

仮に、市場がうまく機能せず、ディープフェイクが市場に蔓延した場合、我々は思想の真偽を判断する基準を失い、真実を述べようとする正直者がばかを見る世界、嘘つきが得をする世界（「嘘つきの分け前（liar's dividend）」）が到来し得る。[27] 嘘か真かわからぬ世界になれば、嘘つきは――彼の国の大統領がよくそうしたように――対抗言論に対して「それはフェイクだ」と言えばよい。もはや「反論」の必要すらなくなる。このとき、思想市場は、思想内容の競争の場ではなく、「フェイクだ」という叫びを交換するだけの場となり、その叫びで聴衆のアテンションを最も引き付けた者が単に勝者となる場になるだろう。

このように、ＡＩが生成するディープフェイクによっても、思想の自由市場の成立条件は傷つけられることになる。

④フェイク群衆

ＡＩとの直接の関係はないかもしれないが、いわゆるボットによって作り出される「フェイク群衆（fake crowds）」[28]も、思想の自由市場の前提を傷つける。思想の自由市場論においては、終局的に、より多くの受け手に受容された思想が競争に勝利したものとみなされる。受け手の独立した評価・判断の総和が、市場における思想の勝敗基準と考えられていたのである。しかし、ボッ

○27 Chesney & Citron, *supra* note 25, at 1758.

○28 Wu, *supra* note 11, at 567.

トが作り出す「フェイク群衆」が、市場における重要な「アクター」となると、かかる勝敗基準が、ＡＩを含む技術利用の多寡や巧妙さ、あるいはそれを経済的に根拠づける資金力の豊かさ――多数に支持されているという印象を与えるため、どれだけ巨大な「フェイク群衆」を捏造できたか――に取って代えられることになる。それにより、思想内容の競争を経ていない、いわば対抗言論によるテストを受けていない言論が、多数に支持されているかのように見えるという理由で、市場における勝者となってしまうわけである。これも、思想の自由市場の前提を覆し得る。

3　思想の自由市場という「作為」

以上見てきたように、アテンション・エコノミーと結び付いたＡＩの利用は、憲法学が長く信頼を置いてきた思想の自由市場（論）――国家が介入しなくとも、悪い思想は競争によって淘汰され、良い思想が勝利する――の成立条件を突き崩す可能性がある。もちろん、思想の自由市場が、これまで完全なかたちで実現してきたわけではない。けれども、〈システム１〉に直接訴えるような刺激的で触発的な言論やフェイクニュースは、ジャーナリズム倫理や専門規範を一応共有した報道機関（メディア）によって思想市場への流入を制限されていたため、思想内容の当否を〈システム２〉により判断する公的議論（public debate）の空間と、〈システム１〉が支配するような私的な「おしゃべり」空間とが区別されていた。それにより、聴衆の精神は、アテンションを得るべく放たれた「砲撃」の嵐から保護されていたと言える。

しかし、現在、プラットフォームの台頭に伴うアテンション・エコノミーの興隆によって、そして何より、それがＡＩと結び付いたことによって、聴衆の精神は丸裸の状態で「砲撃」に直接さらされ、思想市場は思想内容の競争から刺激の競争へ、すなわち「思想の市場」は「刺激の市場」へと転化しつつある。[29] かような市場の機能不全にもかかわらず、これまでと同様、市場に対する自由放任主義（レッセフェール）を貫き、国家による市場への不介入を美徳とするならば、この市場は、大量のデータを保有し、高度なＡＩ技術を装備できる技術力と資金力を持つ者が、個々の利用者の認知過程を狙ってそのアテンションを奪い合うchaoticな場と化し、民主主義それ自体が危険にさらされるだろう。

こうした状況を受け、あのアメリカでも、自由放任主義を修正すべきだとする見解が有力になっている。[30] 例えば、ウーは、「〔国家の〕憲法上の義務に関する認識は、アメリカにおいてあまり一般的ではないが、最高裁は、公民権の時代以降、法執行機関が、発話者を沈黙させようという私人の企てから発話者を保護する義務を有していることを承認してきた[31]」と述べ、公的議論の質を維持するための積極的な国家介入を主張している。また、現状の市場の機能不全を踏まえて、「アテンション」を鍵概念に思想市場の再構築を主張するパーソンズも、「公的議論を方向づけるのは、何を〔どのようなコンテンツを〕消費し、お勧めし、共有するかに関する我々の個人的で独立した決定」なのであって、「思想間の競争を促進し、この真正のアテンション選択〔何にアテンションを向けるのかに関する独立した自己決定〕を、公的および私的濫用から防護することは、建国者た

○29 西田亮介は、本章の言う「刺激の市場」を、「脊髄反射的反応」を得るための競争として位置づけている。西田亮介『コロナ危機の社会学』（朝日新聞出版・２０２０年）。

○30 詳細は、水谷・前掲注(6)35～37頁参照。

○31 Wu, *supra* note 11, at 550.

ちが最も本質的で不可譲の権利であると信じた思想・良心の自由を保護することになる」[32]とし、それがために国家は何をすべきかを問うことが重要であると説いている。

日本でも、憲法およびメディア法を専攻する水谷瑛嗣郎が、機械学習を内在させた「情報資本主義」によって、「思想の自由市場の機能が実現するはずだった民主政治の公共的利益や、個々のユーザーの権利（特に情報受領権）が脅かされる」[33]可能性を摘示し、「表現環境全体を見通したマクロなアプローチ」の必要性と、「政府の積極的関与の必要性」を強調していることが注目される[34]。

確かに、アテンション・エコノミーとAIとの良縁が、人間の精神につけ込んでアテンションを奪い合う、混沌とした言論状況を生み、そのことが思想の自由市場の前提を掘り崩す可能性は否定できない。だとすれば、国家は思想市場に極力介入すべきでないとする自由放任主義は、早々に見直される必要があるだろう。経済市場については、「公正且つ自由な競争を促進」するための国家介入は、既に、認められている（独占禁止法1条参照）。オルドー・リベラリズムを背景に、営業の自由とは、すなわち、国家による競争条件の整備があってはじめて実現される、国家による自由だと考える学説も一定の影響力を持って存在してきた[35]。理論的にはさらに突き詰めた検討を要するが、いまや経済市場だけでなく思想市場にもそれに似た考え方が必要であろう。思想市場に対する国家の不介入は決して美徳ではなく、思想内容の公正かつ自由な競争を実現するための国家の適切な関与は、憲法の要請する国家の責務であるとさえ言い得る。

我々はノーベル経済学賞を受けたロナルド・コース（Ronald H. Coase）がかつて放った以下の

[32] Parsons, *supra* note 12, at 2233.

[33] 水谷・前掲注（6）34頁。

[34] 水谷・前掲注（6）36頁参照。計算社会科学からの以下のような指摘も重要である。「『ユーザは個人情報を差し出し、プラットフォームはターゲティング広告で儲ける』というビジネスモデルが、個人情報の取り扱い方の問題も含め、情報生態系の持続的発展に利するのかどうかを考え直す時期にきているのではないでしょうか」。笹原・前掲注（26）122頁。

[35] 岡田与好『独占と営業の自由』（木鐸社・1975年）。批判的に検討するものとして、石川健治「営業の自由とその規制」大石眞＝石川健治（編）『憲法の争点』（有斐閣・2008年）所収参照。いわゆる営業の自由論争の現代的意義について、岡田羊祐＝伊永大輔＝吉川智志＝山本龍

皮肉を、真摯に受け止めねばならない時期に来ているのである。

「言論の自由は、自由放任が未だに尊重されている唯一の領域である」[36]。

4 おわりに

以上、本章は、アテンション・エコノミーの中に組み込まれたＡＩが、いかにして思想の自由市場の成立条件を掘り崩すのかを検討し、国家が積極的にこの市場を再構築していく必要を説いてきた。残された課題は、それはどのようにしてか、であろう。

国家の関与は「検閲」リスクと背中合わせであり、当然のことながら、かかる関与の在り方は慎重に検討されなければならない。その具体的構想は他日を期すよりほかないが、例えば、その在り方は、思想内容の自由な競争がより重視される「通常時」と、思想内容の公正な競争がより重視される「選挙時」（国民投票時を含む）で異なるのかもしれない。そして、前者については、利用者の自発的な選択を保護するために、国家は、思想の「サブ市場」としてのプラットフォーム[37]の多元性（プラットフォーム間の競争可能性）を維持した上で、プラットフォームが自らのサブ市場の健全性をいかにして維持するかのコミットメント（＝プラットフォームのアルゴリズムに溶け込んだ「メタ思想」）を透明化し、説明責任を果たすためのインセンティブを設計する責務を負っていると解される。そこでは、思想のサブ市場の健全性を維持する責任がプラットフォーム自身に、

彦「［座談会］憲法と競争」法律時報92巻9号（2020年）参照。

○36 R.H. Coase, "The Market for Goods and the Market for Ideas," *American Economic Review*, Vol. 64, No. 2 (1974), p. 385.

○37 あらゆる思想・言論が、プラットフォーム上での露出を求めて争っている。その意味で、プラットフォームそれ自体がひとつの思想市場を形成している。

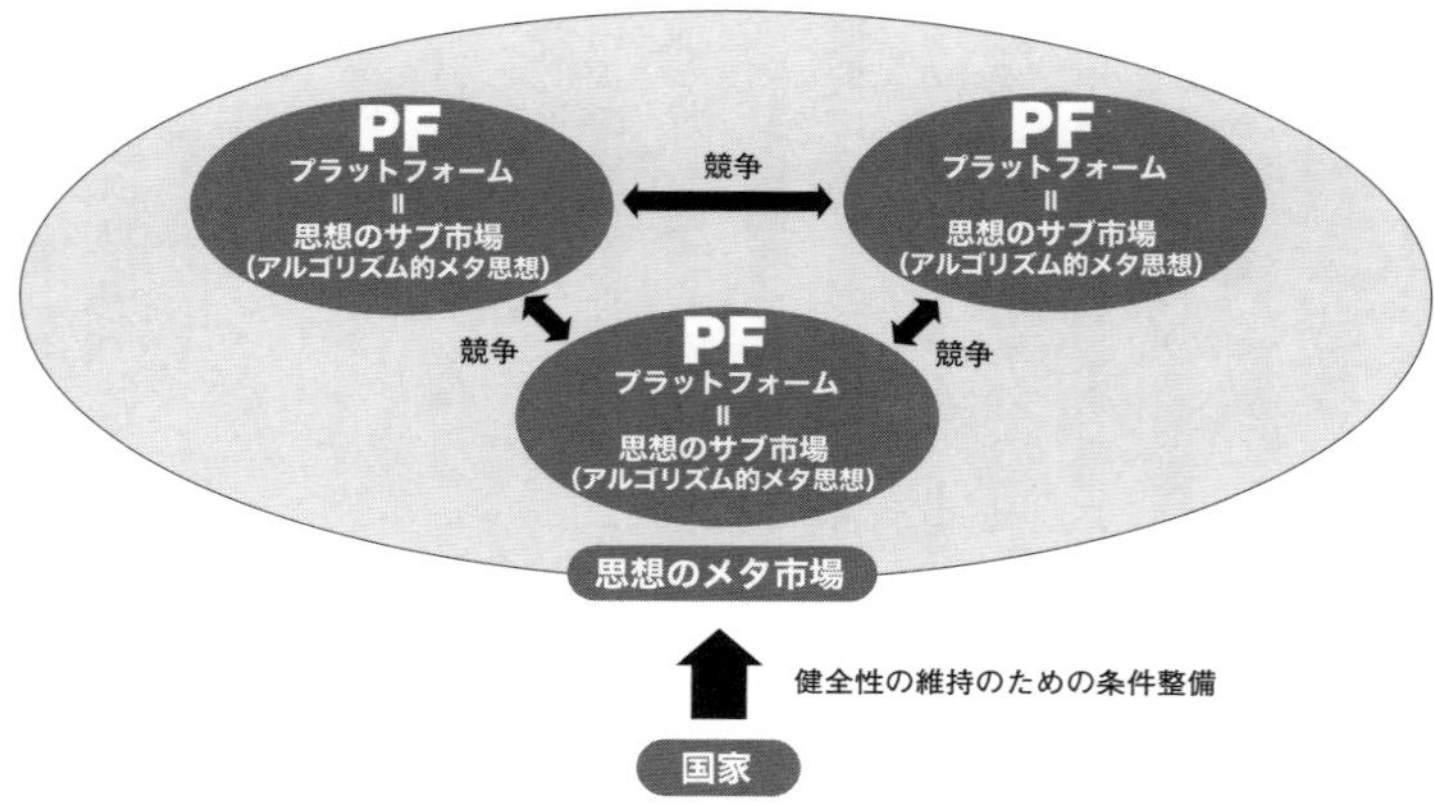

図表　「通常時」の多元的な思想市場

サブ市場とサブ市場との競争（メタ思想間の競争）を促進し、思想のメタ市場の健全性を維持する責任が国家に配分されるという、多元的アプローチが考えられる。

　プラットフォームは、自らのサブ市場の健全性を維持するために、フェイクニュースの自動検知システムなど、ＡＩを——利用者の認知過程を侵害する目的ではなく、これを保護する目的で、また、サブ市場内における思想内容の競争を促進する目的で——積極的に利用することもあり得よう。ヤフーニュースでは、２０１８年以降、「建設的な議論の場をつくる」という目的で、ヤフーコメント（いわゆるヤフコメ）の表示を、投稿コメントが「建設的か否か」などを基準にＡＩで自動的に順位づけしているが[38]、透明性と競争性が維持される限りで（国家はそれらを担保せねばならないのだが）、プラットフォームが、自らの定義する実体的価値（「メタ思想」）をアルゴリズムに溶

○38「Ｙａｈｏｏ！ニュース『コメントプロジェクト』の取り組み―共感と気づきを促し、建設的な議論の場をつくる」news HACK（２０１８年11月15日）、at https://news.yahoo.co.jp/newshack/inside/yjnews_comment2018.html.

け込ませ、そのサブ市場を積極的に形成することも考えられる（利用者は、サブ市場内の競争基準である「メタ思想」を見てどのサブ市場に信頼を置くかを決定することになる。複数のサブ市場が自由かつ公正に競争する次元が「メタ市場」である）。

選挙時については、選挙人としての利用者は、政党の政策や立候補者に関する情報を「自由かつ均等に取得」（傍点筆者）する権利と責務を有し[39]、選挙権行使にあたっては、「市民としての個人的な政治的思想、見解、判断等に基づいて自主的に決定すべき」（傍点筆者）であるから[40]、思想市場を一元的に捉えた上で、思想のより公正な競争[41]を確保するための規制が必要と考えられる。例えば、公職選挙法上の戸別訪問禁止とのアナロジーで、マイクロターゲティングの規制があり得る。戸別訪問禁止とは、立候補者が、選挙人宅を個々に訪問して投票を依頼することを禁ずるものであるが、それは、戸別訪問が、選挙人の生活の平穏を害すること、候補者は多額の出費を余儀なくされること、投票が情実に流されやすくなることなどを理由としている[42]。心理プロファイリングを用いた政治的マイクロターゲティングにも、同様の弊害——システム1が刺激されることで、投票が「情実」に流されやすくなることなど——があるとすれば、戸別訪問と同様、これを規制すべきだということになるかもしれない[43]。また、選挙人が候補者等に関する情報を「均等に」取得し、投票に関して独立した決定ができるようにするため、選挙期間中、プラットフォームに、多様な見解をバランス良くフィードするよう義務づけることも考えられる（例えば、political balancing algorithms, PBAの実装義務[44]）。

もちろん、これらは試論の枠を超えるものではない。今後、このような国家関与の在り方をめ

39 例えば、最大判平成19年6月13日民集61巻4号1617頁（泉徳治裁判官反対意見）参照。

40 最判平成8年3月19日民集50巻3号615頁参照。

41 最判昭和56年7月21日刑集35巻5号568頁（伊藤正己補足意見）参照。選挙競争の公正について、吉川智志「選挙競争と憲法」法律時報92巻9号（2020年）参照。

42 前掲注（40）。

43 マイクロターゲティングの規制を肯定するものとして、Parsons, *supra* note 12, at 2238-2239.

44 「スマートニュースが米国で挑戦した『偏らないアルゴリズム』」（2019年5月25日）、朝日新聞GLOBE+ at https://globe.asahi.com/article/12393560.

ぐる議論が、思想市場にＡＩ利用が与える影響評価（impact assessment）を実証的に行ないつつ、積極的に展開されることが強く期待されよう。

〔追記〕 本論文は、２０２１年度「Ｎｅｘｔｃｏｍ論文賞」（公益財団法人ＫＤＤＩ財団）を受賞した。関係者の皆様に記して感謝申し上げる。

SNSとフェイクポピュリズム
――「関心市場」の社会的デザインを探る

※初出：2021年

自由は、エリートと人民がともに強くあること、両者がせめぎ合い、一定の均衡を保つことではじめて実現すると考えるリベラル・デモクラシーの立場からは、SNSが加速させるポピュリズムは強い警戒の対象となる。それが成し遂げた言論空間の民主化・平等化は、人民の力を過度に増幅させ、かかる均衡を崩すと認識されるからである。この考えの下では、あの異形の大統領を生んだのは、まさにこのポピュリズムだ（!）ということになろう。

しかし、ここで冷静に考えなければならないのは、悪いのはポピュリズムそれ自体――エリート批判の政治運動としてのそれ（吉田徹、水島治郎）――なのか、それとも、現在のSNSが生んだ――あえて言えば異形の――「ポピュリズム」なのか、である。本章は、アテンション・エコノミーと呼ばれるSNSのビジネスモデルと、それが言論空間に及ぼす影響とを検討し、そこで展開されるポピュリズムの実態を明らかにした上で、その弊害を抑制するための法的枠組みについて検討する。

1 「関心市場」ではページビューこそが通貨

インターネットの普及により創造された情報過多の世界では、人々が払える関心や消費時間が情報量に対して稀少となるため、これが交換財として経済的価値を持つ。アテンション・エコノミーとは、この傾向を踏まえ、魅力的なコンテンツを提供して利用者の関心を引きつけ、これを広告主に販売することで収益を得るビジネスモデルを言う。もちろんアテンション・エコノミー自体は民間放送事業者などのビジネスモデルとして以前から存在した。しかし、バイデン政権下で技術・競争政策担当の大統領特別補佐官に就任したティム・ウー教授（コロンビア大学）によれば、SNSを含むプラットフォームは、同モデルに「ほぼ排他的に依存している」ため、「アテンション市場（attention market）」は目下急速に拡大しているという。そのため、いまでは我々の全ての時間が——かつては非商業的な時間であった友人や家族と過ごす時間さえも——同市場における激しい競争になっているという。

本章との関係で重要なのは、かかる構造下においては、閲覧数（ページビュー）やウェブページでの滞在時間が経済的利益に直結するため、利用者が反射的にクリックしそうな刺激的コンテンツが重宝されるという点である。偽情報が拡散するのは、それが真実よりも刺激的で、SNSの収益構造と至極マッチしているからである。

また、閲覧履歴などから利用者の政治的傾向や感情が予測され、それを最も刺激する情報が選択的に提供されるため、同様の傾向を持った者同士が強固に繋がり、思想が極端化して社会の「部族化（tribalization）」や分断が加速すると言われる（エコーチェンバー現象）。こう見ると、デジタル社会下の人民とは、ＳＮＳプラットフォームの収益構造のゆえ、常に実験動物のようにセンシングされ、感情的・本能的側面を加速させられた「人民」とは言えないか。実際、２０１６年の米大統領選でトランプ勝利に大きく貢献したケンブリッジ・アナリティカ社（英・選挙コンサルタント会社）では、心理学者も動員しつつ、サイコグラフィクスの手法を用いて個々の利用者の心理を微細に分析し、怒りを増幅させて判断能力を低下させる「感情ヒューリスティック」（認知バイアス）を利用していたという。同社の情報分析担当だったクリストファー・ワイリーは、かかる情報戦略を「心理戦用兵器」と呼んだが、これを誇張表現として直ちには切り捨てられない現実がある。[1] また、心理学には、人間の思考モードを直感的で処理速度の速いシステム1と、論理的・内省的で処理速度の遅いシステム2に分ける二重過程理論があるが、情報量に対し認知資源が乏しくなるネット環境下では、前者を刺激して個人の自動的反応（反射）を引き出すことがとくに重視されるという。ＳＮＳでは、攻撃性の高い粗暴な言論が多く見られるが、それは、ウーの指摘するように、システム1が絶えず「砲撃」を受け、刺激されているからなのかもしれない。

ＳＮＳには、自動プログラムによって作成されたアカウント（ボット）なども存在する。ツイッター（現X）上に存在するアカウントの約15％が、直接人間が関与しないボットだとの調査もある。こうしたボットに、特定の投稿をリツイートさせたり、特定の有名人をフォローさせたりすることで、特定の候補者や思想を現実よりも人気のあるものに見せ、虚偽の社会的合意を作り出せる。

1 クリストファー・ワイリー（牧野洋訳）『マインドハッキング』（新潮社・２０２０年）。

また、国家が「フェイク群衆（fake crowds）」を組織してフェイクな感覚を捏造することも行なわれている。ゲイリー・キング教授（ハーバード大学）らの調査によれば、中国政府はSNS上で多くのコメントを捏造・投稿し、論争の主題を操作している。情報フラッディング（意図的氾濫）により、人々の目先を変え、政府批判を抑え込んでいるというのである。ほかにもロシア政府が、自らにとって不都合な相手を攻撃するため、官民の「混合隊」を結成し、オンライン・トローリング（対象が児童虐待やDVをしているなどの「荒らし」投稿を組織的に行なうこと）を仕掛けていることもよく知られている。ウーは、「〔アテンション・エコノミーの下〕聞き手が、所与の問題に捧げられる時間幅を厳しく制限されているとき、聞き手が深く掘り下げることは滅多になく、反対意見が聞かれることもない。そうした環境下では、フラッディングは、伝統的な検閲と同じぐらい効果的である」と言うが、○2 正鵠を射た指摘のように思われる。

○2 Tim Wu, "Is the First Amendment Obsolete?" *Michigan Law Review*, Vol. 117, No. 3 (2018), p. 566.

2 「精神ハック」を防御する社会設計は可能か

以上のように見ると、現在のデジタル社会下の人民とは、アテンション・エコノミーの下で感情を常に刺激させられ、瞳孔を開きっぱなしにさせられた――addicted な――「人民」であり、そこでのポピュリズムとは、こうした「人民」と上述のようなボットで構成される「フェイクポピュリズム」であると言える。無論、フェイクでない ポピュリズムは存在するのか、という批判もあり得よう。しかし、歴史上、demosを構成する一人ひとりがその精神を微細に把握され、「かたまり（mass）」ではなく「個人」単位でその精神がハックされることはあっただろうか。従前のdemosも、確かにその感情的側面が加速される被操作的存在だったが、ネットワークと常に接続していたわけではなく、その非接続的時間の中で、またはフィジカルな人間関係の中で、「我に返る」瞬間もあったように思われる。他方、SNS上の「人民」は、アテンション・エコノミーの支配するストレスフルな刺激空間に接続し続けることで、*Homo sapiens sapiens* のある一面をアルゴリズムにより極端に肥大化させられた、不自然な人間であると言えよう。

ボットについては、２０１９年にカリフォルニア州でボット規制法が制定されたこともあり、各ＳＮＳが対策を取り始めている。しかし、アテンション・エコノミーの下でボットが完全に消え去ることはないだろう。仮にボットが減少するとしても、既存メディアが、閲覧数獲得のため、ＳＮＳ上のわずかな盛り上がりを、「炎上」などとしてセンセーショナルに書き立てることもある（非実在型炎上。鳥海不二夫、山口真一）。ＳＮＳでの一部の盛り上がりを、関心を引きたい既存メディアが我先にと取り上げ、それがさらにＳＮＳで増幅するというフィードバック・ループが、フェイクポピュリズムの最大の要因と言っても過言ではない。

かくして、現在のＳＮＳが惹起している問題の本質――異形な大統領を生み出したものの正体――は、ポピュリズムそれ自体というよりもフェイクポピュリズムなのであり、まずもって対処が求められるのは後者であるように思われる。だとすると、我々はこの現象にどう対処すべきか。エリート批判というポピュリズムそれ自体のポテンシャルを減じることなく、いかにこの「異形」

と対峙すべきか。

第1に、感情のハッキングを法的に禁止することが重要であろう。最近、米国では「認知過程の自由（cognitive liberty）」が注目され始めているが[3]、我々の憲法は既に内心の自由を保障している（19条）。SNSを通じた精神への直接的介入を制御し（心理的プロファイリングの規制）、送られてくる情報を利用者本人が主体的・自覚的に選択できることが必要だろう。

第2に、SNS事業者は、利用者の感情を減速させ、「熟慮」を促すための設計を組み込むべきであろう。例えばツイッターは、2020年米大統領選の際に、リツイートにあたって利用者に熟慮を促すため、あえて投稿の手順を増やすなどの対策を施した。もっとも、熟慮――システム2のスローな意思決定――はアテンション・エコノミーの「敵」であり、事業者がどこまで本気で取り組むかは疑問である。その場合、法律でこうした対策を義務づけることも必要になろう。EUが20年12月に発表した包括的なプラットフォーム規制法（Digital Service Act：DSA）は、超大規模プラットフォームに対し、民主主義や人権へのリスクを査定すること、同リスクについて抑制策を講じることなどを義務づけたが、前述のような熟慮促進のアーキテクチャを、かかる抑制策のひとつとして位置づけることも考えられる。

第3に、アテンション・エコノミーの「外部」を立法によりデザインし、そこからアテンション・エコノミーの行き過ぎを絶えずチェックさせることが重要であろう。現在は、プラットフォームがあらゆる言論のゲートキーパーとなったことで、ジャーナリズムもアテンション・エコノミーの内部に取り込まれつつある。それが、前述したフィードバック・ループを生み、フェイクポピュ

○3 小久保智淳「『認知過程の自由』研究序説：神経科学と憲法学」法學政治學論究126号（2020年）375頁。

リズムを増幅させている。そこで、近年各国で試みられているように、ニュース使用の正当な対価を報道機関に支払うことをプラットフォーム事業者に義務づけるなど、ジャーナリズムをアテンション・エコノミーから一定程度自立させ（従前も新聞ジャーナリズムは再販制などにより自由競争から保護されていた）、言論空間に感情と理性の均衡を作出することが考えられる。国家は、プラットフォームに徹底した透明化を求め、報道機関による批判の回路をひらくことで、同機関を、国家権力だけでなく、プラットフォーム権力に対するウォッチドッグとしても機能させる必要があるだろう。問題の根本的解決には、アテンション・エコノミーというSNSの下部構造そのものへの批判的言論を制度的に保障し、活性化させることが重要なのである。

アテンション・エコノミーと報道
――デジタル言論空間のあり方を問う

※初出：2021年

プラットフォームが言論空間の「新たな統治者」となった現在[1]、憲法学における伝統的思考――「思想の自由市場」論――の意味は、改めて検討されなければならない。SNSが、偽情報・誹謗(ひぼう)中傷・エコーチェンバーなど、健全な政治的コミュニケーションを阻む諸現象の温床となり、言論空間の混沌(こんとん)（！）を導いているとすれば、同空間への国家の不干渉ないし放任を是とする右思考は、むしろ民主主義を否定する方向に作用し得るからである。

もっとも、少なくとも日本では、思想の自由市場論は、国家は極力市場に介入すべきではないという「新自由主義」と同義ではなかったという点を、まずは確認しておくべきだろう。現実には、言論空間は国家によって積極的にデザインされてきたと言っても差し支えない。

例えば、放送メディアに対しては免許制や政治的公平原則など特別な規制を課す一方、新聞などの印刷メディアには広範な自由を認め、規制にグラデーションを設けることで、民主主義に必要な基本的情報の供給を最適化させてきたとも言われる。いわゆる部分規制論である。また再販制度や特殊指定も、新聞ジャーナリズムを独禁法の例外に置くことで、その公共的機能を制度的

○1 Kate Klonick, "The New Governors," *Harvard Law Review*, No. 131, No. 6 (2018).

に保障したものと言ってよいだろう。郵便法で定められている第三種郵便制度も、ユニバーサルサービスとしての新聞を制度的に維持しようとするものである。さらに公職選挙法は、有権者が投票に必要な情報を均等に得られるよう、一部放送事業者に政見放送を義務づけたり、情実による投票を防ぐために戸別訪問等の選挙運動を規制したりしている。取材に関するさまざまな特権が報道機関に認められてきたのも周知のとおりである。

かように、言論空間は国家によって「放任」されてきたわけではない。現実には、国家は法制度を複雑に組み合わせることで情報の多様な流れを作出し、民主主義の維持と個人の人格発展を目的とした「知る権利」の実現に応えてきたと言えるだろう。

1　プラットフォームの台頭の影響

現代の課題は、プラットフォームがあらゆる言論のゲートキーパーとなったことで、右のようにして作られてきた言論空間が崩れ、同空間が単一の「論理と倫理」に支配される可能性があることである。では、その論理と倫理とは何か。それは、「アテンション・エコノミー」という言葉に置き換えられる。インターネットがもたらした情報過多の時代にあっては、人々が払えるアテンション（関心）や消費時間が供給される情報量に対して圧倒的に希少となり、経済的価値を持った交換財として流通する。魅惑的コンテンツで利用者を引きつけ、そこで獲得した利用者のアテンションを広告主に販売して収益をあげる仕組み。それこそがアテンション・エコノミーと呼ばれるビジネスモデルである。

このビジネスモデルは、民間放送が登場した時代から存在するが、プラットフォームはこのモデルへの依存度が高く、その台頭によってアテンション市場が急速に拡大しているのが現状だと指摘される。アテンション・エコノミーが言論空間に与える影響を研究するティム・ウー（米コロンビア大学教授）は、これまで非商業的なものであった——友人や家族と過ごす——時間さえも事業者による激しい奪い合いの対象となっており、「我々の毎時間、実際には毎秒が、それを支配しようという商業的アクターの標的になっている」と指摘する。[02] このようなアテンション市場においては、どれだけユーザーのアテンションを奪えるかがビジネス上決定的な意味を持ったため、思想内容の競争——思想の競争——から、利用者をどれだけ刺激し、反射（クリック）を得られるかという刺激の競争へとシフトする。この市場において偽情報が拡散するのは、偽情報は真実よりも刺激的で、アテンションを得やすいという構造上の理由による。

また、フィルターバブルやエコーチェンバーが起きるのも、この市場構造と無関係ではない。利用者が好む情報を集中投下すれば、それだけ当該利用者のアテンションを得られ、もうかるのである。

我々が直面している課題は、プラットフォームが言論空間のゲートキーパーとなったことで、その論理と倫理——アテンション・エコノミー——が言論空間全体を覆い、かつて制度的に維持されてきたメディアの多元性や情報の多様性が失われつつあることである。いまや新聞や公共放

[02] Tim Wu, "Is the First Amendment Obsolete?" *Michigan Law Review*, Vol. 117, No. 3 (2018).

送も、その一元化された空間の中で、陰謀論やゴシップ・ネタとともに――それらと同じ土俵で――利用者のアテンションを求めて競争している。そこにおいて、国家の「放任」は何を意味するのか。

2 米国でのパラダイム・シフト

米国は、表現の「国家からの自由」に強くこだわってきた国である。そこでも近年、パラダイム・シフトが起こりつつある。アテンション・エコノミーが言論空間を一元支配しつつある中で健全な政治的コミュニケーションを取り戻すには、思想――否、刺激――市場に介入する国家の作為義務（国家による自由）をむしろ強調すべきとの見解が有力化しているのである（Tim Wu）。周知のとおり米国では、思想の自由市場の「新自由主義」的解釈が強く信奉され、放送規制なども年々緩和されてきた。例えば、1987年には政治的公平原則が撤廃されている。こうした規制緩和は、当時日本の憲法学においても肯定的に評価されたが、米国ではそれによりCATVの党派性が過激化し、分断が加速するなど、むしろ近年は否定的な受け止め方が強くなっている。また、新自由主義的市場観への信仰は、表現の自由を「なんでもあり」の自由へと変えてしまったと指摘される。それゆえ、この自由は、民主主義者の武器と言うより、皮肉にも、人種差別主義者や権威主義者といった反民主主義者の武器と化したとも言われる。かくして米国でも、表現の自由には、国家が熟議のためのアーキテクチャをデザインする責務を含むと考える「アーキテクチャ的アプローチ」が注目を集めている。[3]

3　言論空間のラディカルな再設計を

(1)プラットフォーム規制

もちろん、国家の関与云々を議論する前に、市民のリテラシーを高めるといった方法を検討すべきだという意見もあろう。重要な見解だが、我々はいまや、行動経済学や心理学・認知神経学の知見を総動員して我々の認知過程に介入しようとするアテンション・エコノミーの世界にどっぷり浸かっているという事実を忘れるべきではない。リテラシー教育を受けても、精神を深くハッキングされてしまえば、自力でこの世界の外部に出るのは難しくなる。

では、国家による言論空間のラディカルな再設計が必要だとして、具体的にどうすべきだろうか。国家が検閲者になることは何としても回避されなければならず、きわめて慎重な検討が必要であることは言うまでもない。こうした観点から見ると、国家がプラットフォームを垂直的に規制する方法には憲法上の問題があると考えるべきだろう。プラットフォームを、①ツイッター（現X）やフェイスブックなどのSNSアプリの層、②アップルやグーグルなど、こうしたアプリに場を与える層、③アマゾンウェブサービスなどクラウド基盤を提供する層、④回線など物理的イ

[3] Jeremy K. Kessler & David E. Pozen, "The Search for an Egalitarian First Amendment," *Columbia Law Review*, Vol. 118, No. 7 (2018).

ンフラを有する電気通信事業者などに分類した上で、その規模（利用者数）をも勘案して、それぞれに応じた、国家による水平的介入が要求されるように思われる。

なかでも、ニュースコンテンツを扱う大規模プラットフォームについては、ニュースの選択や表示順位に関する「編集」（レコメンデーション）方針やアルゴリズムなどを透明化させることが制度的に求められよう。ギャロップ・ナイト財団の18年の調査によれば、実に利用者の88％が、プラットフォームは「利用者のニュース・フィードに現れるニュース項目を決定するのに利用される方法を開示」すべきだと考えている。[4] 無論、プラットフォームはアルゴリズムの知的財産性や戦略的最適化（ＳＥＯ）のリスクなどを主張して、開示要求に抵抗する可能性もあるが、透明性確保については、こうした利益を上回る公共的利益が認められると考えるべきである。[5] また、プラットフォームに対する競争法的規律が、情報の多様性や知る権利の実現という観点から重要であることも論を俟たない。[6]

(2)ジャーナリズムの制度的保護——「デジタル再販制」

調査報道など、硬派なジャーナリズムは、「刺激」と「反射」に価値が置かれるアテンション・エコノミーの世界では明らかに分が悪い。自然に任せていては、ジャーナリズムは衰退の一途をたどることになろう。先述のように、これまでも再販制度などにより、ジャーナリズムは自由競争から一部保護されてきた。今後は、こうした制度・仕組みをデジタルの世界に移植することが

○4 Gallup, "Major Internet Companies as News Editors" (2018).

○5 Erin C. Carroll "Platforms and the Fall of the Fourth Estate," *Maryland Law Review*, Vol. 79, No. 3 (2020), p. 579.

○6 経済法ないし競争法の視点からアテンション・エコノミーと報道の問題を扱うものとして、和久井理子「デジタルプラットフォームとニュース記事・報道機関」Nextcom 52号（2022年）、舟田正之「デジタルプラットフォームとマスメディア」立教法学108号（2023年）。

重要である。「デジタル再販制」とでも呼ぶべきこのような法制度は、世界中で議論が進んでいる。例えばオーストラリアは21年2月、ニュースを使用したプラットフォームに対するメディア側の報酬交渉に事実上の強制力を持たせる「ニュースメディア・デジタルプラットフォーム契約義務化法」を成立させた。カナダでも、2023年6月に、同様の法律が制定されている。欧州連合も、既に19年の著作権指令で、記事掲載にあたって公平な使用料をメディアに支払うことをプラットフォームに義務づけている。

制度設計の方法には複数のものがあり得るが、取材に裏づけられ、かつ、専門的規範にもとづき組織的チェックを受けた記事に正当な対価が支払われる制度は確実に必要である（価格設定基準を透明化すること、設定基準策定に第三者的視点を組み込むことなども考えられる）。日本でも、アテンション・エコノミーからジャーナリズムを保護する法的仕組みの導入が急ぎ議論されなければならない。

4　求められるメディアの自己改革

もちろん、こうした特権的制度の導入は、メディア側の徹底した自己改革が前提となる。ポイントになるのは、アテンション・エコノミーとの距離である。

アテンション・エコノミーの底なしの刺激競争から制度的な保護を受けるならば、かかるビジネスモデルに適応するのではなく、それと対峙し、アテンション・エコノミーが民主主義や人間の尊厳に与える影響の「監視役」たる責務を引き受けることが重要である。取材にもとづく事実の提示、公共性を志向した——SNSの世界にありがちな敵意にもとづく排除的・憎悪的批判とは異なる——包摂的な批判など、組織ジャーナリズムの基本をいま一度徹底するのはもちろん、取材過程や編集方針についてこれまで以上の透明性・説明責任が求められよう。

デジタル時代の新しい報道倫理の確立も不可避である。最近は、ネット上の偽情報が既存メディアで取り上げられ、拡散・増幅する「フィードバックループ」、ネットにおける少数の声をメディアが水増しして報じる「非実在型炎上」などの問題も指摘される。無論、ネット上の言説にも報道価値のあるものは存在する。しかし、メディアは、公共性を追求する存在として刺激競争から保護される以上、ネット言説と完全に同質化することは許されない。ネット言説にはむしろ批判的な視点を投げかけ、それを取り上げる場合には必ず「裏を取る」といった姿勢が必要である。また、フィルターバブルによる社会的分断を意識するならば、各利用者の嗜好に合わせて、配信する情報を選別する「個別化」報道にも慎重であるべきである。「個別化」が、社会全体を見通さなければならない「公共性」と本来的に矛盾し得ることに自覚的でなければならない。

ジャーナリズムにいま必要なのは、アテンション・エコノミーに順応してその「中」を生き抜くことではない。むしろその「外部」に出て、その行き過ぎを監視することである。この役割を徹底すること。それこそが、メディアが「特権」を享受する条件なのである。

アルゴリズム社会の〝統治者〟――プラットフォーム監視は責務

※初出：2022年

筆者は、2020年4月から2023年3月まで、朝日新聞のパブリックエディター（以下「PE」）を務めた。PE制度は、朝日新聞社に寄せられた社外からの声をモニタリングしながら、デジタルを含む日々の報道を点検し、改善に向けた意見や要望を同社の編集部門に伝えるものである。本章は、PEとしての経験を踏まえて、フェイスブック（現「メタ」）やヤフーのようなメガ・プラットフォーム（以下「PF」）と新聞メディアとのあるべき関係を模索するものである。それは、デジタル時代におけるジャーナリズムの持続可能性――詰まるところそれは民主主義の持続可能性を意味するが――を検討する上で不可欠な論点を構成すると考えるからである。「メディアの未来」を想像すること。それは、メディアとPFとの関係を想像することなしには不可能なのである。

1　「LINE問題」特報の意味

右論点を真剣に、深く考える契機となったのは、いわゆる「LINE問題」に関する朝日新聞のスクープであった。２０２１年3月17日、朝日新聞は、いまや重要な行政サービスまで担うようになったＬＩＮＥが、日本人ユーザーの個人情報を、十分な説明のないまま委託先中国企業によりアクセスできる状態に置いていた問題などを報じ、反響を呼んだ。ＬＩＮＥの親会社であるＺホールディングス（現ＬＩＮＥヤフー株式会社）が、右報道の直後に（3月19日）、本件事実確認等を行なう「グローバルなデータガバナンスに関する特別委員会」を設置したこと（最終報告書は10月18日公表）、いつもは腰の重い個人情報保護委員会等の行政機関も迅速に対応せざるを得なかったことが（4月23日に指導）、その反響の大きさを物語っていた。筆者はそこに、ＰＦなる存在の異様性――いまや我々の生活に不可欠なインフラなのだが、その実体がブラックボックス化した存在――と、デジタル時代における新聞メディアの新たな役割を見た。

筆者は、その思いを、5月18日付朝日新聞ＰＥコラムで以下のように書いた。「米国の識者がフェイスブックやグーグルのようなプラットフォーム企業を『新たな統治者』と呼んだように、彼らが決める『ルール』次第で私たちの自由や民主主義が守られもすれば、侵害もされる」「だとすれば、デジタル社会において報道機関は、国家権力に加え、プラットフォーム権力という『新たな統治者』への監視役でもあらねばならない」「朝日新聞の3月のスクープは、プラットフォーム権力への番犬という、この新たな役割を期待させるものとなった」「報道機関が、巨大ＩＴ企業の情報管理の実態や権力構造を明らかにすることは、私たちの『知る権利』にもかなうものだ」。

然る後、朝日新聞のスクープは２０２１年度新聞協会賞をとるのだが、その授賞理由に、「国内外の取材網を駆使し、プラットフォーム事業者が大きな影響力を及ぼすようになった社会に警鐘を鳴らした調査報道として高く評価され、新聞協会賞に値する」と書かれているところを見ると、新聞業界全体が、「プラットフォーム監視」という新聞メディアの新たな役割を受容したようにも感じられる。実際、峯村健司（朝日新聞記者〔当時〕）は、受賞報告において、PF監視は「デジタル社会において新たな報道機関の使命となっている」と述べた。[1]

こうした新たな役割は、今後ますます重要性を増していくだろう。例えばヤフーは、眞子さま・小室圭さん結婚報道に対する相次ぐ誹謗中傷コメントを受け、同コメントが一定基準を超えた記事につき、コメント欄全体を自動閉鎖すると発表した（10月19日）。仮にヤフーが閉鎖基準を恣意的に決められるならば、同社が――まさに「新たな統治者」として――言論空間を強力にコントロールできることになろう。人権擁護のために閉鎖措置が必要だとしても、メディアは、基準の明確化や透明性を求めつつ、その運用を厳しく監視していかなければならない。[2]

また、フェイスブックは、10月28日、社名を「Ｍｅｔａ（メタ）」に変更することを発表し、仮想空間「メタバース」に注力することを改めて強調した。かかる試みの成否は不透明だが、ポスト・コロナで我々の日常生活の多くが仮想空間へと移行すれば、同空間のルール＝アルゴリズムを「立法」するPFの権力性が増すことは、言うに及ばない。メタは、仮想空間における我々の一挙手一投足を、神の視点（メタ）からリアルタイムで捕捉し、自らが制定した「法」にもとづき、我々の行動、時に感情・思考までをコントロールできる。メディアが、この代替世界の創造主――立法権と執行権とを同時に併せ持つ主権者――の権力行使を監視するのは、責務である。ウォールストリート・ジャーナル（ＷＳＪ）は、9月以降、フェイスブックの元社員フランシス・ホーゲ

〇1　峯村健司「プラットフォーム監視の役割【寄稿】ジャーナリズムの力・新聞協会賞受賞作から。

〇2　朝日新聞11月17日付「(Media Times)ヤフコメ、丸ごと非表示に課題」は、こうした観点に立つものとして積極的に評価できる。

ンの持ち出した内部文書にもとづき、インスタグラムが10代少女のメンタルヘルスに悪影響を与えてきたこと、ユーザーのエンゲージメントを高めるために「怒り」を増幅するアルゴリズムを用いてきたことなどを報じてきた。ニューヨーク・タイムズやワシントン・ポストなどの報道機関も、Facebook Consortiumを形成し、10月以降、FB問題を「フェイスブック文書（Facebook Papers）」なる共通タイトルの下で連日報じている。これは、彼らが「プラットフォーム監視」という新たな役割を重く受けとめていることの証左とも思える。このような「監視」責務は、PFが「世界」を支配していくほどに重くなっていくだろう。

近年、とくに欧州では、「歴史的に憲法学は、権力というものを公的機関に与えられるものと捉えてきたが、アルゴリズム社会における権力のあり様はこの前提を動揺させている」との認識の下、国家（公）権力だけでなく、プラットフォーム権力をも射程に収めた立憲主義の構想、すなわち「デジタル立憲主義（digital constitutionalism）」が有力に提示されてきている。[3] この構想の含意は、PFを、我々の生活に不可欠な公共インフラであると同時に、憲法的統制が必要な「権力」と捉えた上で、かかるPF権力と国家権力とを抑制と均衡（checks & balances）の関係に立たせようとする点にある。その関係は、どちらかがどちらかを一方的に押さえつけるようなものではない。メディアは、PF権力の肥大化に警戒しつつも、PFが国家によって――中国で起きているように――全面支配されないよう、国家権力による行き過ぎた規制にも目を光らせておく必要がある。メディアが注意すべきなのは、自由と民主主義のため、両権力が均衡を保っている状態、すなわち「デジタル立憲主義」が実現しているかどうか、なのである。

○3 Giovanni De Gregorio, "The Rise of Digital Constitutionalism in the European Union," *International Journal of Constitutional Law*, Vol. 19, No. 1 (2020). なお、山本健人「デジタル立憲主義と憲法学」情報法制研究13号（２０２３年）も参照。

2　プラットフォームとの不均衡、是正を

新聞メディアにかような監視機能を確実に営ませるには、デジタル時代において新聞メディアをエンパワーする新たな法制度が必要になる。PFでは、ユーザーのアテンションないし消費時間（PV〔閲覧履歴〕やエンゲージメント）を獲得し、これを広告主に販売する「アテンション・エコノミー」というビジネス・モデルが支配的だとされる。目下、新聞メディアも、こうした構造へと組み込まれ、その中で過酷な競争を強いられているが、右構造においては、硬派な調査報道が、センセーショナルな――時に真偽不明の――ゴシップ記事や「猫」動画のような「刺激物」と比して人々のアテンション（PV）を得にくいのは、実に見やすい道理である。新聞メディアが、いわば丸腰で、刺激的コンテンツと勝負し、このアテンション市場を生き抜いていくことは本質的に困難であると言わざるを得ない。

ここで立ち止まって考えるべきなのは、そもそも新聞メディアは、丸腰で競争に参加しなければならない存在なのか、ということである。例えば、これまで新聞は、再販制（さらには独禁法上の特殊指定）によって、マーケットにおいて特別にエンパワーされてきた。いわば「特殊装備」をつけて戦うことが許された公共的存在だったのである。かように制度的に支援または保護されることで、権力監視という自らの責務に注力することができたとも言える。筆者は、デジタル言

論空間においても、このような「特殊装備」が必要だと考える。さもなくば、新聞メディアはAEの論理に呑み込まれ、アテンションを引くことだけを狙った刺激的コンテンツをだらしなく垂れ流し続けていくことになるだろう。その末路は、信頼の喪失であり、ジャーナリズムの喪失であり、民主主義の終わりである。

この点で、ニュースメディアとPF間の力の不均衡を是正するため、PFによるニュース使用料の報酬につき、メディア側の交渉力を強化する豪州の法律（「ニュースメディアおよびデジタルプラットフォームの義務的交渉規範に関する法律」。2021年3月成立）が注目される。先述のように、いまや多くのメディアが、PFの庭の中で、あるいはPF事業者の掌の上でビジネスを展開せざるを得ない。丸腰では、庭の論理であるアテンション・エコノミーに自然と引きずり込まれるだけでなく、庭の「主」であるPFに忖度してしまう可能性すらある。それは、PF権力を見張る「番犬」としての牙を抜かれるに等しい。豪州の方式が最善であるかについてはさらに突き詰めた検討が必要であるが、アテンション・エコノミーが一元支配しつつあるこの言論空間において、公共性を志向し、誠実な取材にもとづき真実を追求しようとするメディアを、とくにPFとの関係でエンパワーするための仕組みが早急に必要なのは火を見るより明らかである。

もうひとつ、新聞メディアがPF監視という新たな役割を果たすには、同メディアが、PFの内部的な情報にアクセスできることが重要となる。周知のとおり、1960年代の米国で、市民団体がマスメディアに対する「知る権利」を主張し、学界でも「アクセス権」を肯定する見解が見られた。この権利は、マスメディアの表現の自由を萎縮させ、民主主義をかえって弱めるとの理由で具体化されることがなかったが、PFに対するアクセス権ないし知る権利は、国家権力に対する情報公開請求権に類似するものとして、より積極的に肯定してよいようにも思われる。先述のように、PFは、デジタル空間の「法＝アルゴリズム」を制定し、これを執行する強大な権力を有しているからである。フェイスブックの恣意的で操作的な権力行使に関するWSJの調査報道は、たまたま元社員のリークがあったために可能となったが、常に良心ある内部通報者が現れる保証はない。上記権力の常態的な監視には、少なくとも公共的なメディアが、ネット空間の「立法」や「執行」にかかわるPFの内部的な情報に特権的にアクセスできることが制度的に保障される必要があるだろう。

3　信頼は「中立」より「誠実」

新聞メディアをエンパワーするための特別な仕組み、すなわち「特権」が国民に受容されるには、メディア側の徹底的で根源的な自己改革が必要である。PEも参加する朝日新聞の「あすへの報道審議会」で、角田克（取締役編集担当〔現・専務取締役〕）は、「新聞社は時間の縛りもあって前例踏襲や現状維持に陥りやすい側面がある」と述べた（朝日新聞11月23日付）。メディアが旧態依然とした姿勢を繰り返しているようでは、メディアの「特別扱い」に納得する者など出てくるはずがない。角田が「うんと先まで見据えた継続的、分析的な報道をもっとしなければ」と述べるように、メディア自身が、デジタル時代に適応するかたちで大きく変化していかなければならない。かかる改革がなければ、「化石化するメディアに特権を与える必要なし」との国民の厳しい批判を受けるだろうし、仮に特権が与えられても、それは事実上何の意味もないものとなる。

では、メディアはどう変わるべきなのか。

少なくともそれは、アテンション・エコノミーに適応することではない。PFの基本的なビジネス・モデルであるアテンション・エコノミーは、情報の質や真偽はどうあれ、とにかくPVやエンゲージメントを稼ぐことに重きが置かれるため、フィルターバブル（ユーザー個々の選好等により個別化した閉鎖的情報環境）やエコーチェンバー、さらにはフェイクニュースの構造的原因になっていると指摘される。新聞メディアがこの世界に同調することは、こうした現象に対する批判資格を失い、「ミイラ取りがミイラになる」。繰り返すが、先述した特権は、アテンション・エコノミーの「外部」から、その行き過ぎを監視するために正当化されるものであり、仮に新聞メディアがPV至上主義に流されるならば、かかる特権は剥奪されるべしと考えるのが正しい。確かにメディアは、社会のデジタル化に適応しなければならないが、それはユーチューブ化やネットフリックス化を意味するものではないのである。新聞がユーチューブの真似事をすることは、滑稽である以上に有害である。新聞にとってのデジタル化とは、我々の精神領域を侵食して民主主義の土台を掘り崩しつつあるアテンション・エコノミーの構造を批判的に分析して、公共的な熟議空間を構築するためのものでなければならない。

ここでは、その具体的な方法として、さしあたり①記事の「多重音声化」「副音声化」と、②

公共的アルゴリズムの開発について述べておくことにする。

①記事の「多重音声化」「副音声化」　テレビでは、同じ映像素材に「主」と「副」の音声をつけて、「副」で解説的・副次的な音声を流すことがある。新聞でも、デジタルの多層性・柔軟性を生かし、ひとつの記事に対して「副音声」（文字情報を含む）をつけて、例えば実際に当該記事を担当した記者やデスクが、その記事の狙いや趣旨、取材のプロセスなどを解説的・副次的に伝えることが考えられる。こうした記事の「副音声化」は、新聞メディアの信頼回復に資する。情報が溢れるデジタル社会では、ユーザーはあるひとつの事象について、伝え方や切り口の異なる複数のメディアのコンテンツを同時に受け取り、その違いを容易に感知できる。時には、記者会見の全てが編集なしでコンテンツとして流れたり、その事象の当事者（例えば政治家）がSNS等を通じて直接語ったりすることもあるだろう。かかる時代には、ユーザーは、新聞記事が事実の一部でしかないこと、特定の観点から編集されたものであることを体感することになる。

この状況下で、新聞メディアが自らの中立性を強調することは、かえってユーザーの信頼を損ねる可能性がある。デジタル時代に重要なのは、中立性というより、誠実性であろう。「副音声」で、記者等がその事象を取り上げた公共的な「意味」を積極的に語り、取材方法やプロセスをできる限り開示することで、新聞メディアは、自らの誠実性を可視化し、信頼を取り戻すことが可能となる。○4 また、このような「副音声」を記者等に求めることで、丁寧かつ誠実な取材を促し、アテンション（PV）のみを狙う記事を抑制する効果も期待できる。加えて、「副音声」で取材や編集での苦労がリアルに語られることで、アテンション・エコノミーの世界に跋扈する「こた

○4 朝日新聞デジタルでは、既に、一部の記事にコメンテーターがひとことをプラスする「コメントプラス」機能が提供されているが、当該記事の取材・編集担当者によるコメントは、事実上、右の「副音声」機能を果たし得る。同新聞が日曜日に掲載する「Sunday World Economy」の記事にも、記者による「point of view」が付されている。

つ記事」（取材せず、既にメディア上に流れている情報を再編集して書かれたような記事）と差別化し、アテンション・エコノミーに対する批判資格を回復することにも繋がろう。

②公共的アルゴリズムの開発　新聞メディアがとるべきデジタル化の方向性として、ほかに、フィルターバブルを壊すための公共的アルゴリズムの開発が考えられる。PF権力を監視する存在として、新聞メディア自身が、PV目的でユーザーの選好等を細かくプロファイリングし、ユーザーをフィルターバブルに閉じ込めることは到底許されない。しかし、アテンション・エコノミーの世界で既に形成された個々の「バブル」を壊し、開かれた公共的コミュニケーション空間を構築するために、ユーザーの属性等を分析して、ある程度情報を出し分けること、これを可能にするアルゴリズムを開発することは積極的に検討されてよいだろう。例えば、「20代前半・男性・社会保障制度に関心なし」というユーザーに、単純なアテンション・エコノミーの世界であればフィルタリングされるであろう年金問題に関する記事をあえて送ることが考えられる。無論、それだけで、もともと当該ユーザーにとっては「どうでもよい」年金関連記事が積極的に読まれるはずがない。したがって、ここで当該ユーザーに送られる年金関連記事は、当該ユーザーの視点から再構成されたものである必要がある。当該ユーザーの属する世代等にとって馴染みのある「言葉」で、当該ユーザーの属する世代等が「自分事」として（も）捉えられる視点で書かれたもの――時にそれは動画なのかもしれない――が送られる必要がある（「副音声」をこのような観点から構成し、「副音声」部分のみを出し分けるという方向性も考えられる）。

もちろん、属性にもとづく情報の出し分けは、フィルターバブルを強化し、分断を助長するリスクがある。それは、新聞メディアにとって「禁断の果実」とも呼ぶべきものかもしれない。公共的アルゴリズムの開発・実装にあたっては、それが閉鎖的情報環境を壊し、熟議空間を構築するためのものであるという強い目的意識を持ち、またそれを絶えず確認・検証し、いかなるアルゴリズムを用いているかを徹底してユーザーに向けて透明化することが求められる。

公共的アルゴリズムの開発と関連して、今後は、コンテンツ作成にかかわる生成ＡＩの開発・利用の透明化も重要になるだろう。周知のとおり、生成ＡＩは学習データや人間による調整（アラインメント）によって偏りを生じさせる。また、事実にもとづかない「もっともらしい嘘」をつくこともある（ハルシネーション）。これらの点を踏まえると、新聞メディアがこれを安易に使うことは許されないが、記者が取材の「前さばき」として使用することや、容易に検証が可能な事実報告（一部のスポーツ記事など）をＡＩに「書かせる」ことなどは許容されるかもしれない（その場合、ＡＩによる記事であることを明示する必要がある）。信頼構築のために今後求められるのは、各社が生成ＡＩの開発・利用に関するポリシーを決定し、これを綱領などに組み入れて透明化することである。また、ＡＩの開発・利用をチェックする第三者的な組織を社内に設置することも考えるべきだろう。

4　プラットフォームの論理追従は自殺行為

新聞メディアがＰＦ監視という新たな役割を担うには、それ自体がデジタル社会を生き残らなければならない。しかし、そのために必要な自己改革は、アテンション・エコノミーに寄生し、その論理に追従すること――ネットフリックス化――ではない。それは、新聞メディアにとって自殺行為である。メディアの未来は、ＰＦと適切な緊張関係を構築し、いかにアテンション・エコノミーから距離をとれるかにかかっている。「Public（読者）」の視点に立って、この「距離」を監視すること。それが、アルゴリズム社会におけるＰＥの新たな仕事である。

原発と言論――「政府言論」を考える

※初出：2012年

1　はじめに

原子力発電所の設置・運営は、法律にもとづいている。[1] 一般意思と言わないまでも、法律は、我々の民主的な意思のあらわれである。そうであるならば、我々が、法律を媒介項とした〈我々の＝原発〉を批判することは、憲法上そう簡単ではない。法律によって我々自身がauthorizeした原発を批判する資格を、我々は持たない。

本来、こう、冷淡に主張できるかもしれない。しかし、問題は、日本の原発史に、「本来」という言葉が当て嵌まる状況が存在せず、右の等式が成り立ちにくいところにある。

なぜか。原発をめぐる、あるいは原発の安全性・必要性をめぐる言論空間ないし「思想市場（marketplace of ideas）」が、政府や電力会社によって歪められ、それによって、原発関連法律への我々の同意が――やや荒っぽい言葉を使えば――偽造（falsified）されてきた可能性があるからである。そうだとすれば、〈我々の≠原発〉ということになり、我々は原発を批判する資格を持

○1 原子力三法（原子力基本法、原子力委員会設置法、総理府設置法の一部を改正する法律）のほか、核原料物質開発促進法、日本原子力研究所法、原子燃料公社法など。

つことになる。

周知のとおり、憲法は、自由闊達な言論空間ないし思想市場を保障し、民主的プロセスを適正に維持することをひとつの重要任務とする。そうすると、思想市場が歪曲された——そして、それがあの未曾有の事故と結び付いた——原発史は、憲法を学習する上できわめて重要なテクストと言えよう。さらに日本では、この「歪み」が、主として、政府が「検閲者（censor）」として反（脱）原発的言説を規制することではなく、「言論者（speaker）」として原発推進的言説を積極的に発話することによって生じたのだとすれば、その歴史は、近年憲法学において主題化されつつある「政府言論（government speech）[2]」の統制を学ぶ上でも重要であるように思われる。本章は、「政府言論」という問題が生じるコンテクストとして、原発史を、あるいはそこに現れる裁判例を読むことを目的とする。

2 言論史としての原発史

(1) マスメディアと原発

もともと、被爆国・日本が、原子力の軍事利用開発の「スピンオフ（派生物）」に過ぎない原子力発電[3]の推進に適した地であったとは考えられない。原子力開発草創期の日本人の心には、なおヒロシマ・ナガサキの記憶が鮮明に残っていたはずである。この、原発開発・推進にとってお

○2 蟻川恒正「政府と言論」ジュリスト1244号（2003年）、横大道聡『現代国家における表現の自由』（弘文堂・2013年）219頁以下、金澤誠「政府の言論と人権理論（1）」北大法学論集60巻5号（2010年）等を参照。マクルーハンの言葉を拝借すれば、本章は、「彼（ら）の業績を説明するための脚注」に過ぎない。M・マクルーハン（森常治訳）『グーテンベルクの銀河系』（みすず書房・1986年）79頁。

○3 吉岡斉の言葉として、烏谷昌幸「戦後日本の原子力に関する社会的認識」大石裕（編）『戦後日本のメディアと市民意識』（ミネルヴァ書房・2012年）187頁。

よそ困難と思われる土壌を耕したのは、マスメディアであった。烏谷昌幸によれば、第五福竜丸事件（1954年3月）を含めると実に三度の放射線被害を受けた日本で原発開発を進めるには、原子力の「平和利用を軍事利用から切り離すための論理を人々に繰り返し教え込む」必要があり（傍点山本）、マスメディアが、ある種の啓蒙機関としてその教化を引き受けたとされる。[4]

とくに、原発に魅了され、またCIAを通じて——冷戦期の戦略として、友好国に対する原子力関連技術の提供を進めていた——アメリカと接していた正力松太郎[5]率いる読売新聞社は、原発導入期にあたる1950年代中頃から後半にかけて、「すさまじいばかりの原子力平和利用キャンペーン」を展開したと指摘されている。[6] 例えば、55年2月に行なわれた衆議院議員選挙の前後には、連日、紙面の一面に、「広島に原子炉　建設費　2250万ドル　米下院で緊急提案」、「原子力マーシャル・プランとは　無限の電力供給」、「米国内を洗う原子力革命の波　資本家も発電に本腰」などという見出しを付した記事を載せた。また、同社は、同年5月に、アメリカから原子力平和利用使節団を招聘し、「原子力平和利用大講演会」（日比谷公会堂）を開催したほか、同年11月から12月には、アメリカのUSIS（U.S. Information Service）[7]との共催で、「原子力平和利用博覧会」（日比谷公園）を実施し、連日その模様を詳細に報道している。この博覧会は、観客30万人以上を動員する「大規模なメディア・イベント」となった。[8] 読売グループに属する日本テレビもまた、同時期に、原子力平和利用キャンペーン番組と称し得る番組を数多く放送している。『原子力の平和利用』（報道部製作。55年2月）、SF映画『原子力未来戦』（ニューユニバーサル社製作。同年3月）、中継「新春座談会　原子力を語る」（56年1月）、中継「原子力講演会」（57年3月）、

○4 烏谷・前掲注（3）190頁参照。

○5 有馬哲夫『原発・正力・CIA』（新潮社・2008年）、佐野眞一『津波と原発』（講談社・2011年）等参照。

○6 佐野・前掲注（5）143頁。

○7 広報宣伝政策を担当するUSIA（The United States Information Agency）の海外下部組織であった。

○8 烏谷・前掲注（3）195頁。「大博覧会」では、亀や金魚を、コバルト60を放射した水槽で泳がせるといった「実験」なども行なわれたようである。

中継「日米原子力産業合同会議」（同年5月）、中継「原子力第一号実験炉完成祝賀会」（同年9月）、『わが友原子力』（ディズニー・プロ製作。58年1月）などである。

このようなキャンペーンが、マスメディアの純粋で、公正なジャーナリズム精神に由来したものであったならば、これにより、「原子力平和利用にとって極めて好意的な雰囲気」[9]が醸成され、原子力三法の成立（55年12月）やその執行に道がつけられたとしても、憲法上殊更に問題視する必要はない。それはなお、民主主義の正規的回路と解し得るものである。しかし、ここで憲法上注意を要するのは、このキャンペーンを主導した正力松太郎の身分である。周知のとおり、正力は、55年2月に衆議院議員に当選した後、同年11月に国務大臣、56年1月に原子力委員会初代委員長、同年5月に科学技術庁長官に就任している。このことを考慮するならば、正力主導のキャンペーン（の少なくとも一部）は、政府による原発推進プロパガンダと区別し難くなる。ここに、政府が、「報道」の名を借りて自ら言論市場に参入し、「マスメディア」の口を通して自らの政策・見解を語り、広報し、国民を原発推進の方向へと誘導した可能性を見て取ることができるのである。

70年代、80年代は、世界各地で原発の安全性を疑問視する専門家が登場し、原発反対論が一定の科学的説得力をもって社会に拡散していった時代である。また、実際、原子力船「むつ」の放射線漏れ事故（74年9月）、スリーマイル島原発事故（79年3月）、チェルノブイリ原発事故（86年4月）等の深刻な原発事故が起きた時代でもあった。無論、マスメディアにおいても反（脱）原発的言説が散見されるようになる（ＮＨＫ『ＮＨＫ特集　調査報告・チェルノブイリ原発事故』、青森放送『核まいね』、北海道放送『核と過疎』、等々）。テレビが、原子力のコントロールに抗った「反

[9] 烏谷・前掲注(3) 197頁。

逆」の時代である。[10] しかし、こうした緊迫した言論状況が、90年代に引き継がれることはなかった。そこにはやはり、言論者としての政府の姿がある。自ら思想市場に立ち入り、その圧倒的潜勢力をもって反（脱）原発的言説をかき消そうとする政府の姿である。例えば科学技術庁は、74年、電気事業連合会に原子力広報専門委員会を発足するよう働きかけ、電力業界による原発宣伝攻勢を促しただけでなく、自らも巨額の予算を投じて、テレビ番組等の大口スポンサーとなっていった。[11] 通産省もまた、チェルノブイリ事故後の88年5月、資源エネルギー庁長官を本部長とする「原子力広報推進本部」を設置し、原発の安全性・必要性を訴える広告等を新聞各紙に掲載するなどした。[12] さらに、山口俊明によれば、この時期の通産省・科学技術庁・東京電力は、広報活動の一環として、「記者クラブ、論説・解説委員クラブ、科学部長会などを対象にしきりに懇談会を催した」とされる。[13] こうした政府・電力会社の圧倒的で組織的な広報活動によって、思想市場は原発安全論・必要論で溢れ、我々がその対抗言論に接し、原発について真剣に思考する機会は減じられていったように思われる。

この点、瀬戸内海放送が、放送基準の定める公正原則違反を理由に、「原発バイバイ」というテロップの入った自然食品会社のテレビCMの放映を拒否（放映契約解除）した事件で、原告側が、「電力会社がスポンサーとなっているコマーシャルにおいて、原発の安全性を謳うものを多く放送しているにもかかわらず、原発反対派の意見は放送しよう」としない民間放送事業者の態度を糾弾した上、公正原則に反するのはむしろ本件放映拒否の方であるとか、本件放映拒否の真の理由は「多額のコマーシャル料を支払う電力会社に配慮したためである」と述べていたことが、情

○10 七沢潔「テレビと原子力」世界２００８年８月号２２７頁。

○11 田原総一朗『原子力戦争』（筑摩書房・２０１１年）33頁参照。

○12 山口俊明「原発PR大作戦」世界１９８８年９月号２３０頁、烏谷・前掲注（3）２２０～２２１頁参照。

○13 山口・前掲注（12）２３１頁。

報流通の「歪み」を考える上で示唆的である（一審、二審ともに原告側の主張を斥け、契約解除の有効性を認めた。なお、本件放映拒否が起きたのは90年である）[14]。

90年代の言論状況下で、このような言論の量的攻勢以上に問題なのは、政府のステルス的言論であろう。渡辺武達によれば、93年「3月27日付読売新聞と産経新聞の朝刊、同31日付の毎日新聞朝刊は、資源エネルギー庁の依頼で広告代金（総計5500万円）を受け取る替わりにプルトニウムの安全性をアピールする座談会を……おこない、それを広告提供者名を隠して1ページ大の一般解説記事の形で掲載した」という[15]。これら「解説」記事の見出しを見ると、「原子燃料再利用の時代」、「プルトニウム専門家座談会」（読売新聞）、「環境守り、経済成長と調和を」、「プルトニウム適切管理は可能」（産経新聞）、「21世紀へエネルギーは」「座談会　原子力行政を問う」（毎日新聞）といった文字が躍っている。後述のように、このような――政府名を伏しての――ステルス的言論は、聴衆を惑わせ（メッセージが中立的なものであると誤認させ）、思想市場をより大きく歪曲させ得るために、憲法上とくに注意すべき言論であると言えよう。

2000年代以降も、地球環境問題の深刻化を背景とした政府の（原発＝エコ）論によって、原発をめぐる思想市場は一定の歪みを維持し続けてきたように思われる。そして、3・11を迎える[16]。

○14　高松地判平成5年2月16日判時1490号118頁、高松高判平成5年12月10日判タ875号164頁。

○15　渡辺武達「テレビCF『原発バイバイ』放送中止の批判的検討」評論・社会科学48号（1994年）64頁。

○16　3・11以降も、このような「歪み」が完全に解消されたとは言い難い。いわゆる九州電力「やらせメール」事件等参照（朝日新聞2011年10月1日38面等）。

(2) 教科書検定

蟻川恒正が夙に指摘するように、教科書検定は、政府が私人(教科書執筆者)の言論を「検閲者」として統制する場であるだけでなく、「言論者」として——検定意見などを通じ——自らの言論を思想市場に流通させる場でもある。[17] 本章の問題関心に従い、言論史として原発史を読むと、そこには、検定制度を通して、〃原発は安全であり必要である〃とのメッセージを生徒に向け大量かつ組織的に送信し続けてきた政府の姿が見えてくる。実は、80年代の検定処分の合憲性を争った第3次家永教科書訴訟でも、この点は意識されていた。本件は、直接には歴史教科書の検定処分を問題にするものであったが、原告・家永三郎は、「教科書検定制度の変遷」の中で、文部省が、80年前後に始まる保守派の「偏向教科書キャンペーンに便乗する形で」「検定を強化」し、他の重要問題と並んで、「原子力発電所と安全問題」についても意見を付すに至った点を問題視していたのである。[18] では、ここで、歴史学者・家永をも不安にさせた、「原発」に関する政府の言論作出的行為とはいかなるものであったのか。

毎日新聞社教育取材班によれば、80年4月末頃、スリーマイル島事故後に一段と高まった反原発運動への対応に苦慮していた科技庁の原子力担当者が、文部省教科書検定課を訪れ、原発に関する教科書の記述を調査し、「原発反対運動に力が入りすぎているきらいがある」との感想を抱いたという。その後、科技庁は、同課に対し「原子力発電所に関する記述は、原発がきわめて危険なものだという印象を生徒や教師、父母たちに与え、核アレルギーを起こしかねない内容になっ

○17 蟻川恒正「思想の自由」樋口陽一(編)『講座 憲法学Ⅲ』(日本評論社・1994年)所収、120頁参照。

○18 東京地判平成元年10月3日判タ709号63頁参照。

ている。善処して欲しい」との申し入れを行ない、これを受けた同課が、80年7月から8月にかけて、「参考意見」として、上記申し入れの内容を複数の教科書会社に伝えたとされる。この結果、中学社会科教科書（81年度使用）中にあった、「……装置の技術や安全性に疑問がだされている。また、放射性廃棄物の処理や温排水など、むずかしい問題がある」（東京書籍）、「原子力発電には、放射線もれの危険という問題があり、発電所建設予定地では、どこでも住民の強い反対運動がおきている」（日本書籍）といった記述は、それぞれ、「……装置の技術や安全性に疑問もだされている。また、放射性廃棄物の処理や温排水などにも問題がある」、「原子力発電には、放射線に対する不安があり、発電所建設予定地では、住民の反対運動がおきている」という表現に書き換えられたという。これは、検定の正規プロセスを経た修正ではないが、家永が憂慮したひとつの事態と言うことができよう。[19]

その後も、検定を通じて政府が「発話」することは少なくなかった。例えば、チェルノブイリ事故後の93年度検定では、「チェルノブイリ原子力発電所の事故は、放射能汚染の恐ろしさを人々にあらためて認識させた」という記述（高校『政治経済』）について、「原子力発電の長所と短所の両面に配慮して記述すべき」との検定意見を付し、「さまざまな問題をもつことも否定できない」という、ややトーンダウンした記述を引き出している。[20] さらに、自然エネルギーの台頭が目立ち始めた2004年、2005年には、次頁の表のような検定が行なわれた（表に掲げたのはその一部[21]）。

もちろん、教科書が生徒に与える影響は、実際に教壇に立つ現場教師の存在によって希釈され

○19 毎日新聞社教育取材班『教科書戦争』（三一書房・1981年）25〜26頁、30頁、56〜57頁参照。

○20 中日新聞2011年10月22日27面（「教科書検定も安全神話〝圧力〟」）参照。

○21 大藤原瑠璃子「原発安全神話を強制する文科省の教科書検定」週刊金曜日847号（2011年）20〜21頁参照。

出版社	申請時の記述	検定意見	修正後の記述
○東京書籍『公民』	「ヨーロッパでは、風力発電に力を入れる国が増えています。また、国民投票で原発の全廃を決めた国もあり、『脱原発』の動きが大きくなっています」	「自然エネルギーが抱える課題に比べ、実用化の動きを特別に強調しすぎている」	「〔原発の〕代替エネルギーには、出力が不安定であったり、開発や実用化に費用がかかるといった課題があります」
○教育出版『公民』	①「原子力発電には、いったん事故をおこすと、広い範囲にわたって深刻な被害をもたらす危険性があります」。 ②「ヨーロッパやアメリカを中心に、積極的に〔自然エネルギーの〕開発がすすめられています」	「原子力発電の問題点および自然エネルギーの有望さのみを特別に強調しすぎている」	①「原子力発電には、安全性や使用済み核燃料（放射性廃棄物）の処理に慎重な対応が必要とされています」 ②「〔自然エネルギーについては〕開発に関わる費用や電力の安定性などに課題もあります」
○東京書籍『現代社会』	「原子炉の解体、放射性廃棄物の管理費用は膨大なもので、これを算入すると、発電コストは、他のものと比べてかなり高いものとなる」	「原子力発電のコストについて記述が断定的に過ぎ、誤読するおそれのある表現である」	「将来、原子炉の解体や放射性廃棄物の管理に多大な費用がかかる」

る。しかし、学校教育法34条1項の定める検定教科書使用義務が、少なくとも、生徒に検定教科書に触れることを強制している以上、検定教科書の記述と生徒の精神形成は無関係ではあり得ない。そうなると、原発に関する先述（および前頁の表）のような記述が、生徒の心の中に、原発に対する肯定的な、あるいは楽観的なイメージを作り上げてきた可能性を否定できない。無論、こうしたイメージは、潜在記憶として固化し、反（脱）原発的言説に対する正当な評価を妨げるものとなり得る。以上のように見れば、教科書検定を通じてボディブローのように繰り出されてきた政府の言論が、原発をめぐる思想市場の歪曲に果たしてきた役割は小さくはなかったと言えよう。

教科書検定とは異なるが、文科省と経産省は、94年以降、原子力や放射線に関する子どもたちの理解と認識を深めることを目的に、「原子力ポスターコンクール」を実施してきた。両省は、このコンクールの下、全国の小中学校などを通じて「原子力発電や放射線に関する」作品を募集し、「優秀」な作品を表彰してきた（個人だけでなく学校を対象とする賞もあった。審査員として元原子力委員長も名を連ねる）。[22] これも、先述の検定制度と類似した市場歪曲効果を有してきたように思われるため、ここで紹介しておく。

22 経済産業省ホームページ参照。

3 「政府言論」と、その統制

(1)「政府言論」の両義性

以上の記述により歪められた（?）「政府言論」のイメージを矯正しておこう。確かに、圧倒的な経済力・組織力を持つ政府の言論は、「情報の流通に大きな歪みをもたらし、国民の『思想・良心』を一定の方向に誘導する危険を孕んでいる」[23]が、他方でそれは、民主主義にとって必要不可欠なものであるからである。「政府が自らの政策理念に立った実績と提案を示して国民に支持を訴え、これに応じて、国民が支持の与奪を決定する、という民主主義の正規的回路の運行そのものが、特定のviewpointに立脚した政府の表現活動の存在を前提するのでなければ成り立たないのである」[24]。さらに、政府言論への一方的批判は、「知る権利」の名の下で政府が「語る」ことを積極的に要請してきたこれまでの憲法解釈論とも鋭く矛盾する。そこでは、「説明責任（accountability）」の原理によって政府の言論を強く正当化し、促してきたはずである。

実は、アメリカにおいて「政府言論」は、その肯定的側面を強調するかたちで、むしろ政府の側によって積極的に主張されている。連邦最高裁は、1991年のRust v. Sullivan判決[25]以降、ある政府の表現活動が「政府言論」とみなされるならば、表現の自由条項によって通常政府に課される「観点中立（viewpoint neutrality）」要請を免れ得る——すなわち、その活動が「政府言論」との認定を得れば、政府は自らの観点を前面に押し出すことが許容される——という、いわゆる「政

○23 佐藤幸治『日本国憲法論〔第2版〕』（成文堂・2020年）248頁。

○24 蟻川・前掲注（2）93頁。

○25 500 U.S. 173 (1991). 同判決は以下のように述べている。「政府は、憲法に反することなく、自身が公益に資すると考える特定の活動を奨励するプログラムへ選択的に助成を行い、それと同時に同じ問題を別の観点から扱う他のプログラムに助成しないことが許される。そうすることで、政府は観点に基づく差別を行ってはいない。……当該助成を観点に基づく許されない差別であると判示することは、ほとんどの政府の活動を憲法上疑わしいものにしてしまう」。*Id.* at 193-194.

府言論の法理」を構築してきたからである。同法理は、これを「選挙民に対する説明責任」として正当化した2000年のBoard of Regents of Univ. Wisconsin System v. Southworth判決[26]を経て、最近のPleasant Grove City v. Summum判決[27]でも是認されている。同判決は、公立公園内における市のモニュメント設置行為を、公衆に対して特定のメッセージを伝える「政府言論」とみなすことで、観点にもとづきある団体からのモニュメント（十戒のモニュメント）寄贈を受け入れつつ、他団体からの寄贈を拒否した市の「差別」的決定を憲法上許容したのである[28]。このように、アメリカにおいて「政府言論」は、その使用にあたり否定的ニュアンスが込められることの多い日本とは異なり、ある政府行為を憲法上肯定ないし救出する文脈で用いられているのである。

（2）合理的観察者基準

もちろん、アメリカでも、観点にもとづく政府の表現活動が全て「政府言論」として保護されてきたわけではない。アメリカにおいても、政府による思想市場への参入が、国民に対する説明や説得ではなく、教化や感化に結び付く危険、市場において異説をかき消す危険に一定の注意が払われているのである。

このことは、まず、裁判所による比較的慎重な「政府言論」該当性判断にあらわれる。未だその判断方法は確立していないとも言われるが、上述のSummum判決は、合理的観察者から見て、その表現ないしメッセージが政府によって発せられたものと理解されるかによって「政府言論」

○26　529 U.S. 217 (2000).

○27　555 U.S. 460 (2000).

○28　公立公園は、通常「伝統的パブリック・フォーラム」と位置づけられる。したがって、仮に本件で、市のモニュメント設置行為が「政府言論」と認定されていなければ、市は観点中立要請を正面から受けていたことになろう。

該当性を判断する「合理的観察者基準（reasonable observer standard）」を用いたとされる[29]（同判決は、「政府言論」該当性を認めるにあたり、合理的観察者が、モニュメントのメッセージを、土地所有者＝政府のメッセージとして理解し得る点を重視していた）[30]。この基準は、学界においても広く支持されているようである[31]。確かに、合理的観察者によってある表現が政府からのメッセージであると理解される限りで、国民はそのメッセージの当否を政治過程においてチェックし、批判することが可能となる（市場における量的過剰性〔excesses〕も政治過程においてチェックされる）[32]。他方、「発言主体が政府であることが市民＝聴衆に認識されない」表現は、「民主的な自己統治過程によるチェックが働かない」[33]。この点で、後者の表現に「政府言論」たる資格を与えない同基準には、一定の合理性が認められよう。また、学説の中には、より具体的に、「政府言論」該当性の要件に「顕名性」――政府が積極的に自らの名を明かすこと――を求めるものもあり、注目される。この見解によれば、私人の影に隠れて行なわれる政府のステルス的言論は、「市民が、政府がどのような立場に立っているのかを知り、そして必要であるならば、選挙の際にその見解を拒絶すること」が困難となるため、やはり「政府言論」該当性を欠くものとされる[34]（2(1)との関係は後述する）。

ところで、連邦議会は、1951年以来、歳出配分法において、連邦議会によって承認されていない宣伝またはプロパガンダのための支出を禁ずる規定を置いているが[35]、司法省の法律顧問局（Office of Legal Counsel）は、この禁止の背後にある「最大の懸念は、政策問題に関する公衆の意見を操作し、コントロールするために連邦資金を使用すること」と、「第三者を秘密裡に徴用す

29 "Recent Cases," *Harvard Law Review*, Vol. 125, No. 7 (2012), pp. 1872-1873. 横大道聡「モニュメント建立と政府言論」ジュリスト1403号（2010年）166頁も、Summum判決は「実質的に『合理的観察者テスト』を採用したものとして捉えることが可能である」と指摘する。

30 *Summum*, 555 U.S. at 471.

31 *See, e.g.*, Randell P. Bezanson & William G. Buss, "The Many Faces of Government Speech," *Iowa Law Review*, Vol. 86 (2001), p. 1510.

32 Joseph Blocher, "Viewpoint Neutrality and Government Speech," *Boston College Law Review*, Vol. 52, No. 3 (2011), pp. 717-718.

33 横大道・前掲注(2)275頁。

34 Abner S. Greene, "Government of the

ることで〔政府が公衆の〕意見を作り上げる（*mold*）こと」にあるとする意見を公表している。[36] ステルス的言論をとくに問題視する後者は、上述した裁判所の合理的観察者基準や顕名性テストとその関心を同じくしているように思われる。

（3）学説の努力

これまで見てきた合理的観察者基準は、発話主体――「政府」の言論であること――の理解可能性に照準して「政府言論」の範疇を限定するものであった。他方、学説の中には、メッセージ内容――政府の「言論」であること――の理解可能性に照準して、さらに「政府言論」を限定しようとする見解も少なくない。例えばビザンソン（Randall P. Bezanson）は、政府の仕事は「情報と思想によって達成される自己統治過程を促進すること」、「自由な民主的社会という理念を特徴づける対話と交流の形式をモデル化すること」（傍点山本）にあるがゆえに、政府の表現活動は「力ではなく理性に、宣言ではなく説明に、感情ではなく認識（cognition）」に依拠したものでなければならないとする。政府の発話は、目的的で認識的で理性的でなければならず、聴衆がそのメッセージ内容を合理的に理解し得るものでなければならない、というのである。そして彼は、専ら聴衆の感覚的・身体的・情緒的反応に訴えるような「美学的（aesthetic）」表現は、表現の自由という憲法上の権利を保障されている個人には認められても、「説明責任」という観点からその発話を許容されているに過ぎない政府には認められず（「美学」的表現によっては「説明」されない）、

Good," *Vanderbilt Law Review*, Vol. 53, No. 1 (2000), p. 52. さらに、横大道・前掲注（2）272～273頁参照。

○35 *See* Jodie Morse, "Managing the News," *New York University Law Review*, Vol. 81, No. 2 (2006), pp. 852-853; Randall P. Bezanson, "The Manner of Government Speech," *Denver University Law Review*, Vol. 87, No. 4 (2010), p. 817.

○36 DOJ OLC OPINION, at https://www.justice.gov/olc/opinions.

それゆえ、保護すべき「政府言論」には包含されない、とするのである。ビザンソンによれば、例えば前記Summum事件の「モニュメント」は、宣言的で、美学的であって、「政府言論」には当たらない。[37] もちろん、この議論は、ある表現が「認識」的か「美学」的かを区別することに伴う困難性など、なお検討すべき課題を多く含んでいるが（ただしビザンソン自身は、「猥褻」性判断が可能であるのと同様、「美学」性判断も可能であると言う）、思想市場における政府活動の限界を考える上で示唆に富むもののように思われる。[38]

また、学説においては、「専門家の職責」論から政府の表現活動を限界づけようとする見解も有力に主張されている。この見解によれば、専門家は、雇用関係の中にあって、なお専門的規範に従った独立の判断を行なうことを許容され、要求される存在であるから、政府は、「専門家に対しては、その職責を妨げない限度で〔自らの言論プログラムの遂行について〕協力を求めることができるに止まる」とされる。[39] ただ、こうした議論にも、当該プログラムが「政府言論」であることを前提とするアプローチと、そうでないアプローチとがある。前者の場合、当該プログラムは「政府言論」として保護されるが、その実施において専門家の職責遂行までは侵害できないとする議論として理解される（この場合、専門家の憲法21条または23条にもとづく権利の侵害が主題化される）。他方、後者の場合、専門家を組み込んだプログラムは、合理的観察者にとって政府のメッセージであるとは理解され難い――むしろ専門家のメッセージであると誤信してしまう――ために、あるいは、そのプログラムが「囚われの聴衆」に向けられたものであるために、そもそも純粋な「政府言論」に該当せず、それゆえに専門家の職責を尊重して中立性要請を満たさなければ

37 *See* Bezanson, *supra* note 35, at 813-817.

38 "aesthetic" speechと"symbolic" speechとの関係には、おそらく興味深い論点が含まれている。後者について、蟻川恒正『憲法的思惟』（岩波書店・2016年）32～40頁参照。人の潜在認知過程に働きかける「言論」の問題性については、下條信輔『サブリミナル・インパクト』（筑摩書房・2008年）203～237頁参照。

39 蟻川恒正「政府言論の法理」駒村圭吾＝鈴木秀美（編）『表現の自由 I―状況へ』（尚学社・2011年）所収、443頁参照。

ならないとする議論として理解される。

（4）原発史・再読

　これまでの記述から窺い知れるように、アメリカの「政府言論の法理」は、その新しさから、未だ不安定的な要素を多く含んでいる。しかし、政府の表現活動は、「政府言論」にあたらない限り憲法上の観点中立要請に服すること、政府は、「説明責任」を理由にあらゆる表現活動を許されるのではなく、「説明責任」を理由にしているからこそ、その活動に一定の限界が引かれるべきことについては、大方の合意を得つつあるように思われる。

　こうした観点から2の原発史を振り返ると、そこに登場する政府活動の多くが、憲法上疑義あるものに見えてくる。例えば、政府がその身を隠しつつ多額の広告費を出して行なったステルス的言論は、合理的観察者によってそれが政府によるものとは判別され難いために、説明責任の実現に資する「政府」言論として、観点中立要請を免除されなかったはずである。また、55年11月から12月にかけて行なわれた「大博覧会」も、それが感覚や情動に訴える美学的・宣言的な側面を持っていたがゆえに、仮に政府名が明かされていたとしても、これを政府「言論」と捉えることに一定の困難はあったろう。「政府言論の法理」を知る我々が、これらを、憲法21条の客観法的側面（観点中立要請）に違反する違憲な政府行為であると考えることは不可能でないように思われる。無論、慎重な検討を要するが、このような客観法違反——統治問題——を裁判所で争うための状況（事件性）を欠く場面が実際に多く存在し得る点を踏まえれば、上述のようなステルス的ないし美学的言論を、人の認知過程に不当に干渉し、意思形成過程を歪めるものとして、すなわち、思想・良心の自由（憲法19条）を侵害し得るものとして捉えておくことも許されてよいように思われる（主観的権利侵害としての構成）。[40]

先述のように、教科書検定を、専門家の協力を得て行なわれる政府の言論プログラムと捉えれば、検定の過程において、政府は専門家（教科用図書検定調査審議会）の職責を妨げてはならないはずである。もちろん、その断定にはさらなる事実の収集と分析が必要であるが、この点で、先に見た原発関連の検定処分が、はたして専門家らの独立の判断にもとづいてなされたのか、実際に、政府（具体的には、文科省職員である教科書調査官等）による実質的な干渉から自由になされたのか、疑問がないではない（これらは検定処分の判断過程を精査することによって明らかとなる）。

[40] 佐藤・前掲注(23)248頁は、思想・良心の自由の一内容として、「特定の『思想・良心』を組織的に宣伝・教化されない自由」を含める。ステルス的言論など、政府の特定の表現活動を、かかる自由の制限と捉える余地はあるように思われる。さらに、高橋和之『立憲主義と日本国憲法〔第5版〕』（有斐閣・2020年）194～195頁。

4 おわりに

言論史としての原発史は、憲法学にとって反省の歴史でもある。もし憲法学が、健全な言論空間や思想の自由市場の維持・管理に一定の責任を有しているとするならば、かかる空間・市場の歪みを憲法論として主題化しきれなかった、前記原発史は、憲法学にとって回避し得ない反省材料となり得るのである。いま、「政府言論」という視座を手にした憲法学に求められることは、政府の言論史として、改めて原発史を精査することであろう。

確かに、日本において「政府言論の法理」は未だ発展途上の法理である。しかし、政府も思想市場のoutsiderではなくinsiderとして、そこでの情報流通に重要な影響を与え得るという視座は、健全な言論空間とは何かを考える上できわめて重要である。

続・原発と言論――政府による「言論」の統制について

※初出：2014年

1　はじめに

2011年3月11日の東日本大震災発生から現在に至るまで、震災ないし福島第一原子力発電所にかかわる問題を、憲法と絡めて論ずる数多くの論攷が公にされている。[1] その中には、震災発生直後の政府の情報提供や情報発信のあり方を、憲法的に、批判的に検討する論攷も含まれる。[2] これらは、政府による、不十分な、時宜を逸した、歪曲された情報提供がもたらした言論空間の「危機」を明るみにした点で、きわめて重要な意義を有する。しかし、震災、とりわけ原発に関する言論空間の「危機」は、3・11によって生じたのではなく、その遥か以前から生じていたことを忘れるべきではない。[3]

筆者は、前章の論文「原発と言論――『政府言論』を考える」（以下、「原発と言論」という）[4] の中で、原発問題の本質は、政府や電力会社等による原発推進的言説の積極的発話がもたらした言論空間の「歪み（distortion）」にあり、憲法学は、この「歪み」を憲法問題として主題化できなかっ

○1　森英樹＝白藤博行＝愛敬浩二（編）『3・11と憲法』（日本評論社・2012年）、駒村圭吾＝中島徹（編）『3・11で考える日本社会と国家の現在』（日本評論社・2012年）、奥平康弘＝樋口陽一（編）『危機の憲法学』（弘文堂・2013年）。

○2　例えば、鈴木秀美「原子力災害と知る権利」奥平ほか（編）・前掲注（1）所収、阪口正二郎「表現の不自由と日本〈社会〉」奥平ほか（編）・前掲注（1）所収参照。

○3　山本龍彦「原発と言論」法学セミナー691号（2012年）（本書第Ⅲ部❺に収録）参照。

○4　山本・前掲注（3）参照。

○5　小出裕章『騙され

たことを反省すべきではないかと述べた。憲法研究者は、３・11「以後」の政府の対応を批判するだけでなく、３・11「以前」の、「〔言論〕空間・市場の歪みを憲法論として主題化しきれなかった」自らの態度をも――あるいは、自らの態度こそを――点検し、「政府の言論史として、改めて原発史を精査する」必要があると説いたのである。元京都大学原子炉実験所助教で、３・11「以前」から反原発の立場から発言を行なってきた小出裕章は、原発事故を題材にする自らの著書に、『騙されたあなたにも責任がある』[5]という挑発的なタイトルを付した。もちろん、３・11「以前」にも、反原発的言説が存在していたことは紛れもない事実であるから、このような声に真剣に耳を傾けず、原発政策の推進を黙認してきた受動的な「あなた」にも「責任」がある――「批判資格」はない――との見解も、「戦争責任者の問題」における伊丹万作の自己否定的主張[6]と同様、成り立ちはする[7]。ただ、小出自身、「国の上層部が一丸となって『原子力は安全である』というプロパガンダを流し続け、それに一般の国民が騙されたのは仕方がない」（傍点山本）と述べているように[8]、〝問題は認識しているが、立ち上がらなかった〟というより、政府・電力会社の圧倒的で、組織的な「言論」によって、〝そもそも問題として認識できなかった〟「フツー人」[9]には責任はない――「批判資格」はある――と述べることも、なお可能であろう。しかし、職責として、言論空間の動向・状況に常に強い関心を持つべき憲法研究者については、きっとそうは言えない。憲法研究者は、自らの責任を忘却して３・11「以後」の政府のあり方を批判・攻撃するだけでなく、反省を込めて、３・11「以前」の言論状況を直視すべきである。言論史として原発史を振り返り、そこから何かを学ぶ必要がある。

たあなたにも責任がある』（幻冬舎・２０１２年）。

○6 伊丹万作の発言については、朝日新聞２０１２年８月14日朝刊33面参照（詳細は伊丹万作「戦争責任者の問題」伊丹万作『伊丹万作エッセイ集』〔筑摩書房・２０１０年〕所収）。

○7 中林暁生＝山本龍彦『憲法判例のコンテクスト』（日本評論社・２０１９年）３０１～３０３頁〔とくに中林発言〕参照。さらに、佐藤卓己＝伊東秀爾「メディアと社会」原武史（編）『歴史と現在』（河出書房新社・２０１２年）所収、１６２頁〔伊東発言〕参照。

○8 小出裕章＝佐高信『原発と日本人』（角川学芸出版・２０１２年）１３１頁〔小出発言〕。

○9 中林＝山本・前掲注（７）３０２頁〔中林発言。井上ひさし『井上ひさし全芝居　その７』（新潮社・２０１０年）46～47頁を引用して〕。

既に筆者は、「原発と言論」において、1950年代半ば以降の政府の原発推進プロパガンダを、アメリカ連邦最高裁判所の「政府言論（government speech）」の法理[10]をめぐる議論を踏まえつつ、憲法学的に検討した。そして、とりわけ政府が自らの名を伏せて行なうステルス的言論（例えば1993年3月27日に読売新聞等の紙上で行なわれた、プルトニウムの安全性をアピールする「座談会」は、資源エネルギー庁によってsponsoredされたものであったが、実際には、広告提供者である同庁の名が伏せられ、「一般解説記事」のかたちで掲載された[11]）は、「合理的観察者（reasonable observer）」[12]から見て、その表現ないしメッセージが政府によって発せられたものとは理解されず、民主的政治過程における「批判可能性」が担保されないがゆえに（合理的観察者は、それを、公正中立な観点から発せられた言説と混同し、またそのように誤解してしまうがゆえに）、「観点中立（viewpoint neutrality）」という憲法上の要請を免除される「政府（の正統な）言論」たる資格を有せず、「違憲」と評価されるべきものではなかったか、との問題提起を行なった（アメリカの裁判法理によれば、政府による発話は、それが「政府言論」と認定される限りで「観点中立」要請を免除される。先述のように、「政府言論」に該当するか否かは、「合理的観察者」の視点を基準に判断される[13]）。

しかし、「原発と言論」では、政府による操作的言論とりわけステルス的言論を[14]、原発史の文脈から離れて、より一般的に考察することができなかった。それにより、政府によるステルス的言論が、原発史に固有の例外的事象であるとの印象を与え、そこから一定の憲法的含意を引き出すことの意義が過少評価されてしまった感がある。政府による操作的言論は、歴史的に遍在しているのであって、原発史は、戦争史[15]とともに、その存在を正視する重要な一契機をなしているに

○10 後注(102)に挙げた諸論攷を参照。

○11 渡辺武達「テレビCF『原発バイバイ』放送中止の批判的検討」評論・社会科学48号（1994年）64頁。ほかにも、田原総一朗や大江三千代といったジャーナリストが、政府や電力会社が「覆面のかたちで提供した原子力発電の特別番組」（傍点山本）や新聞誌・週刊誌記事の存在を指摘している。田原総一朗『原子力戦争』（筑摩書房・2011年）33頁。

○12 「合理的観察者基準」については、"Recent Cases," *Harvrd Law Review*, Vol. 125, Vol. 7 (2012), pp. 1872-1873.

○13 後注(106)参照。

○14 本章は、操作的言論の一部としてステルス的言論を捉え、その射程を後者に限定している。前者に関する包括的な検討は他日を期すことにしたい。政府ないし政党による操作的な「言

過ぎない。また、「原発と言論」では、政府による操作的言論、とりわけステルス的言論が、観点中立性という憲法の客観法的規範に反するか否か——「政府言論」に該当するか否か——を中心的に検討し、それが個人の「憲法上の権利」（憲法21条の知る自由ないし19条の思想・良心の自由）を侵害する行為であるか否かについては、ごく簡単な検討を加えるにとどまっていた。

そこで本章は、「続・原発と言論」というタイトルを付し、「原発と言論」の前記欠落部分を補完することにしたい。すなわち、まず本章は、アメリカの議論を参考に、政府によるステルス的言論——モース（Jodie Morse）の言う「隠れたニュース管理戦略（covert news management tactics）」、あるいは「隠れた政治的プロパガンダ（covert political propaganda）」[16]——の歴史を振り返り、ハーバーマス（Jürgen Habermas）の「コミュニケーション行為／戦略的行為」峻別論[17]などを手掛かりに、政府によるステルス的言論の一般的性格について検討する。そこでは、政府によるステルス的言論を統制するアメリカの現行制度とその限界、さらには憲法的統制の可能性、とりわけ「憲法上の権利」侵害性を前提とした司法的統制の可能性についても言及されるであろう。

2　政府によるステルス的言論の歴史

(1) 導入——アメリカにおける「原発と言論」

「原発と言論」で示したように、原発政策実現の過程で、確かに操作的言論、ステルス的言論

論」の問題性については、さしあたりユルゲン・ハーバーマス（細谷貞雄＝山田正行訳）『公共性の構造転換〔第2版〕』（未来社・1994年）279～291頁参照。

○15 桜井均『テレビは戦争をどう描いてきたか』（岩波書店・2005年）などを参照。

○16 Jodie Morse, "Managing the News: The History and Constitutionality of the Government Spin Machine," *New York University Law Review*, Vol. 81, No. 2 (2006), p. 844.

○17 ユルゲン・ハーバーマス（藤澤賢一郎ほか訳）『コミュニケイション的行為の理論（中）』（未来社・1986年）21～22頁等参照。

は、政府によって、多用された。換言すれば「安全神話」伝播のため、政府によって多くのメディアやジャーナリストが「徴用」された。彼の国アメリカでも、核戦略を含む原子力政策の推進過程と、政府による操作的言論との分かち難い関係性が指摘されている。例えばデルガド（Richard Delgado）は、1984年の論攷「軍拡競争の言葉——人々は政府による言論を制限すべきか？（The Language of the Arms Race: Should the people Limit Government Speech?）」の中で、「この領域〔核戦略を含む原子力政策の領域〕では、執行府が、組織的な情報伝播（systematic dissembling）にかかわっており、また、政府の喧伝（propagates）する一方の見解が、人間の一般的な反応メカニズムと公的情報の秘密性ゆえに、思想市場において矯正されにくい状況にある」と指摘していた。[18] そこでは、指導者によって、「〔原子力の〕脅威に対する自らの責任を回避しながら、安全に関する集団的幻想（collective illusion）を維持できるような言葉」が使用されていた、[19] というのである。さらにデルガドは、やや挑発的に、この「言葉」を使う政府広報担当者を、原子力に対する人々の恐怖や不安を麻痺させる「雇われた麻酔医（hired anesthetists）」とも称している。[20] また、ウィンクラー（Allan M. Winkler）も、アメリカにおける原発史を、「熱心な政府当局者によって組織された共同キャンペーンが原子力に対する国民の期待感をつくりだし、次にはそれが、持続不可能な開発を求める圧力を生み出した」とか、子どもたちは学校で、平和的原子力の恩恵について学んだが、一方で、他の国民も大衆紙で同じメッセージに出遭った。どこでも見聞される宣伝は、原子力をロマンティックなものとして描くことに一役買い、日常の事柄を表わすまったく新しい語彙をつくりだした」、などと要約し、政府の「言論」が原発の推進に重要な役割を果したこ

○18 Richard Delgado, "The Language of the Arms Race: Should the People Limit Government Speech?" *Boston University Law Review*, Vol. 64, No. 5 (1984), p. 962.
○19 *Id*. at 974.
○20 *Id*. at 915.

とを指摘している。[21]

（2）歴　史

①建国期と、それ以降

しかし、政府の操作的・ステルス的言論は、原発史に固有の戦略ではない。それは「由緒ある（time-honored）」戦略であり、歴史の至るところに遍在している。モースによれば、アメリカにおける政府の隠れたニュース管理戦略ないしプロパガンダは、アメリカの建国期にまで遡る。[22]周知のように、建国期には、新聞は未だ寄附や広告収入を頼りにすることができず、必然的に政治的パトロンに依存していた。「新聞の編集者は、あからさまな報酬か、政府の印刷契約のような非公式のキックバックを通して、政党からの支援を受けていた」のである。したがって、「特定の見解を採用させるために報道記者に報酬が支払われることは、いわば日常的な出来事であった」。例えば、「ジョージ・ワシントンのCabinetに仕えている間、政治的ライバルであるトーマス・ジェファーソンとアレクサンダー・ハミルトンは、それぞれ、印刷媒体を通じて相手方を中傷するためにジャーナリストを雇っていたのである」（傍点山本）。こうした戦略は、「最も悪しき政府行為に好意的な光を当てることを容易にし、我々を、その出所を知ることなく、圧政と抑圧の世界へと陥れる」とも批判されたが、[23]この「パーティー・プレスの時代（the era of the party press）」[24]にあって、政府（・政党）とジャーナリストとの蜜月の関係が解消されることはなかった。

○21 アラン・M・ウィンクラー（麻田貞雄＝岡田良之助訳）『アメリカ人の核意識』（ミネルヴァ書房・1999年）180頁、214頁。

○22 本節の記述は、大部分、前注(16)に挙げたモースの業績に負っている。

○23 Letter from Cincinnatus, no. 2, to James Wilson (Nov. 8, 1787), in Philip B. Kurland & Ralph Lerner (eds.), *The Founder's Constitution*, Vol. 5 (Liberty Fund, 2000), p. 122.

○24 Hazel Dicken-Garcia, *Journalistic Standards In Nineteenth-Century America* (University of Wisconsin Press, 1989), p. 32.

１８４０年代には、新聞の広告収入が一定の割合にまで達し、いくつかの新聞が政治からの自立を宣言し始めたが、実際には、政府や政党による後援制度（patronage）は継続した。モースの紹介する南北戦争終結期頃の調査では、アメリカの４０００以上の雑誌の80％が、政党から資金援助を受けていたとされる。20世紀に入ると、広告業が支配的なビジネス・モデルとなり、客観性が専門倫理として受容されるようになるが、それでも政府によるニュース管理戦略が止むことはなかった。例えば、１８９８年、マッキンリー大統領により、農務省林業部の長に任命されたピンチョット（Gifford Pinchot）は、政府による森林保護活動を宣伝することを自らの重要任務と位置づけ、「政府広報（public relations、P.R.）」をはじめて行ない、１９０９年には――やはり史上最初の――「プレス局（press bureau）」を設置している。[25] そこでピンチョットは、「プレス広報（press bulletins）」の作成および送付を通じて、新聞と特別な関係を築き上げていったのである。ただ、ピンチョットのこの活動は、政府の森林保護活動に反対する政治的敵対者らから、政府によるジャーナリストの「隠れた雇用」であるなどと批判され、１９０８年の予算過程においては、連邦議会議員のマンデル（Frank Mondell）により、予算をニュース記事の作成のために使用することを禁ずる農務歳出予算法案の修正が提出されている。[26] この修正案をめぐる論議を通じて、政府広報が人々を「吸い込む力」を有していること、また、「政府が、公表された記事等の実際の執筆者であることを開示していない」（傍点山本）ことにかかわる問題が表面化し、[27] 政府広報に対する議会統制の必要性が認識されるに至ったとされる。実際、その後、１９１３年に、ギレット（Frederick H. Gillett）議員は、公務員任用委員会（Civil Service Commission）が、「広報

○25 Morse, *supra* note 16, at 848-849.「広報活動」一般の問題について、ハーバーマス・前掲注（14）２６１～２６４頁。

○26 Morse, *supra* note 16, at 848-849.

○27 *Id.* at 849.

○28 下院議員であるジョン・フィッツジェラルド議員は、この法案の趣旨を以下のように説明している。「政府のいかなるサービスも、その義務が、彼のかかわっている公的サービスの業務をほめそやし、宣伝することにあるような者を雇用することはできない。それは、その業務

専門家（publicity expert）」として、「新聞業界で広い経験を有する者、〔委員会〕自らが用意した記事の公表を可能にするほど、新聞社や新聞記者との関係が深い者」を雇用しようとしたことを受けて、政府が広報専門家に対し資金提供することを禁ずる法案を提案し、[28] 成立させている。[29] こうした立法は、「歳出配分の承認された資金は、特にその目的のために歳出配分されていない限りは、広報専門家への報酬支払いのために使用されてはならない」[30] といった規定として、今日においても存在しているが、モースによれば、政府の隠れたニュース管理戦略に対する統制として、「わずかなことしかなさなかった」。この戦略は、「広報専門家」を特別に雇わずとも、それと同様の機能を身内の者に担わせることによってなし得たからである。[31]

②戦　争

第1次世界大戦（1914年～1918年）は、政府によるニュース管理戦略を、これまでとは別の次元に引き上げた。それは、リップマン（Walter Lippmann）の助言を受けて、「アメリカが連合国側への加盟を表明し、ドイツに宣戦布告してからちょうど一週間後」、すなわち1917年4月に、ウィルソン大統領が設置（大統領令2594号）した「連邦広報委員会（Committee on Public Information：CPI）」の活動によるところがきわめて大きい。[32] 進歩派ジャーナリストとして知られたクリール（George Creel）を長としたCPIは、周知のとおり、「熱狂する民衆を動員し、方向づけることを任務とする包括的な宣伝機関」[33] として、あるいは、「地域的、全国的、国際的に広告・広報活動をおこなう、きわめて洗練され、影響力が大きく、類例のない実験装置」[34] として、大量のパンフレット、プレス・リリース、ニュース映画、（政府作成の）漫画などを組織的に――「心

が実施される効率性(efficiency)によって最善に宣伝されるものである」。50 Cong. Rec. 4410 (1913).

(29) Morse, *supra* note 16, at 849-850.

(30) チェイフィーは、1913年の補充歳出法（Deficiency Appropriation Act of 1913）の追加条項の例を挙げている。*See* Zechariah Chafee, Jr., *Government and Mass Communications: A Report From the Commission on Freedom of The Press* (Archon Books, 1965), p. 765.

(31) Morse, *supra* note 16, at 850.

(32) S・ユーウェン（平野秀秋＝左古輝人＝挟本佳代訳）『PR！―世論操作の社会史』（法政大学出版局・2003年）132頁。

(33) ユーウェン・前掲注(32)132頁。

(34) ユーウェン・前掲注(32)140頁。

理学」も応用しつつ[35]――発信し続けた。モースの挙げる調査によれば、例えば各新聞社は、毎日CPIから6パウンドにも及ぶ資料を受け取り、全米中で、新聞はCPIから送付される資料にもとづき、毎週少なくとも2万ものコラムを掲載したという[36]。このようなCPIの圧倒的な宣伝活動により、中立的な報道が言論市場から締め出され、公衆は「戦争に関するかなり偏った(heavily slanted)見解を受け入れるようになった」と指摘される[37]。また、ユーウェン(Stuart Ewen)によれば、「理性」ではなく、「民衆の心の領域〔を〕管理」するようなCPIの心理学的な宣伝活動により、公衆は「情報を評価し知的決定を下す」主体的存在から、「動員」される存在へと変化したとされる[38]。

無論、第2次世界大戦(1939年~1945年)も、政府によるニュース管理戦略の展開を考える上で、決して無視できない。確かに、1942年6月に、ルーズベルト大統領によって創設(大統領令9182号)された「戦時情報局(the Office of War Information:OWI)」は、CPIと同規模の活動は行なわなかった。しかも、かつてCBSラジオの記者であったデービス(Elmer Davis)局長は、自らの役割をあくまでも政府の「番犬」と捉えていたため、実際にはルーズベルト政権と衝突することも少なくなかったと言われる。そして、デービス同様、国民に真実を伝えることの重要性を認識していた多くのOWIスタッフが、OWIによるパンフレットの公表を農務省が差し止めた1943年4月の事件を契機に辞職している。また、この辞職騒動は、連邦議会議員の関心を引き、1943年秋には、「いまや巧みな売り込み術を好む強引なプロモーターによって支配された[39]」OWIの国内プロパガンダ活動を中止させる法案が可決している(OWIは、

○35 ユーウェン・前掲注(32)165~184頁(第7章「社会心理学と民衆心理の探究」)参照。

○36 Allan M. Winkler, *The Politics of Propaganda* (Yale University Press, 1978), pp. 64-65.

○37 Morse, *supra* note 16, at 850-851.

○38 ユーウェン・前掲注(32)60頁。

○39 Winkler, *supra* note 36, at 164-165.

トルーマン大統領により、１９４５年９月に廃止された）。

このような戦時の教訓は、政府のプロパガンダないしニュース管理戦略に対する懸念をこれまで以上に顕在化させることとなった。例えば、１９４２年に設置された民間の有識者委員会である「プレスの自由委員会（Commission on Freedom of the Press）」――いわゆるハッチンス委員会[40]――の副委員長であったチェイフィー（Zechariah Chafee, Jr.）は、同委員会に委託された研究において、政府による正統なコミュニケーションと強制的なプロパガンダとの境界が曖昧化していることを懸念し[41]（政府の言論が提起する問題は、１９４７年の段階で、既にチェイフィーによって適確に指摘されていた！[42]）、「莫大な公金を意のままに使える野心的な公職者は、私的なプレスを掻き消す（drown out）よう誘惑される」と述べている[43]。また、連邦議会も、このような懸念を受けて、「プロパガンダ」の定義をめぐって議論の応酬があったものの（この定義が曖昧であると、重要な政府パンフレットの公表をも妨げてしまう、との批判もあった）、１９５１年、「本法に含まれるいかなる歳出予算（appropriation）も、それ以前に連邦議会が授権していない広報活動またはプロパガンダのために使用されてはならない」とする歳出予算法案の修正を可決させたのであった[44]（同様の規定は、それ以降の歳出予算法案にも見られる[45]。詳細は後述）。

③戦後――巧妙化

しかし、このような懸念の顕在化は、政府によるニュース管理戦略をより微細化し、巧妙化すること――いわば言論のステルス化――に寄与したと言ってよい。例えば、１９８３年に、ニカラグア紛争に関するレーガン政権の政策を公衆に伝えるため、国務省が設置した広報外交局（Office

○40 蒲島郁夫＝竹下俊郎＝芹川洋一『メディアと政治〔改訂版〕』（有斐閣・２０１０年）63頁参照。

○41 *See* Chafee, *supra* note 30, at 761-763.

○42 とくに、第25章「人民に対する政府の語り（The Government Talks to the People）」参照（*See* Chafee, *supra* note 30, at 725-793）。

○43 Chafee, *supra* note 30, at 796.

○44 97 Cong. Rec. 4100 (1951). 詳しくは、II 2. (1) 参照。

○45 最近のものとして、P.L. 108-109, Sec. 601. *See* Kevin R. Kosar, "Advertising by the Federal Government: An Overview," C.R.S. Report for Congress, April 6, 2012, at 5; Morse, *supra* note 16, at 853, n. 79.

of Public Diplomacy）は、ニカラグア政府の軍事増強に批判的な特集コラムを用意するよう、ジャーナリストや学者らと契約を交わしたとされる。モースによれば、ウォール・ストリート・ジャーナルにも、ライス大学のジョン・グイルマーティンの署名入りで、そのような「コラム」（"Nicaragua is Armed for Trouble"）が掲載されたという。無論、同コラムにおいて、グイルマーティンと政府との間で交わされた契約について言及されることは、なかった。[46]

　クリントン政権下においても、ホワイトハウスの「国家薬物統制政策局（Office of National Drug Control Policy：ＯＮＤＣＰ）」（１９８８年反薬物濫用法により、１９８９年設置）は、放送局に対して、その番組（ドラマやシチュエーション・コメディなど）の中に、政府の推進する反薬物メッセージを組み込ませるために、莫大な利益を与えたとされる。[47] 具体的には、放送局が反薬物メッセージを番組の中に組み込んだならば（製品を番組内容に統合する「プロダクト・インテグレーション」[48]）、別途、例えばスポットＣＭなどでＯＮＤＣＰの広告を流す必要はなく、当該広告時間を他の広告者に再販売してよいとする「異例の提案」を行なったというのである。[49] グッドマン（Ellen P. Goodman）によれば、それにより政府は、"ER"や"The Practice"のような人気番組の台本を事前にチェックすることを許され、反薬物メッセージを１００以上のエピソードの中に挿入したとされる。[50] このようなホワイトハウスのプログラムが報道されると、連邦議会は即座にヒアリングを開き、また連邦通信委員会（Federal Communications Commission：ＦＣＣ）も、後述するＦＣＣのスポンサー開示規則に反するとの申立てを受けて、「聴取者〔および視聴者〕は、誰によって自らが説得されているかを知る地位を有している」と述べた上、前記プログラムにかかわった

46 Morse, *supra* note 16, at 854; *see also* Delgado, *supra* note 18, at 980.

47 Ellen P. Goodman, "Stealth Marketing and Editorial Integrity," *Texas Law Review*, Vol. 85, No. 1 (2006), p. 92.

48 仁科貞文＝田中洋＝丸岡吉人『広告心理』（電通・２００７年）２９１頁参照。

49 Morse, *supra* note 16, at 855.

50 Goodman, *supra* note 47, at 92; *see also* Howard Kurtz & Sharon Waxman, "White House Cut Anti-Drug Deal with TV," *Washington Post*, Jan. 14, 2000, at A1.

51 Morse, *supra* note 16, at 865 (citing FCC Action Ltr, 16 F.C.C.R. 1421, 1423 (2000)).

52 Greg Toppo, "White House Paid Commentator to Promote Law," *USA TODAY*, Jan. 7, 2005, at

放送局を厳しく非難した。[51]

その後、ブッシュ政権は、同プログラムを中止するのであるが、それ以外の領域で、むしろ前政権にも増して積極的に、隠れた広報活動を展開することになる。例えば、「ホワイトハウスは、法の宣伝のためにコメンテーターに報酬を支払った」と題する"USA Today"の一面記事（2005年1月7日）[52]によれば、教育省は、「落ちこぼれを作らないための初等中等教育法（No Child Left Behind Act）」――ブッシュ政権のランドマーク的な教育改革法――を宣伝する内容のコメントを書かせるため、保守系コラムニストであるウィリアムズ（Armstrong Williams）に約24万1千ドルを支払う契約を交わしたとされる（ウィリアムズは、ブッシュの再選キャンペーンに先立って、放送・印刷の両メディアにおいて同法を褒めちぎった）[53]。報道によれば、同様の契約を結んだジャーナリストはほかにも存在したようである[54]。また、ブッシュ政権は、テレビ局にカットされずに放送されるようにあらかじめ編集を加えた「動画ニュースリリース（video news releases、prepackaged video news release）」を日常的に用いるようになったとされる。この動画は、反対意見には一切言及されない上、「ワシントンより、カレン・ライアン〔レポーター名〕がお送りしました」などと締め括られる。すなわち、「それが政府により書かれ、撮影され、編集されたことが開示されない」のである[55]。連邦議会の会計検査院（General Accounting Office：ＧＡＯ）は、前者のコラム契約も、後者の動画ニュースリリースも、どちらも歳出が禁止される「隠れたプロパガンダ（covert propaganda）」にあたると結論づけているが[56]、この点は後に詳述することにしたい（「隠されたプロパガンダ」の定義を含め、３(１)①参照）。

1A.

53 Morse, *supra* note 16, at 843-844; Goodman, *supra* note 47, at 90-91; Jonathan D. Varat, "Deception and the First Amendment," *UCLA Law Review*, Vol. 53, No. 5 (2006), p. 1134.

54 *See, e.g.*, Anne E. Kornblut, "Third Journalist Was Paid To Promote Bush Policies," *New York Times*, Jan. 29, 2005, at A17; Howard Kurtz, "Writer Backing Bush Plan Had Gotten Federal Contract," *Washington Post*, Jan. 26, 2005, at C1.

55 Morse, *supra* note 16, at 857; *see also* Goodman, *supra* note 47, at 90-91; Varat, *supra* note 53, at 1134. 朝日新聞平成25年6月9日朝刊3面の「単独インタビュー　安倍戦術」と題する記事は、夕方のフジ系報道番組（「ＦＮＮスーパーニュース」）では、安倍首相の単独イン

ここでさしあたり確認しておくべきは、政府による隠れたニュース管理戦略は、原発史の文脈を超えて歴史的に遍在してきたこと、現在においても、より巧妙化・微細化されたかたちで採用され続けていること――したがって、３・11の教訓を、こうした戦略の憲法的位置づけを検討する重要な契機と捉えるべきこと――であろう。

３　法律による統制

隠れたニュース管理戦略の憲法的位置づけおよび憲法的統制の可能性を正面から検討する前に、実際にアメリカにおいて採られている「法律」レベルでの統制手法について概観しておきたい。[57]

(1) 議会の財政統制権限にもとづく統制と、その限界

①統　制

アメリカでは、予算は形式的に「法案（appropriation bill）」のかたちを採り、かかる法案の原案を作成し、提出し、議決するのは連邦議会の権限とされている。[58] したがって、連邦議会がこうした自らの財政統制権限を行使し、政府による隠れたニュース管理戦略、とりわけステルス的言論のための予算支出を禁ずることで、かかる戦略（「言論」）を統制していくことが考えられる。

タビューに加えて、「内閣広報室提供の『初公開映像』も満載だった」（傍点山本）と伝えている。さらに同記事は、映像入手の経緯につき、「官邸から『こういうのもある』と持ちかけられた」と話す同局幹部のコメントも掲載している。

○56　後注(69)参照。

○57　ここでは、歳出予算法案（appropriation bill）を通じた統制も「法律」レベルでの統制に含める。

○58　廣瀬淳子『アメリカ連邦議会』（公人社・2004年）105頁参照。

先に示唆したように、実際に連邦議会は、１９５１年に成立させた歳出予算法（Labor-Federal Security Appropriation Act）[59]において、はじめて「広報活動またはプロパガンダ（publicity or propaganda）」のために予算を用いることを禁止する規定を設けた。「本法に含まれるいかなる歳出予算も、それ以前に連邦議会が授権していない広報活動またはプロパガンダのために使用されてはならない」[60]とする規定である。それ以降、同様の規定が、毎年度の歳出予算法案へと組み込まれている。

もっとも、連邦議会自身は、国庫からの支出が禁止される「広報活動またはプロパガンダ」の意味を定義しておらず、その解釈は、非党派・独立の連邦議会の機関であるＧＡＯに委ねられてきた。ＧＡＯによれば、ここで言う「広報活動またはプロパガンダ」は、以下の３つの活動に分類できるとされる。

第１は、「その明らかな目的が、『自己権力の拡大（self-aggrandizement）』または『大袈裟な賞賛（puffery）』にある」活動である[61]。ここで言う「自己の権力拡大」は、「当該行政機関または活動の重要性を誇張するような性質を有する広報活動」と定義される[62]。

第２は、「純粋に党派的な目的（purely partisan purpose）」を有する活動である[63]。ＧＡＯによれば、政党または候補者の支援を企図した活動（例えば、特定政党に対する選挙支援的なメッセージの伝播）が、純粋に党派的な目的を有する活動にあたるとされる[64]（ただし、許容される政治的な説明と、許容されざる党派的な説明との境界が不明確であることから、ＧＡＯは、当該行政機関自身の判断に敬譲を示す謙抑的な審査を行なってきたという）[65]。

59 Pub. L. No. 134, ch. 373, § 702, 65 Stat 209, 223 (Aug. 31, 1951).

60 65 Stat at 223.

61 *See, e.g.*, B-284226.2, Aug. 17, 2000; B-229257, June 10, 1988; B-223098, Oct. 10, 1986; B-178528, July 27, 1973.

62 B-212069, Oct. 6, 1983.

63 *See, e.g.*, B-178528, July 27, 1973; B-147578, Nov. 8, 1962; B-144323, Nov. 4, 1960.

64 B-147578, Nov. 8, 1962.

65 *See, e.g.*, B-304715, April 27, 2005.

そして最後が、本章の問題関心との関係で最も重要な「隠れたプロパガンダ」である。ＧＡＯは、「隠れたプロパガンダ」を、「その源泉（origin）について人を誤らせる（misleading）」広報的な素材として定義している[66]（「隠れたプロパガンダ」の「重要な要素」は、「当該素材のスポンサーとしての行政機関の役割を隠すこと」であるとされる[67]）。例えば、１９８７年に国務省は、レーガン政権の中米政策を支援するための新聞記事および特集ページを作成させるためにコンサルタントを雇い、この結果、政府との関係が見かけ上認められないかたちで、これらの「支援」素材が公にされることとなった。ＧＡＯは、こうした活動は、「その源泉について人を誤らせる」がゆえに、歳出予算法案の「広報活動またはプロパガンダ」規制に違反すると結論づけている[68]。また、先述のとおりＧＡＯは、教育省の役割が明らかにされず、見たところ政府から独立したレポーターによって報じられる「動画ニュースリリース」（2(1)③参照）も、「隠れたプロパガンダ」に当たると結論づけている[69]。さらにＧＡＯは、保守系コラムニストであるウィリアムズが、教育省と交わした契約を履行するため、同省との関係を読者に開示することなく執筆した政府支援的コラムも（ウィリアムズは、12か月間で１６９回も教育改革法を促進する活動を行なったとされる）、「隠れたプロパガンダ」として認定している[70]。

②限　界

以上のように、政府によるニュース管理戦略、とりわけステルス的言論は、まずは、連邦議会の財政統制権限を通じて、具体的には、歳出予算法案の中への支出禁止条項の組み込みと、ＧＡＯの検査権限を通じて、政治的統制が加えられてきた。しかし、こうした統制手法には、以下の

[66] B-223098, Oct. 10, 1986.

[67] *Id.*

[68] B-302504, Mar. 10, 2004, at 8.

[69] U.S. Gen. Accounting Office Gen. Couns. Op. B-304228, Sept. 30, 2005.

[70] B-305368; Sept. 30, 2005.

ような限界が存すると指摘されている。

第1は、予算支出の禁止される「広報活動またはプロパガンダ」の定義が曖昧であるために、該当行為の積極的な認定が難しい、ということである。[71] 無論、先述のようにGAOは、長年にわたって、「広報活動またはプロパガンダ」の意味をより明確化するよう努めてきたが、他方で、「自らの活動とプログラムについて公衆に伝える行政機関の権利または義務」[72]、あるいは「政府と公衆との間の活発な情報交換」が行なわれることによる「社会的価値」[73]に配慮して、結局は、「広報活動またはプロパガンダ」該当性について、情報活動に対する行政機関の裁量を広汎に認める敬譲的な審査を行なってきたとされる。[74] 例えば、マリファナの合法化を非難するONDCP（2(1)③参照）の文書は、それ自体、源泉ないし出所を明らかにしていなかったが、ONDCPによるものであることがわかるその他の素材と一緒に配給されたことを理由に、「隠れたプロパガンダ」とは認定されなかった。[75]

第2は、共和党も民主党も、自らが政権を奪取したときに「隠れたプロパガンダ」を政治的に利用したいがために、その根絶を目指すような厳格な政治的統制を行なわない、ということである。[76] この点に関連して、ハーバーマスも、「政党政治的には中立的な宣伝専門家たちが登場し、政治を非政治的に販売するために雇われる」「政治的マーケティング」に対して、政治的敵対者は、最初は「抵抗」するものの、かかるマーケティングの有効性から、次第に「みずから十分に意識して推進せざるをえないということがわかる」と指摘している[77]（これも、結局のところ政治的統制の限界を示しているように思われる）。

(71) Morse, *supra* note 16, at 858.

(72) B-178528, July 27, 1973. このオピニオン・レターでは、許容される情報活動と、「広報活動またはプロパガンダ」を構成するその他の諸活動を区別することの困難性が指摘された。

(73) B-184648, Dec. 3, 1975. このオピニオン・レターでは、「公衆とコミュニケートする〔行政機関の〕正統な利益」が認められた。

(74) *See* B-302504, Mar. 10, 2004, at 7.

(75) B-301022, Mar. 10, 2004.

(76) *See* Morse, *supra* note 16, at 858.

(77) ハーバーマス・前掲注(14)285頁。

第3は、GAOの権限が限定的であるがゆえに、統制が実効的なものにならない、ということである。連邦政府の広告活動について調査した議会調査局（Congressional Research Service：CRS）の報告書は、端的に、「行政機関の広告活動に対するGAOの審査は、連邦議会の要請があってはじめて開始されるし、その意見は勧告的（advisory）なものにとどまる——それは法の力（force of law）を持たない」と指摘し、「政府の広告活動に対する制限がどの程度活発に実施されるかは、明らかではない」と述べている。[78] 実際、GAOは、上述のように、教育省との関係を伏せて書かれたウィリアムズのコラムや動画ニュースリリースを「隠れたプロパガンダ」であると認定したが、教育省の会計検査[79]および司法省の法律顧問局[80]は、これとは真っ向から対立する見解を提示している。

(2) スポンサー開示法にもとづく統制と、その限界

① 統　制

政府によるステルス的言論については、いわゆる「スポンサー開示法」にもとづくメディア規制を通じても、間接的に統制され得る。ここで「間接的」というのは、かかる手法は、直接的に政府を統制するのではなく、主にFCCを通じて——政府の要求に従い、政府が「スポンサー」であることを隠す——メディアを統制しようとするものだからである。

スポンサー開示法の中核は、通信法（Communications Act）の317条（47 U.S.C. §317）である。

○78 *See* Kosar, *supra* note 45, at 6.

○79 Office of Inspector Ge., U.S. Dep't of Educ., Control No. ED-OIG/A19-F0007, Final Report: Review of Formation Issues Regarding the Department of Education's Fiscal Year 2003 Contract with Ketchum, Inc. for Medial Relations Services 1, 18 (2005).

○80 Memorandum from Steven G. Bradbury, Principal Deputy Assistant Attorney Gen., U.S. Dep't of Justice, Office of Legal Counsel To the Office if Mgmt. and Budget (Mar. 1, 2005).

317条のサブセクション(a)(1)は、放送免許保有者(licensee)は、ある「事項」を放送するにあたり、「ある者」によって、「金銭、サービス、その他金銭的な価値ある配慮(valuable consideration)」が、「直接または間接に」与えられ、または約束された場合には、その放送時に、当該放送が「その者によって支払われ、または供与された」ものであることを告知しなければならない、と規定している。[81] 同規定を受けて策定された連邦規則(47 CFR §73. 1212)も、次のように規定する。

(a)放送局が、金銭、サービス、その他金銭的な価値ある配慮が、直接または間接に支払われ、もしくは〔支払うことが〕約束された事項を放送するとき、または、金銭、サービス、その他金銭的な価値ある配慮が、当該放送局によって請求(charged)され、もしくは受領された事項を放送するときは、当該放送局は、その放送時に以下のことを告知しなければならない。

(1)当該事項が、全体またはその一部において、スポンサードされ、支払われ、または提供されたものであること。かつ、

(2)その配慮が、誰によって、または誰の利益のために提供されたのか。「サービス、その他の金銭的な価値ある配慮」は、ある放送における使用、またはある放送と関連した使用について、請求なしで、または〔単なる〕名目的請求によって提供されたサービスまたは財産を含まないが、人、製品、サービス、商標またはブランド名のアイデンティフィケーションが、放送における当該サービスまたは財産の使用と合理的に関連するアイデ

○81 通信法508条(47 U.S.C. §508)は、放送局の被用者は、金銭等を受け取ったことについて、スポンサーは、金銭等を支払ったことについて、放送局に伝えなければならないとし、これを怠った者に1万ドルを超えない罰金もしくは1年を超えない拘禁(imprison)を科している。

ンティフィケーションを超えてなされることを狙って、上記配慮が提供された場合は、その限りではない。

(i)本条において、「スポンサードされる（sponsored）」という文言は、「支払われる（paid for）」と同義である。

(ii)テレビにおける公職候補者に関する政治広告の場合、スポンサーは、画面縦の4%またはそれ以上の文字で、4秒を下回らない放送時間をもって明らかにされなければならない。

このスポンサー開示法は、1927年ラジオ法において導入され（同法19条）、そのままのかたちで1934年通信法に引き継がれたもので、その歴史は比較的古いが、[82] その存在が社会的に注目されるようになったのは、20世紀半ば、とりわけ1950年代後半以降のことであるとされる。というのも、この時期までのラジオ放送においては、スポンサーは番組を事実上「所有」しており、自らの存在を番組の中に隠すというより、耳障りなほど「高らかに宣言していた」[83] からである（〝マックスウェル・ハウス・アワー〟、〝ゼネラルモーターズ・ファミリー・パーティー〟、〝パルモリーブ・アワー〟のように、スポンサー名の付された番組も多かった）。要するに、第2次大戦以前、聴取者にとって、番組内容（あるいは番組の中で言及される製品、ブランド、サービス）とスポンサーとの関係は明らかであった。ところが、第2次大戦中から、広告の手法が、番組全体のスポンサーシップから、番組の小休止の間に挟むスポット広告のような、より安価なものへと移行し、広告と番組内容との関係が曖昧になってきたため、スポンサー開示の必要性が徐々に認識されるようになる。[84] そし

○82 さらには、新聞社および雑誌の出版社に対し、第二種郵便の特権を受ける条件として、支払われた広告をアイデンティファイする「reading notices」を提示することを求める1912年郵便法に遡ることができる。See Goodman, *supra* note 47, at 98.

○83 *Id.* at 98; *see also* Jennifer Fujawa, "The FCC's Sponsorship Identification Rules," *Federal Communications Law Journal*, Vol. 64, No. 3 (2012), pp. 556-557.

○84 Goodman, *supra* note 47, at 99. ハッチンス委員会も、メディアが広告と編集内容とを明確に区別することを勧告している。The Commission on Freedom of the Press, *A Free and Responsible Press* (University of Chicago Press, 1947), p. 65. なお、日本の放送法12条（旧51

条の2）も参照。

て、1950年代後半には、ラジオ局のディスクジョッキーが、レコード会社から秘密裡に賄賂（payola）を受け取り、特定のレコードをかけていたこと、テレビのクイズ番組"21"のプロデューサーが、スポンサーの要求に応じて八百長を行なっていたことなどが大々的に暴露され、[85] これまで「慎ましやかに」存在していた[86]スポンサー開示法に注目が集まるようになったのである。

連邦議会も、このような醜聞の発生を受けて、1960年に、スポンサー開示法の修正に着手するのであるが、その中で最も重要なのが、サブセクション(a)(2)の挿入である。サブセクション(a)(1)は、実は、請求なしで、または名目的な請求のみで——要するに無料で——提供されたサービスまたは財産については、告知を要しないとしていたのであるが、サブセクション(a)(2)は、放送免許保有者が、**政治的または論争的な事項**（「政治的プログラムまたは、論争的イシューについての討論を含むあらゆるプログラム（political program or any program involving the discussion of any controversial issue)」）を放送するときには、たとえ金銭的な配慮がなされなかったとしても、FCCは当該免許保有者に対して「適当な告知」を要求できる、と規定したのである（47 U.S.C. §317(a)(2). 以下、便宜上、「政治プログラム条項」という）。同項の挿入は、連邦議会が、隠れた党派的キャンペーンや、政府によるステルス的言論を強く警戒した結果であると言えよう。連邦規則（47 C.F.R. §73. 1212）は、かかる政治プログラム条項について、さらに以下のような規定を設けている。

(d)映像、記録、録音、人材、脚本その他の素材またはサービスが、直接または間接に、放送のための誘引（inducement）として放送局に提供されたあらゆる政治的放送事項または、

[85] *See* Goodman, *supra* note 47, at 99; Fujawa, *supra* note 83, at 556-557.

[86] Loveday v. FCC, 707 F.2d 1443, 1450 (D.C. Cir. 1983).

公的重要性をもった論争的イシューに関する議論を含むあらゆる放送事項については、告知は、その素材またはサービスが用いられた放送の冒頭部分と結論部分の双方においてなされなければならない。……ただし、5秒以下の放送の場合、告知は冒頭部分か結論部分のどちらかでなされれば足りる。

以上のようなスポンサー開示法は、放送局に対し、「スポンサー」としての政府の役割を開示させることによって、政府によるステルス的言論を統制し得る（政治プログラム条項によれば、政府が無料で動画ニュースリリースなどの便宜を与えた場合にも、そこでの政府の役割は開示されることになる）。

②限　界

しかし、以下の理由から、その実効性には疑問が持たれている。

ひとつは、スポンサー開示法の射程およびFCCの規制権限の限定性である。スポンサー開示法は、あくまでもテレビ・ラジオ・ケーブル放送を対象にしたものであり、政府によるステルス的言論のフィールドになり得る新聞、雑誌、映画、ブログ、ツイッター（現X）、テレビゲーム等を対象にしたものではない。よって、これらのメディアを用いた政府のステルス的言論を統制することはできない[87]。

もうひとつは、スポンサー開示法の執行に関するFCCおよび裁判所の消極的な姿勢である[88]。

[87] オンライン・ソーシャル・メディアにおけるステルス・マーケティングについては、「連邦取引委員会(Federal Trade Commission：FTC)」が規制権限を有している。*See* Guides Concerning Use of Endorsements and Testimonials in Advertising, 16 C.F.R. § 255. 1-5 (2010). ステルス・マーケティングに対するFTCの権限については、Fujawa, *supra* note 83, at 560-561; Goodman, *supra* note 47, at 109. ただしFTCは、商業に影響を与え、実質的損害に繋がるような不公正または欺瞞的な行為・実践が認められる場合に限り、広告についての規制権限を有するとされるため（*See* 15 U.S.C. § 45）、商業との直接的な関連性を持たない政府の言論や政治的プロパガンダを有効に統制できない。Lanham法43条(a)項や同様の州法も、その適用

この背景には、スポンサー開示法が、自らの存在を隠して――メディアの「信用性（credibility）」[89]を利用して――メッセージを喧伝しようとする政府ではなく、利用されるメディアの側を統制するものであることにかかわる問題と、スポンサー開示法という「法律」の厳格な執行によって、メディアの放送の自由、とりわけ番組編集の自由という「憲法」上の自由の行使に萎縮効果を与[90]え得ることに対する懸念があるように思われる。こうした懸念は、コロンビア特別区連邦控訴裁判所による1983年のLoveday v. FCC事件判決[91]において顕在化した。やや古い裁判例であり、政府によるステルス的言論を直接問題にしたものでもないが、スポンサー開示法による統制の限界を示唆しているように思われるので、以下、紹介しておく。

先述した通信法317条のサブセクション(C)は、「各局の放送免許保有者は、その被用者および、放送番組または事項について免許保有者が直接取引するその他の者から、当該免許保有者が、本条の要求する告知を行なうことを可能にする情報を得るために合理的な注意（reasonable diligence）を払わなければならない」と規定している。つまり、放送免許保有者は、法の要求する「告知」を行なうべく、誰がスポンサーなのかを知るための「合理的な注意」を払わなければならないというのである。ただ、ここで免許保有者が払うべき、「合理的な注意」とは、一体どの程度のものなのかが問題となる。この点が争われたのが、Loveday事件であった。

本件でまず問題となったのは、分煙制の導入を試みるカリフォルニア州のイニシアチブ（州民投票）に反対する政治広告の「真のスポンサー（true sponsor）」は誰か、であった。州の各放送局は、これを、「過剰規制に反対する州民の会（Californians Against Regulatory Excess：RE）」である

について、虚偽(false)で欺瞞的な広告であること、消費者に実質的な損害を与えていることの立証を求めており、政府によるステルス的言論の有効な統制手段にはなりにくい。

88 *See* Morse, *supra* note 16, at 861.

89 *See* Sponsorship Identification Rules and Embedded Advertising, *Notice of Inquiry and Notice of Proposed Rule Making*, 23 F.C.C.R. 10682, at para. 2 (2008) (hereinafter NOI/NPRM).

90 例えばモースは、政治プログラム条項の厳格な解釈（放送局は、政府からのプレス・リリースを用いるとき、常にその提供者名を開示しなければならない、など）は、「政府からの情報に依存する多くの放送局に影響を与え、有益な情報の提供に萎縮効果を与え得る」とした上、「放送局は、そのストー

とし、かかる広告に、「過剰規制に反対する州民の会、提供（Paid for by RE)」との表示を付した。ところが、前記イニシアチブを支持する本件上訴人は、ＲＥに資金提供を行なっているタバコ業界こそ、ＲＥの背後に潜む「本人（principal)」であり、「真のスポンサー」であると主張した。そこで上訴人は、ＦＣＣに対し、放送免許保有者はスポンサー開示法上の義務を果たしていないこと、また、真のスポンサーを調査するための「合理的な注意」を払っていないことなどを示す宣言的決定を求めたのであるが、ＦＣＣは、上訴人の主張を斥け、各放送局は「合理的な注意」を払っており、開示法上の義務を果たしていると結論づけた。ＦＣＣは、本件上訴人が主張するように、ＲＥがタバコ業界から資金提供を受けていることを認めたが、放送免許保有者は、タバコ業界がその政治広告に対して編集権（editorial control）を行使したとの証拠が示されていない限りは、実際に誰が編集権を行使したかについてまで調査する義務はなく、「見かけ上のスポンサー(apparent sponsor)」、すなわちＲＥを「スポンサー」として告知するので足りる、と述べたのである[92]。そして、上訴人が、免許保有者に課される「合理的な注意」とは、真のスポンサーを同定するために「あらゆる努力（every effort)」をなすことであると主張していたのに対し、同法はそこまで厳格な義務を免許保有者に課すものではない、と結論づけたのであった。

コロンビア特別区連邦控訴裁も、「免許保有者は、本件事実関係において、政治広告の実際のスポンサーを調査するところまでは要求されていない[93]」と述べ、ＦＣＣの上記結論に裁量権の逸脱濫用はないと判断した。そこで控訴裁は、通信法３１７条の立法史なども紐解いたのであるが、かかる結論を導くにあたって大きく依拠したのが、①法の要求する「注意」義務の範囲――放送

リーをいかに構成するかについての編集権を失うことになるし、政府からの情報に依拠しなくなるであろう」と指摘している。Morse, *supra* note 16, at 861.

○91 *Loveday*, 707 F.2d at 1443.

○92 *Id.* at 1449.

○93 *Id.* at 1445.

局は、サブセクション(C)の「注意」義務を果たすために何をどこまでなすべきか——の不明確性と、②萎縮効果論であった。

まず、①について控訴裁は、「放送局は〔大陪審と違って〕文書を提出させる権限や、目撃者を呼び出す権限を有していない」し、放送局が「見かけ上のスポンサー」と、広告業者と、「真のスポンサー」の全てに協力を求めることは「およそ不可能な想定」であり、仮にこうした協力まで求めるとなると、「政治的言明を発するために許されるプロセスを司法化することになる」と述べた。またこのような「協力」が想定されないならば、考えられるのは、放送局自らが調査に乗り出すことであるが、この調査義務の範囲は、放送局の規模（キー局か地方局か）等によって変わり得るのであり、やはり、その範囲を積極的に画定することができないとした。かくして、法の言う「合理的な注意」に、上訴人が主張するような積極的義務までを読み込むことは、FCCの権限濫用を許すことにもなると述べたのである。[94]

そして、②について控訴裁は、仮に上訴人が主張するように、放送局に対して厳格な調査義務——「真のスポンサー」を同定するために「あらゆる努力」をなすこと——を課すならば、その予想される帰結は、政治広告放送の回避であると説く。すなわち、「上訴人の求めるルールは、多くの政治的メッセージを窒息させる効果を持つ」というのである。[95] 控訴裁の言葉を借りると、「政治的メッセージの真の発話者を発見しようという法の試みが、問題となる言論を沈黙させ、失効させるほどに侵害的で、骨の折れるものになるのならば、その法は、自由な言論保障を少なくとも不確実なものとするような領域へと足を踏み入れることになる」。[96]

[94] *See id.* at 1457.

[95] *Id.* at 1458.

[96] *Id.* at 1459.

上訴人側から放送局に対して、タバコ業界が「真のスポンサー」である旨の情報提供がなされていた本件事実関係[97]において、はたして免許保有者に本当に調査義務がなかったかどうかは疑わしいが、本判決の示すとおり、スポンサー開示法の執行のため、放送の自由ないし番組編集の自由を有するメディアに対してあまりに過剰な負担を課すべきではなかろう（もちろん、「合理的な注意（力）」の行使のような一定程度の負担が課されるのは当然である）[98]。その意味で本判決は、コメンテーターなど、「契約」した第三者（agent）を通してメディアを利用する政府――真の「スポンサー」としての政府――の存在を燻り出すことが、同法の枠組みにおいては困難であることを示している。しかし、それ以上に本判決は、政府ではなく、憲法上の自由の担い手であるメディアを直接の規律対象とするスポンサー開示法それ自体の限界を示唆しているように思われる[99]。

4 憲法による統制

(1) 政府言論の法理

アメリカには、政府によるステルス的言論を統制する以上のような法制度が存在している。日本の状況を踏まえれば、こうした法制度が存在するという事実に、まずは注目すべきであろう。しかし、先述のとおり、議会の財政統制権限にもとづく統制にも、スポンサー開示法にもとづく統制にも、一定の限界が認められる。また、そもそも政府によるステルス的言論が、単に「法律」

97 *Id.* at 1445-1446.

98 本判決の枠組みにおいても、タバコ業界がその政治広告に対して編集権を行使したとの証拠が示されている場合は、放送免許保有者は、実際に誰が「真のスポンサー」かを積極的に調査する義務を負うことになろう。

99 無論、この限界は、スポンサー開示法が政府のステルス的言論の統制にとって無意味であることを意味しない。

に反する「違法」な行為にとどまるものなのか、疑問がないではない。政府が自らの名を伏せて行なう「言論」は、仮に「法律」が存在しなくても、あるいは存在する「法律」がどのような内容であろうとも、法的に禁止されるべきもの、すなわち「憲法」そのものに反する「違憲」な行為と解する余地もあるからである。このような憲法レベルの統制可能性を検討しておくことは、法律レベルの統制が党派的影響に晒されやすいことを踏まえれば[100]、決して無意味ではなかろう。予算を「法律」と同視せず、議会（国会）が予算に対して有する権限について種々の議論のある日本[101]、議会にGAOのような会計検査機関が存在していない日本、あるいは、メディアに対する統制につきFCCのような第三者機関を有しない日本では、とりわけ裁判所による憲法的統制の可能性を――法律による統制の可能性を超えて――検討しておく必要性はさらに高いと言える。この点で、まずは政府言論の法理を用いた統制が重要である。

詳細は「原発と言論」に譲るが、アメリカでは、政府は観点中立的に振る舞うことを憲法上要求されており、例えば政府が「観点（viewpoint）」にもとづいて特定の表現活動を助成・支援すること（政府が一方の見解に肩入れすること）は憲法上禁止されると考えられている。しかし、このような政府の助成的行為が、政府自身の言論、すなわち「政府言論（government speech）」にあたるとみなされれば、政府に一般に課される「観点中立（viewpoint neutrality）」要請が免除されることになる。これが、アメリカの判例法理の言う「政府言論の法理」である[102]。その背景には、「民主主義の正規的回路の運行」にとって、政府自身が積極的に「語る」こと、すなわち、「政府が自らの政策理念に立った実績と提案を示して国民に支持を訴え」ることが不可欠である、とい

[100] Morse, *supra* note 16, at 858.

[101] 例えば、野中俊彦＝中村睦男＝高橋和之＝高見勝利『憲法Ⅱ〔第5版〕』（有斐閣・2012年）349～354頁参照〔中村執筆〕。

[102] 蟻川恒正「政府と言論」ジュリスト1244号（2003年）、横大道聡「言論市場における『発言者』としての政府」法学政治学論究72号（2007年）、金澤誠「政府の言論と人権理論（1）」北大法学論集60巻5号（2010年）等参照。

う考えがある。[103] 統治の正統性の源泉が被治者の「同意」にあるとすれば、政府は、この「同意」を得るために、自らの立場や政策、業績等を国民に「説明」する必要がある、ということである（国民も、こうした「説明」があってはじめて、政府の立場について考え、評価する機会を持つことができ、選挙等の際にそれに心から同意したり、逆に誠実にこれを拒否することができる）。かくして、「政府言論」は、自己統治ないし民主主義の前提となる治者と被治者との相互交流ないしコミュニケーションの手段として正当化されるのである。

以上のように見ると、政府による原発推進のための広報活動も、「政府言論」として、すなわち自己統治の実現のために政府が果たすべき説明責任の一環として憲法上許容される（どころか積極的に肯定される）余地もある。

しかし、当然ではあるが、こうした政府の言論活動は、政府が自らの政策の妥当性を国民に対して理を尽くして「説明」し、国民の（合理的基礎を持った）「同意」を得ようとするからこそ、認められるものである（そうでなければ、説明責任を果たしたことにはならない）。したがって、「説明」ではなく、単に国民を「誘導」するだけの行為は、「政府言論」たる資格を有しないことになる。この点で、政府が自らの名を伏せて——メディアやジャーナリストの信頼性を借りて——大量の情報を国民に向けて発信する行為は、説明責任を果たすための「政府言論」では断じてなく、単に思想の自由市場を歪め、自らの好む「観点」を、不誠実なかたちで市場に流布させる偏向的で恣意的な行為であると言える。国民の側から見ても、その「観点」を、政府によって不公正に肩入れされたものであるにもかかわらず、思想の自由市場において是認された「真理」であると錯

(103) 蟻川・前掲注(102)93頁。

覚し、この「真理」と偶然合致した（かのように見える）政府の政策を――適切な批判機会を持つことなく――承認してしまうことになろう。

そうなると、結局、Johanns v. Livestock Marketing Association事件判決[104]の反対意見でスーター（David H. Souter）裁判官が述べているように、「政府のものとして表面上認められない表現、すなわち、政府自身が発話者であると公的に認められることを要求されていない表現は、……政府言論を構成しない」[105]と言うべきであろう。後のPleasant Grove City v. Summum事件判決[106]では、合理的観察者から見て、その表現ないしメッセージが政府によって発せられたものと理解されるかどうかによって「政府言論」該当性を判断する「合理的観察者基準（reasonable observer standard）」が用いられたが[107]、これも、政府が「出所（source）」であることが伏せられた、あるいはその点が曖昧にされた――観点にもとづく――「言論」を憲法上の観点中立要請から免除しないとする態度を示したものと言える。以上のような判例の考えに照らしても、合理的観察者から政府のものであると認識されないステルス的言論は、憲法上の観点中立要請に反し、違憲ということになろう。

グッドマン（Ellen P. Goodman）は、この点についてさらに詳細な理論的検討を加えている。彼女は、ステルス的言論を、ハーバーマスの言う「コミュニケーション行為」ではなく、「戦略的行為」に分類されるもので、憲法上の保護を受ける言論ではない、というのである。周知のように、ハーバーマスは、公的討論にとって重要なのは、批判可能な妥当要求（真理性、規範的正当性、誠実性）を掲げて行なう了解志向的な社会的行為、すなわち「コミュニケーション行為」[108]で

○104 544 U.S. 550 (2005).

○105 *Johanns*, 544 U.S. at 580 (Souter, J., dissenting).

○106 555 U.S. 460 (2009).

○107 "Recent Cases," *supra* note 12, at 1872-1873. 横大道聡「モニュメント建立と政府言論」ジュリスト1403号（2010年）166頁も、Summum判決は「実質的に『合理的観察者テスト』を採用したものとして捉えることが可能である」と指摘する。

○108 ハーバーマス・前掲注(17)21～22頁参照。

あるという（そのポイントは、「自分の妥当要求を掲げて発言した上で、他人の批判に耳を傾ける姿勢をとっているところにある」）[109]。そして、ハーバーマスの議論においてこれと鋭く対置されるのは、相手の意思決定に対して影響力を行使し、自己目的を貫徹しようとする成果志向的な社会的行為、すなわち「戦略的行為」であった。ただ、ハーバーマスによれば、「言語に媒介された戦略的行為」、あるいは「戦略的であることが隠されている〔発語媒介〕行為」も存在している（「当事者の少なくとも1人が、発語内的目標をともかくも達成するのに普通必要な前提を満たしていないのに、満たしているかのように、他の当事者を欺いて戦略的にふるまう……相互行為」とも説明される）[110]。グッドマンは、政府によるステルス的言論を含む「開示されないスポンサーシップ（undisclosed sponsorship）」を、「説得ではなく、認知的操作（cognitive manipulation）を通して聴衆の行為に影響を与えることを狙い」としたもので、「本質的に、コミュニケーション行為として擬装された戦略的行為である」とし、憲法上保護されない政府の「言論（行為）」と見たのである[111]。確かに、ステルス的言論は、その出所について誤った印象を与えることで、宣伝的なメッセージに対する市民の批判をバイパスしようとするものであり、グッドマンの指摘のように「戦略的行為」に属するものと解することができるように思われる[112]。

このように、政府がステルス的手法によって特定の「観点」を喧伝することは、「説明」や「説得」をもって人々を合理的に動機づける――了解志向的な――「政府言論」に該当せず、憲法上の観点中立要請に反する違憲の行為であると言えよう。しかしながら、このような政府言論の法理ないし観点中立要請からの憲法的統制にもまた一定の限界がある。かかるアプローチは、憲法の客

○109 中岡成文『ハーバーマス』（講談社・2003年）154頁。

○110 ハーバーマス・注(17)32～33頁参照。

○111 Goodman, *supra* note 47, at 116.

○112 *See id.* at 109.

観法的統制であり、具体的事件性が存在しないと（特定個人に対する具体的な権利利益の侵害がないなど）、裁判所が違憲審査権を行使できない、いわゆる付随的違憲審査制の下では、裁判所による統制を受ける機会を厳しく制限されることになるからである（もっとも、地方自治体によるステルス的言論の場合は、地方自治法が規定する住民訴訟において、司法的統制を受け得る）。そうなると、政府によるステルス的言論を、憲法上の権利の侵害として構成しておく必要は小さくないように思われる。

（2）「知る自由」の侵害

この点で、まず「知る自由」の侵害とみる構成が考えられる。というのも、自らの存在を隠してメディアに語らせるという政府の行為は、メディアから市民へと繋がる情報流通過程を歪めることで、市民の「知る自由」ないし「歪められていない言説を受領する権利（right to receive undistorted discourse）」[113]を侵害するものとして捕捉され得るからである。

アメリカでは、合衆国憲法修正1条が、「公的イシューをめぐる議論は、制約されない、闊達で、開かれたものであるべきという深い国家的コミットメント」[114]を表明しているとされ、「社会的、政治的、美学的、道徳的な思想および経験等に対する適切なアクセスを得ることは市民の権利である」[115]と考えられている。つまり、修正1条の保護は、「コミュニケーションに対して、すなわち、その出所とその受領者の双方に対して与えられている」（傍点山本）[116]のであり、憲法上、「情報お

○113 Note, "Over-breadth and Listener's Rights," *Harvard Law Review*, Vol. 123, No. 7 (2010), p. 1762.
○114 New York Times Co. v. Sullivan, 376 U.S. 254, 270 (1964).
○115 Red Lion Broad. Co. v. FCC, 395 U.S. 367, 390 (1969).
○116 Va. State Bd. of Pharmacy v. Va Citizens Consumer Council, Inc., 425 U.S. 748, 756 (1976).

よび思想を受領する〔市民の〕権利[117]」が保障されていると解されているのである。実際、詳細な検討を要するものの、[118] 連邦最高裁判所も、例えば連邦選挙委員会（Federal Election Commission：FEC）が、特定の政治団体に対して、連邦選挙運動法の定める情報（メンバーシップや支出等に関する情報）の開示を要求しなかったことについて、「情報を獲得できないという無能力（inability to obtain information）」を理由に、投票者の原告適格（standing）を認め、[119] また、「住宅供給に関する正しい（truthful）情報を受ける権利」が侵害されたとの主張を、原告適格を肯定するための十分な根拠として認め、[120] さらに、広告規制に異議を唱える消費者団体に対して、当該規制が情報を受け取る能力を妨げるとの主張にもとづいて、原告適格を認めている[121]（これらは「情報侵害（informational injuries）」に関する事案として分類されることがある[122]）。

ハーバード・ロー・レビューのノート[123]（以下、「ノート」という）によれば、こうした判例は、政府によって単に情報流通過程が遮断・阻害されたというよりも、かかる過程が歪められたことを問題視し、この歪みが、「歪められていない言説を受領する権利」の侵害をもたらす可能性を示唆したという。ノートは、情報流通過程の歪みによって、市民が面前のイシューに両論が存在していることを正しく認知し、自らその妥当性について判断することが困難となり、一方の見解へと誘導されることになる点をとくに懸念しているのである[124]。

日本の判例に目を転じても、例えば、拘置所長が、未決拘禁者の購読していた新聞の一部を墨で塗りつぶして配布した事件（よど号ハイジャック記事抹消事件[125]）で、最高裁は、「およそ各人が、自由に、さまざまな意見、知識、情報に接し、これを摂取する機会をもつことは、その者が個人

[117] Stanley v. Georgia, 394 U.S. 557, 564 (1969).
[118] *See, e.g.*, Bradford C. Mank, "Informational Standing After Summers," *Boston College Environmental Affairs Law Review*, Vol. 39, No. 1 (2012).
[119] FEC v. Akins, 524 U.S. 11, 21 (1998).
[120] Havens Realty Corp. v. Coleman, 455 U.S. 363, 374 (1982).
[121] Virginia Pharmacy Board v. Virginia Consumer Council, 425 U.S. 748, 765-757 (1976).
[122] Mank, *supra* note 118, at 4.
[123] Note, *supra* note 113, at 1749.
[124] *Id.* at 1763.
[125] 最大判昭和58年6月22日民集37巻5号793頁。

として自己の思想及び人格を形成・発展させ、社会生活の中でこれを反映させていく上において欠くことのできないものであり、また、民主主義社会における思想及び情報の自由な伝達、交流の確保という基本的原理を真に実効あるものたらしめるためにも、必要なところである」と述べた上で、「これらの意見、知識、情報の伝達の媒体である新聞紙、図書等の閲読の自由が憲法上保障されるべきことは、思想及び良心の自由の不可侵を定める憲法19条の規定や、表現の自由を保障した憲法21条の規定の趣旨、目的から、いわばその派生原理として当然に導かれるところであ〔る〕」と述べている。

この判決は、「防御権としての『知る自由』が〔憲法〕21条の保護範囲に含まれることを明らかにしたもの」として知られる。[126] つまり、政府がメディア（新聞社）から市民（未決拘禁者）へと伝わる情報流通過程に介入し、市民による情報の受領を妨げることを、市民の「知る自由」を侵害する行為として把握したものとされるのである。ただ、政府による記事の墨塗りは、単純な情報の遮断では、ない。墨で塗りつぶされていない情報については、流されているからである。そうなると、より正確には、情報の受領自体が〈妨げられた〉というよりも、瑕疵ある情報を〈受け取らされた〉ことが、「知る自由」の侵害として構成されていることになる。本件の未決拘禁者は、よど号ハイジャック事件が起きていない仮構的世界を知らされているのである。すなわち、ここでの「知る自由」は、前記ノートの指摘するように、「歪められていない言説を受領する権利」を含むようにも思われるのである。

また、選挙時の政見放送を、候補者届出政党に限定する公職選挙法の規定が問題にされた事

[126] 宍戸常寿＝曽我部真裕（編）『判例プラクティス憲法〔第3版〕』（信山社・2022年）36頁〔宍戸執筆〕。

[127]案で、泉徳治裁判官反対意見は、「候補者が行うことができる選挙運動の方法及び量について、候補者間に差別を設けることは、選挙人が、候補者に関する情報を自由かつ均等に取得し、選挙権を適切に行使することを妨げるものであり、選挙人の憲法21条1項で保障された知る権利、憲法15条1項及び3項で保障された選挙権を阻害」するから、「厳格に審査する必要がある」と述べている。同様に、田原睦夫裁判官反対意見も、「選挙人が適正にその選挙権を行使するには、各候補者の信条、政見、政策、識見に関する情報が、適正にして必要かつ十分に開示され、伝達される機会が保障されることが不可欠である」と述べている（傍点は全て山本）。これらは、政見放送規制の問題を、政見放送が一律に禁止され、情報の流通が遮断される点にではなく、候補者届出政党に関連する情報のみが流される点（情報が偏って流れる点）に見出しているように思われる（泉反対意見の「均等」、田原反対意見の「適正」という言葉に注目されたい）。すなわち、政見放送に関する政府の調整ないし操作によって選挙人が受け取る情報が「歪む」ことが、「知る自由」ないし「知る権利」の侵害と捉えられているように思われるのである。

　このように見ると、日本でも、「知る自由」の侵害を、政府の作為によって、情報が知らされなくなることだけでなく、歪曲された情報を知らされることを含むものと解する余地はある。こう解すれば、政府がメディアから市民へと繋がる情報流通過程に介入し、その真の書き手を隠蔽した（瑕疵ある）情報を国民に聞かせることは、「歪められていない言説を受け取る」という市民の「知る自由」を侵害するものと考えることができる。

127　最大判平成19年6月13日民集61巻4号1617頁。

128　David A. Strauss, "Persuasion, Autonomy, and Freedom of Expression," *Columbia Law Review*, Vol. 91, No. 2 (1991), p. 354.

129　*Id.*

130　*Id.* at 354-355.

131　高橋和之『立憲主義と日本国憲法〔第5版〕』（有斐閣・2020年）194頁。

132　佐藤幸治『日本国憲法論〔第2版〕』（成文堂・2020年）248～249頁。

133　芦部は、19条による保障について、「第一に、国民がいかなる国家観、世界観、人生観をもとうとも、それが内心の

(3)「思想・良心の自由」の侵害

政府による操作的言論、とりわけステルス的言論は、憲法の保障する思想・良心の自由を侵害するものとも考えられる。例えばストラウス(David A. Strauss)は、「事実の虚偽言明(false statement of fact)」を、操作的な目的を持つものと、そうでないものとに分類し、前者を、「思考プロセスに対する自己のコントロールを妨げる」ものと位置づけている。[128] ストラウスによれば、このような操作的な虚偽言明は、受け手自らが思考して望むものではなく、行為者(送り手)が望むものを受け手に〈させている〉という点で、「強制(coercion)」と同様、「支配」の一形式と言えるが、「犠牲者が、自ら支配され、操作されていることに気づいてさえいない」(傍点山本)という点で、「強制」とは異なる特徴を有しているとされる。[129]「あからさまな強制の場合、犠牲者の精神は自由である」のに対して、虚偽言明の犠牲者は、こうした自由自体を否定されているからである。すなわち、当の犠牲者は、自らの意思で自由に決定しているように感じているが、実際には、行為者の目的を追求するように誘導されている、というのである。ストラウスは、虚偽言明の有するこのような特徴から、それは、受け手の「思考プロセス(thinking processes)」ないし「内心プロセス(mental processes)」を支配し、身体的奴隷とは異なる「精神的奴隷(mental slavery)」をつくり出すもので、あからさまな強制よりも「酷い」ものであると主張している。[130]

こうしたストラウスの議論は、政府の操作的言論、とりわけステルス的言論を——言論の出所に対する人々の認識を誤らせ、かかる内容についての「思考プロセス」を歪めるという点で思想・

領域にとどまる限りは絶対的に自由であり、国家権力は、内心の思想に基づいて不利益を課したり、あるいは、特定の思想を抱くことを禁止することができない、ということである」、と説明する。ここでは、既にでき上がった、具体的な思想の存在を前提としており、それらが形成されるプロセスないし過程には言及されていない。また、「第二に、国民がいかなる思想を抱いているかについて、国家権力が露顕(disclosure)を強制することは許されないこと、すなわち、思想についての沈黙の自由が保障されること」と説明するが、ここでも、特定の思想が自覚的に抱かれていることが前提となっている。芦部信喜(高橋和之補訂)『憲法〔第7版〕』(岩波書店・2019年)155頁。

○134 佐藤は、思想・良心の自由は「その動態的な形成過程に対する配慮良心の自由に対する「侵害」と捉える方向性を示唆しているように思われる。先に検討したように（3(2)）、日本の「知る自由」も、ある情報を聞かされないという事態だけでなく、操作された情報を聞かされることによって、個人の思想形成プロセスが侵害されるという事態をも射程に含んでいたように思われる。

実際、よど号ハイジャック記事抹消事件判決は、「知る自由」が、表現の自由を保障した憲法21条のみならず、「思想及び良心の自由の不可侵を定めた憲法19条」からも「その派生原理として……導かれる」と述べていた。この点を重視すると、日本においても、ストラウスの見解と同様、政府による操作的な言論（とりわけステルス的言論）を思想・良心の自由の侵害と解する余地はあるように思われる。政府による「内心の操作」ないし思想・良心の自由な形成の阻害を「思想・良心の自由の侵害となりうる」とする高橋和之の見解[131]、憲法19条の思想・良心の自由に「特定の『思想・良心』を組織的に宣伝・教化されない自由」を包含する佐藤幸治の見解[132]も、このような方向を志向するものと（少なくとも否定してはいないものと）考えられる。

おそらく、検討の要点は、憲法19条のアイデンティティにある。私たちは、19条による保障の核心を、例えば芦部信喜のように、特定の思想・良心（を持つこと）の保護にあると考えるのか（実体保障説）[133]、それとも、例えば佐藤のように、思想・良心の自律的な形成プロセスの保護にあると考えるのか[134]（プロセス保障説）、真剣に考える時期に来ているように思われるのである[135]。筆者は、前者のように考えた場合、信条にもとづく差別を禁止する14条や、センシティブ情報の同意なき開示等を禁止する13条との関係が曖昧となり、19条に固有の意味を観念し得ないと解される

を必要としている」と述べた上で、「公権力が、人の特定の『思想・良心』の形成を意図して、①人の内心を強制的に告白させもしくは推知するとき、②特定の『思想・良心』を組織的に宣伝・教化するとき、あるいは、③外部的行為を強制ないし規制するとき、『思想及び良心の自由』は重大な危機にさらされ、まさに人格的自律権の基盤が掘り崩されることになる」と述べている。ここで中心となっているのは「プロセス」である。佐藤・前掲注(132)244〜245頁。

135　この整理は、西原博史『良心の自由〔増補版〕』（成文堂・2000年）、同『良心の自由と子どもたち』（岩波書店・2006年）から多くの示唆を得た。19条のアイデンティティについては、西原の議論の再読を通じて、改めて検討したいと考えている。

136　この点、例えば君

ため、思想・良心の自律的な形成過程（動態的なプロセス）自体の保障に重点を置く後者に優位性を見出している。[136]

以上、本章は、未だ試論の枠を出ないものの、政府によるステルス的言論を（憲法の）客観法違反としてだけでなく、主観法違反（権利侵害）として構成する方向を検討した。それは、政府のステルス的言論が、被治者の合理的な同意を前提とする民主主義ないし自己統治に重大な否定的影響を与えるだけでなく、個人の思考プロセスないし認知（内心）領域に侵入し、その自律的な意思決定を妨げる（操作的に誘導する）といった侵害的要素を含むことに加えて、付随的審査制の下で、このような「柔らか」ではあるが——否、それゆえにこそ——警戒すべき権力の行使を、政治的・党派的影響から（少なくとも建前上は）独立した司法的フォーラムへと上げ、着実に憲法的統制に晒す必要があると考えたからである。無論、このような権利侵害構成（主観法的アプローチ）に対しては、原告適格をどうするのか（国民全員が適格を有することになるのか）、国家賠償請求訴訟が提起された場合、損害額の算定をどうするのかといった批判も提起され得るが、これらは、権利論ではなく、司法政策的な議論の中で検討されるべき課題であると言える。[137]

5　結語に代えて

政府や電力会社による組織的な原発推進広報活動を批判する議論が、3・11後に登場してくる

が代・日の丸訴訟の原告らが、19条の権利をどの程度侵害されているのかは、改めて問われなければならない問題である、原告らは、はたして「精神の奴隷」となっているのか。思想の自律的な形成プロセス自体は確保されているとすれば（起立斉唱を強制されればされるほど、自らの思想を強くする、という逆説）、問題となるのは、やはり子どもたちの思想・良心の自由なのではないか。問題の所在について、蟻川恒正「思想の自由」樋口陽一（編）『講座憲法学第3巻　権利の保障』（日本評論社・1994年）参照。なお、「踏み絵」が真の意味で「思想弾圧」になり得たのかについては、遠藤周作『沈黙〔改版〕』（新潮社・1981年）を参照されたい。殉教を認めることと、思想・良心の形成プロセスに秘密裡に侵入して、殉教すら認めないこととの違い（人間の尊

のは当然である。原発推進的言説は、その説得力からすると不自然なほど言論市場において影響力を有していたし、原発批判的言説は、その説得力からすると不自然なほど言論市場において影響力を有していなかった。こうした不均衡を生んだ先述の「広報活動」は、全く批判さるべき対象である。しかし、このような当たり前の批判が、当たり前に通用するほど、日本の権力構造も柔(やわ)ではない[138]。政府としては、心理学・社会心理学の広告的応用の手法が発展している現在的状況の中で[139]、こうした手法を使わない手はないとも言える。そうなると、3・11を、あるいは〝フクシマ〟を教訓として真に受け止めるためには、このような批判を法的レベルにまで高める必要がある。本章は、前章「原発と言論」に引き続き、かかる問題関心から、アメリカにおける政府のステルス的言論に対する法的規制の枠組みを概観し、さらに、客観法的にも主観法的にもこれを「違憲」と評価する可能性について検討を加えた。本章の試論によれば、政府は憲法上、誠実な発話主体になることが要請されていると解すべきである。

このように、本章は政府の操作的・ステルス的な広報活動を主たる検討対象としたが、実のところ、それだけでは〝フクシマ〟を真の教訓にしたことにはならない。それは、電力会社の操作的・ステルス的言論によって引き起こされたとも言えるからである。かくして、〈原発と言論〉という議論領域は、政府が、会社による操作的・ステルス的言論（いわゆるステルス・マーケティング）を憲法上規制できるか[140]、という問題へと拡張される。会社自体が表現の自由の享有主体であるだけに、そこには、政府による操作的・ステルス的言論の統制とは異なる問題が提起され得るが、この検討については、また他日を期すことにしたい。

厳に対する侵害の質や程度）を精密に検討すべきである。

○137 *See* Note, *supra* note 113, at 1766-1768.

○138 3・11以降も、同様の「広報活動」が行なわれることが推測される事実として、九州電力「やらせメール」事件がある。朝日新聞2011年10月1日朝刊38面等参照。

○139 仁科ほか・前掲注(48)51頁以下参照。

○140 アメリカでは、会社によるステルス・マーケティングに対する現状の法的規制の限界を指摘し（例えば前注(87)参照）、これに対する新たな規制を求める見解も有力に主張されている。例えば、グッドマンは、ステルス・マーケティングは、「公的討論の質と、この討論を支持・形成するメディア制度のインテグリティを汚す」という点で「損害(harms)」をもたらすとした上で、「スポンサー

〔追記〕 前章および本章は、「3・11」のショックも冷めやらぬ2012年、2014年に執筆したもので、本書に所収した他の論文よりも執筆時期が古い上、本書全体のテーマであるデジタル化やAIと直接の関係を持つものでもない。しかし、政府による「ステルス的言論」（プロパガンダ）、あるいは「認知的操作（cognitive manipulation）」を狙ったサブリミナル的な「言論」は、現在のデジタル化した言論環境において改めて主題化しなければならない問題である。このような問題意識から、あえて本書に収録した。「情報戦」や「認知戦」が常態化する中で、こうした「言論」を繰り出す技術は否が応でも洗練されていくだろうし、今後は生成AIのアラインメント（調律）への関与というかたちで「思想」をステルス的に拡散させていくことも可能となるだろう。AIやデジタル技術を巧妙に利用した政府の違憲な「言論」を定義し、これを統制する憲法論——本書は思想・良心の自由（憲法19条）にその可能性を見出した——を磨き上げておく必要は、これまで以上に高まっているように思われる。

シップの〔法的〕開示要求は、マーケティング活動について聴衆に知らせることに関する市場の失敗を矯正することで、この損害を和らげる」ことができ、「討論を促進し、有意義な消費者の情報を生み出す」という点で、「修正1条と、自由市場絶対主義にもとづく2つの有力な批判を無効化する」と指摘している。彼女によれば、「実際に、この開示要求は、言論に過剰な負担を課すことなく、闊達な議論という修正1条の価値を前進させ、過度なコストを払うことなく、消費者に情報を与えるという市場の目標を促進する」とされる。Goodman, *supra* note 47, at 86. さらに、NOI/NPRM, *supra* note 89. 法的な規制に反対するものとして、Zahr Said, "Embedded Advertising and the Venture Consumer," *NorthCarolina Law Review*, Vol. 89, No. 1 (2010).

第Ⅳ部　プラットフォーム権力とたじろぐ国家

ＧＡＦＡＭに代表されるプラットフォーマーは、いやま主権国家を超える力を持ち始め、地政学的にも重要な影響を与えてきている。プラットフォームの「地政学的転回（geopolitical turn）」と呼ばれる現象である。

この傾向は、ロシアのウクライナ侵攻でさらに強まった（プラットフォーマーの動向が戦況に重要な影響を与えた）。海底ケーブルを含め、情報通信インフラを押さえつつあるプラットフォーマーは、主権国家――リヴァイアサン――の生殺与奪権をも握りつつある。実際、国家は、情報通信に関連する立法を行なう際に、プラットフォーマーの前に跪かなければならない状況さえ生じている（「リヴァイアサンの屈辱」）。ＥＵが何とかプラットフォーマーと渡り合えているのは、それがリヴァイアサンの連合体（リヴァイアサン「ズ」）だからである。

Ｗｅｂ３・０の広がりによって、こうしたプラットフォーマーの権力は弱体化していくとも予想されたが、マイクロソフトがオープンＡＩと連携し、グーグルもＢａｒｄの開発・公開を急ぐなど、プラットフォーマーは、生成ＡＩを飲み込みつつ、さらに強大化しているようにも見える。

第Ⅳ部は、こうしたプラットフォーマーを立憲的に統制する必要性と可能性について検討している。周知のとおり、伝統的に憲法は、リヴァイアサンの権力、すなわち国家権力を統制する公法として考えられてきた。したがって、ここでは、憲法ないし立憲主義の射程それ自体がラディカルに問われることになろう。

プラットフォームと戦略的関係を結べ
——GAFAのサービスが社会基盤となるいま、日本はいかなるモデルを構築すべきなのか

※初出：2020年

1　プラットフォームとは何か

プラットフォーム（以下、「PF」という）は、新型コロナウイルスに対する人類の格闘の成否を決定づけるキープレイヤーである。SNSが偽情報や憎悪表現を含む雑多なコロナ関連情報をいかに伝播または濾過するかによって、世上の「空気」は大きく変わる。また、対策に必要なデータをふんだんに保持しているのはPFであり、それらが国家といかにデータ連携するかによって、感染対策の実効性も変わり得る。本章の目的は、PFと主権国家との関係性を探り、PFの存在を前提とした国際秩序の新たな構図を描出することにある。この試みは、現下のコロナ対策において国家とPFがいかなる関係を取り結ぶべきかについても若干の示唆を与えるだろう。

GAFA（グーグル、アップル、フェイスブック〔現メタ〕、アマゾン）のような巨大PFが、検

索エンジンやSNSの提供を通じて、いまや我々の社会経済生活の基盤となっていることは疑う余地がない。今後は、「通貨」発行や教育、保険・福祉サービスの提供といった伝統的な国家事業をも吸収しながら、その基盤的性格をますます強めていくだろう。こうした傾向を踏まえ、フェイスブックを"Facebookistan"と呼ぶレベッカ・マッキノンの議論など、巨大PFを「国家」に擬(なぞら)える見解も少なくない。マーク・ザッカーバーグが、ローマ帝国の初代皇帝アウグストゥスを敬愛して止まないという事実――ザッカーバーグの次女の名はAugustである！――も、PFの国家化、それも帝国主義化に一定の信憑性を与えている。

だが、この国家擬制説は、PFが国家を超えて存在しているという事実（フェイスブックはじつに100以上の異なる言語で提供されている）、膨大なデータ保有量やユーザー数（2022年1月時点で、フェイスブックのアクティブユーザーは世界人口の35％以上にあたる約30億人に達している）を背景に、主権国家に対抗し得る力を有し、時に国家の権力行使からユーザーの自由を保護する「私的」防波堤として機能するという事実を見過ごしている。この点を踏まえるなら、PFは、国家というより、中世封建制の時代に君主から自立しながら特定の「場」を支配し、統治していた荘園（manor）に近い。実際、PFは、中世の荘園領主と同様、国家や「ならず者」（不当に個人データを収集・販売するようなデータ・ギャング）から「領民」としてのユーザーを保護しながらその生活基盤を支える反面、ユーザーから「貢租(こうそ)」としてパーソナルデータを取り立ててその自由を制約し、自らの「場」に囲い込む両義的存在である。

PFの時代を非国家的中間団体が跋扈する中世封建制に譬(たと)える論法は、筆者のオリジナルではなく、既に2000年代後半から現れていた。最近では、米国の若き経済学者グレン・ワイルが、PF時代の特徴を、PFが魅力的なサービスでユーザーを惹き付けて囲い込み、ユーザーにデータを耕作、提供させてその利益を独り占めする「テクノロジー封建主義」と表現している。

日本では、国際政治学者の田中明彦が、90年代半ば、国際機関・多国籍企業・NGO（非政府組織）等の超国家的・間国家的組織の機能拡大を踏まえて、その時代を「新しい中世」と称したことが有名だが（なお、近年はその概念をアップデートし、「ポストモダンの『近代』」を提唱している）、現代は、巨大PFをキープレイヤーとした新しい「新しい中世」が動き始めていると言えよう。

この時代において巨大PFは、法哲学者の大屋雄裕が指摘するように、小規模の荘園ないし中間団体というより、国境を越えて権勢を振るい、信徒の生活に重要な影響を与えたカトリック教会に近いのかもしれない。なるほどPFは、教会同様、アルゴリズムという独自の法（ius canonicum）、アカウント凍結（追放）という独自の制裁方法、データ徴収という独自の課税システムを有している。かかる共通性に着目すれば、いまやグーグルやフェイスブックは、中世カトリック教会にも似た世界史的存在になっていると考えることができる。

2　国家と教会、国家とプラットフォーム

中世から近代にかけての国家－教会関係は、現代の国家－PF関係を考える上でも重要な示唆

を与える。周知のとおり、欧州における国家－教会関係はきわめて複雑なものであった。例えば、神聖ローマ帝国の序開（じょびらき）とされる８００年のカール大帝戴冠は、教皇が大帝の頭に帝冠を載せたがゆえに、教皇（教会）が皇帝（国家）に優位するのだという教会側と、戴冠後に大帝に頭を下げたのは教皇であったがゆえに、皇帝が教会に優位するのだという皇帝側との対抗を生んだ。

11世紀後半から12世紀はじめにかけては、司教任命権をめぐって教皇と皇帝が対立する。教会を追放された皇帝ハインリヒ4世がカノッサ城門で教皇に跪いて許しを請う「カノッサの屈辱」はそれを象徴する事件であった。この司祭任命権闘争は、「妥協の産物」とも言われる１１２２年のヴォルムス協約（Konkordat）によって一応の解決が図られるのだが、神聖ローマ帝国期を通じて、国家と教会は一定の緊張の中で戦略的協力関係を築いてきたと言ってよいだろう（協約（コンコルダート）モデル）。

他方、東ローマ帝国（ビザンチン）では、皇帝が教会（東方教会）の統治者ともされ、教会トップの総主教は皇帝の支配下に置かれた（政教一致モデル）。そしてフランス革命以降は、政治から宗教性を排除して強いナショナリズムを醸成するとともに、宗教的多元性や国民の信教の自由を確保するため、国家と教会を厳格に分離する政教分離（laïcité）が近代国家の基本原則とされたことは教科書が教えるとおりである（政教分離モデル）。

かような整理は、現代の国家－ＰＦ関係の検討にも一定程度転用できる。例えば中国は、政府とＰＦとのあいだに実質的な緊張がなく、政府――現在であれば皇帝としての習近平――がＢＡＴＨ（バイドゥ、アリババ、テンセント、ファーウェイ）といったＰＦを強力に管理・統制することができる。この点で、ビザンチンの政教一致モデルに近いと言えよう（政府と情報基盤の一致ということで、便宜上これを「政情一致型」という）。法律上も、「国家の安全」等のためにＰＦは国家に協力することが厳格に義務づけられ、政情のデータ連携やＰＦを通じた国家のコンテンツ管理（言論統制）が容易に実行される。コロナ対策で言えば、政情挙げてのデジタル監視が可能になる上、言論統制により政府の指示が一元的に伝播されるから、感染拡大を効率的に制御することができる。しかし、それが自由、とりわけ感染者を含む少数者の人権の犠牲の上に実行されるということは多くの説明を必要としない事実である。

欧州は、ＰＦを統治にとっての「他者」として敵視し、ＧＤＰＲ（ＥＵ一般データ保護規則）等の個人データ保護法制によって政情のデータ連携を厳格に規制する点で、先述の政教分離モデルに近い（政情分離型）。この体制下では、大規模な監視ネットワークの形成が抑止され、国民のプライバシーが手厚く保障される反面、政情のパートナーシップがうまく図られず、国民がデータ利活用のメリットを享受しづらいといった課題がある。

また国家が、政教協約のようなかたちでＰＦと戦略的関係性を取り結ぶことが困難なため、ＰＦに対する対応が不干渉か介入かといった硬直的なものになりやすい。偽情報を例にとれば、それは、国家が傍観者となるか、ＰＦに削除を義務づけるような積極的規制者となるかという二択になる。ただ、前者には情報リテラシーの限界から国民が偽情報に惑わされるリスクがあり、後者には検閲のリスク、また逆にＰＦの強い抵抗により規制が実効化しないといったリスクがあるため、どちらにせよ偽情報への合理的対応とはならない可能性がある（この点で、偽情報の取締法として2018年に成立したフランスの「情報操作との闘いに関する法律」の動向が注目される)。PFを統治の一プレイヤーとして認めない政情分離型モデルでは、仮にPFが国家事業を遂行する上で有益なデータを持ち、有効なアルゴリズムを設計できる場合でも、国家は当該事業をPFにアウトソーシング(外部委託)することができない。したがって、本来は実行可能な国家統治の再構築(リストラクチャリング)やスリム化を大胆に進められないという問題もある。

米国は、(州を含む)国家がPFの独立性・自律性を尊重しながらも、PFの行為を戦略的に促進または抑制することで、特定領域における協働的な関係構築を図ろうとする点で、神聖ローマ帝国下での政教協約モデルに近いように思われる(政情協約型)。例えば、米国の通信品位法は、PF上でいかなるコンテンツを削除するかの具体的判断をPFに委ねる一方、実効的な削除システムを自主的に構築することを怠るPFに一定の法的責任を課すことで、PFにシステム構築に向けたインセンティブを与えている。また、ある州は、PF上でのユーザーの人種差別的行為を放置する責任がPFにあると宣言した上で、改善に向けた州への状況報告義務と監査の受け入れ義務等を内容とする「協定(agreement)」を州側と結べば、PFはその責任を免除されるとして、問題解決に向けたPF自身の積極的な取組みを促している(2017年のAirbnb－カリフォルニア州間の協定が有名)。

ここでは、アルゴリズム的解決が可能かつ有用な社会的課題は、アルゴリズムの専門家(エキスパート)であるPFの自主的取組みに委ね、国家はその取組みをモニタリングする役割に自らをとどめおくという、相互の独立性・自律性を重視した協働的関係が模索されている。もちろんPFも、国家に優位する膨大なデータ保有量と、それに裏打ちされたアルゴリズム権力を背景に、国家に一定の譲歩を迫ることができる。その意味で、協約モデルにおいては、国家とＰＦが――皇帝と教皇が物理的権力と宗教的権力の均衡を背景にかつて行なったように――物理的権力とアルゴリズム権力の均衡を背景に、緊張の中での協働的統治を行なっているように見える。

3　日本はどのモデルを選択すべきか

国際秩序は、国家とＰＦの関係性に関する既述の３類型によって色分けされていく可能性がある。問題は、その中で日本はどのモデルを選択すべきか、である。

国家－ＰＦ間でシームレスにデータ連携可能な政情一致型は、サイバーフィジカルシステムへの移行や社会全体の最適化を最も迅速に達成し得る。これは確かに魅力的である。しかし、それが同時に、生活空間全体に隙間なく監視ネットワークが張りめぐらされることを意味する点には注意が必要であろう。もちろん、それによって社会の安全や多数者の健康・幸福はよりよく保障されるかもしれないが、自由、とりわけ少数者の人権の苛烈（かれつ）な侵害をもたらし得る。また、ＰＦの（国家からの）独立性が否定されることで、ＰＦのアルゴリズム設計にまで政府の手が伸び、ＡＩ（人工知能）のメリットである統計的客観性が歪む可能性もある。そうなると、中長期的には、多数者の幸福実現（功利主義）すら危うくなることも考えられる（が、全体的監視により国民はこれを民主的に批判できない）。さらに、政情一致型では、海外ＰＦとの連携が否定される傾向がある（デジタル主権）。それにより、世界規模でのデータ循環が困難になり、中長期的には国内のＡＩがやせ細っていく可能性もある。

政情分離型は、公私区分や民主主義といった近代立憲主義の伝統を最も色濃く残したモデルである。ただ、その伝統を重視するあまり、ＰＦが有しているデータ上のアドバンテージをうまく生かすことができず、統治の非効率性を生み出してしまうように思える。近年、欧州でも、社会的課題に対するＰＦの自主的取組みを国家が水平的にモニタリングする協約モデル（一般に「共同規制」と呼ばれる）[1]が受容されつつあるという事実は、近代の伝統を継受する厳格な政情分離モデルの現代的限界を示しているようにも思われる。

こうして見ると、国家とＰＦが相互にその独立性を認め、戦略的なパートナーシップを結ぶ協約型が日本においても魅力的に思える。安全保障を例にとれば、現在、主権侵害の脅威は、ＰＦを通じた他国からの情報操作によってももたらされる。ＰＦを媒介に組織的な情報拡散を行ない、対象国の言論空間と民主主義過程を歪めるロシアのトロール部隊や中国の五毛党の存在は夙に有名である。いまや砲弾による物理的攻撃より、平時に、秘密裏に行なわれる組織的な情報操作のほうが遥かに脅威であるとさえ言えよう。こうした「攻撃」に対処するには、「戦場」となるＰＦの協力が不可欠である。ＰＦが持つ情報や分析能力が「防衛」のために重要なのである。かく考えると、ＰＦをプレイヤーとして想定した「集団安全保障」の枠組構築が必要であり、そのためには国家が、交渉を通じてＰＦと戦略的な協約（協定）を締結することが重要となる。

○1 生貝直人『情報社会と共同規制』（勁草書房・2011年）参照。

また、コロナ対策のような公衆衛生上の取組みについても、大量のデータを通じて国民の生活実態を詳細に把握しているＰＦとの戦略的パートナーシップが不可欠となる。事実、２０２０年３月21日には、日本政府は「新型コロナウイルス感染症の感染拡大防止に資する統計データ等の提供について（要請）」を出し、ＰＦに協力を求めた。ヤフーやＬＩＮＥがこれに応じて政府と「協定」を締結したのは周知のとおりである。ここで注目すべきは、ユーザーのプライバシー等を守るため、ＰＦ側も協力するにあたっての諸条件を提示し、協定内容について政府と交渉していたことである。

さらに、福祉事業についても国家とＰＦとのパートナーシップが重要となり得る。とくに欧州においては、もともと福祉の中心的な担い手は国家ではなく教会であった。今後は、かつての教会以上に国民一人ひとりの生活状況や健康状態を――データを通じて――詳細に把握しているＰＦに福祉事業の多くをアウトソーシングすることも考えられる。スマートシティ化により、自治体－ＰＦ間の「協約」締結は不可欠となろうが、福祉やヘルスケアの役割分担は「協約」締結の際の重要論点となるべきである。

このように、国家がＰＦと戦略的な関係を取り結ぶことで、公的負担を減らしながら、手厚く、きめ細かい福祉を提供することが可能になるかもしれない。

4　新たな統治モデルとしての「立憲的」封建制

もちろん、協約型統治にもさまざまな課題がある。例えば、ＰＦのアルゴリズム権力によって、国家やユーザーがＰＦに「ハック」される（乗っ取られる）危険性がある。これを防ぐには、国家の側に一定の交渉力や威嚇力が必要であろう。こうした力を得るために、国家間の協力・連携が不可避であることは言うまでもない。また交渉力は、ＰＦの代替性によって担保される。「替えがきく」からこそ、国家はＰＦに対してある程度「物申す」ことができるのである。ＰＦの代替性・多元性を維持するには、競争法的な規律をかけ、特定ＰＦの独占を防ぐ必要がある。独占は、国家との関係で、ＰＦに力を与えすぎるのである。さらに、日本政府が海外ＰＦに対し交渉力を持ち、戦略的な関係を築くには、国内に有力ＰＦが存在していることが重要となる（この点でヤフーとＬＩＮＥとの経営統合が注目される）。

協約型統治の課題として、ＰＦによる専制的な搾取や、ビジネスユーザーへの抑圧の可能性も挙げなければならない。国家は、それらを防ぐための取組みをＰＦ自身が積極的に講じるよう、ＰＦのガバナンスの透明性を高めていく必要があるだろう。また、こうした取組みを怠っている専制的ＰＦからユーザーが離脱し、スムーズに別のＰＦへ移るための仕組みも重要になる。ＰＦに提供したデータを個人が自由に持ち運べるポータビリティ権は、そのための重要な手段として位置づける必要がある。かつての封建時代には、荘園間を移動する自由が厳しく制限されていた。

教会権力から逃れることも容易ではなかっただろう。現代のデジタル封建制は、こうした中世的封建制とは別物であるべきである。それは、データを使って、国民の自由と安全をこれまで以上に実現することを目的としたものでなければならない。そのためには、公共的な事業を託された複数のPFの中から、サービス提供を受けるPFを国民自らが選択する自由を認める必要があるだろう。

PFを統治のキープレイヤーとする協約型モデルが目指すのは、データポータビリティ権（移動の自由）を含む基本的人権の保障を目的とした、立憲的封建制なのである。

まつろわぬインフラ——情報通信、「情報戦」、グローバル・プラットフォーム

※初出：2022年

1　はじめに

デジタル化は、〈インフラストラクチャー（下部・構造）＝物理的構成要素〉という等式を動揺させている。例えば、電気通信事業においては、伝送路設備を含む物理的構成要素が——そしてそれを担う回線設置者が——最終的にそれを下支えしていると考えられてきたが、近年はアマゾンウェブサービス（AWS）やマイクロソフトといったクラウド事業者（GAFAMの一部）がこの下部・構造を侵食しつつあると言われる。○1 NFV（Network Function Virtualization：パブリッククラウド等を用いたコアネットワーク機器の仮想化）やvRAN（virtualized RAN：エッジ等を利用した基地局の仮想化）に代表される「通信インフラのソフトウェア化」により、世界の多くの通信事業者が、AWSやMicrosoft Azureを用いて通信ネットワークを再構築しようと試みている

○1　堀越功「GAFAMに飲まれる通信インフラ」日経エレクトロニクス2022年4月号28頁以下参照。

というわけである。「GAFAMに飲まれる通信インフラ」[2]という標語に還元される、かような指摘が正しいとすれば、確かに〈インフラ＝物理的構成要素〉という等式は自明ではなくなる。物理的なるものと仮想的なるものとの境界が相対化し、どちらが基層なのかが曖昧になるからである。

右等式が崩れると、「国営」という歴史から国家のコントロールが及びやすいインフラ、というイメージもまた崩れてくる。少なくとも日本では、GAFAMのような巨大プラットフォーマーは、「国営」とは無縁のグローバル企業である。

この理は、以下のような問いに置き換えられよう。

従前、ソーシャルメディア（フェイスブック〔現メタ、以下「フェイスブック」という〕、ツイッター〔現X〕）などのアプリ層はグローバルなプラットフォーム事業者（以下「PF」という）が強い影響力を有していたとしても、情報通信の下部・構造には物理的構成要素があり、これを「国営」の記憶を持った国内企業（電気通信事業者）が押さえていることで、情報空間全体の信頼性や安全性が一応確保されていた。〈インフラ＝物理的構成要素＝国内企業〉という等式が自明でなくなりつつあるいま、情報空間の信頼性・安全性はいったいどうなるのか。また、戦争が「情報戦」を含むかたちでハイブリッド化していけば[3]、情報空間の信頼性・安全性は安全保障の問題と直結する。右等式が崩れたとき、日本の――あるいは世界の――安全保障体制はいったいどうなるのか。

本章は、この問いにアプローチする際の手がかりを提供することを目的とする。より誠実に言えば、本章の目的は、この問いをさらに難解な問いへと再構成することにある。なぜか。結論を

○2 堀越・前掲注（1）参照。

○3 例えば、廣瀬陽子『ハイブリッド戦争』（講談社・2021年）参照。

先取りして言うならば、グローバルなＰＦが情報通信インフラに深く関与することは、我々の自由と安全にとって両義的な意味を持つからである。

２　プラットフォームの地政学的転回

(1)沿　革

２０２２年2月に始まったロシアによるウクライナ侵攻は、近年の戦争が、物理的な軍事力の行使と情報戦とを掛け合わせた「ハイブリッド戦争」へとその姿形を変化させていることを実感させるものとなった。今後、ハイブリッド化がさらに加速するならば、情報通信インフラは我々のコミュニケーション基盤であると同時に、情報戦の「戦場」ともなり得る。それは、とりもなおさず、情報通信インフラに――表層のみならず、深層にも――侵食するグローバルＰＦが、国家の安全保障上、あるいは地政学上きわめて重要な役割を果たすことを意味する。

この点、国際政治学者のイアン・ブレマー（Ian Bremmer）が、ウクライナ危機以前に、既に以下のように述べていたことが注目される。[4]

「ほぼ４００年にわたって国家は国際政治の主要なアクターとして活動してきたが、それも変化し始めている。いまや一握りのテクノロジー企業が政府に匹敵する地政学的影響力を

[4] イアン・ブレマー「地政学的パワーとしてのビッグテック」フォーリン・アフェアーズ・リポート２０２１年12月号7頁。

もち始めている」。

「米中のテクノロジー競争に関する分析の多くは、依然として国家主義的パラダイムにとらわれ、テクノロジー企業は『敵対国との抗争における歩兵』のような存在とみなされているが、もはや、そうではない。たんなる政府のツールではない。実際、連邦議会議事堂での暴動後にテクノロジー企業がとった行動は、政府や法執行機関の要請によるものではなかった。それは、営利目的の企業が自らの管理下にあるコード、サーバー、規則に対して権力を行使したプライベートな決定だった」。

国際法学者のエレナ・チャチコ（Elena Chachko）も、SNSを通じたロシアによる介入があったとされる2016年のアメリカ大統領選挙以降、「プラットフォームの地政学的転回（Platform's Geopolitical Turn）」[5]と呼ばれるパラダイム・シフトが起きており、PFの安全保障上の役割は決定的に重要なものになっているという。チャチコによれば、2016年は、アメリカ大統領選挙における偽情報等の拡散にPFが積極的に対応しなかったことに疑問が呈されただけでなく、ミャンマー、タイ、スリランカといった国家で、PFが暴力の拡散に加担したのではないかとの激しい批判が巻き起こった。さらに同年には、国内外の暴力組織（ISISなどの国際テロ組織を含む）のネットワーキングをPFが事実上支援しているのではないかとの批判も目立った。そこでPFは、こうした批判に対処すべく、2016年以降、安全保障の専門家を積極的に雇用し、PF内部に地政学上・安全保障上の脅威に対応する専門部局を設置するなど、「地政学的アクターとして自

○5 Elena Chachko, "National Security by Platform," *Stanford Technology Law Review*, Vol. 25, No. 2 (2021), pp. 61, 65.

らを再定位（repositioned）した」[6]と指摘される。実際、例えばフェイスブックにおいては、２０１６年以降、安全保障関連の職員の数は3倍になっており、２０２１年8月の段階でその数は約４万人に達している。[7]これは、アメリカの外交官の数（約1万５６００人）と比べても圧倒的である。[8]

　またフェイスブックは、２０１９年には、国務省の法律顧問であったニューステッド（Jennifer Newstead）をヘッドハンティングし、同社の法律顧問（General Counsel）に就任させている。さらに同社は、安全保障上の脅威に対応するため、いくつかの役職を新設・再編成している。その中には、サイバーセキュリティポリシー長（Head of Cybersecurity Policy）や、グローバルな脅威と混乱に関する主査（Global Threat Disruption Lead）などがある。前者は国家安全保障会議（United States National Security Council：ＮＳＣ）の元サイバーセキュリティポリシー所長を、後者はＮＳＣの元インテリジェンス所長を充てている。[9]チャチコは、こうしたフェイスブックの人事は、「地政学的分析をより詳細に行うため、グローバルな脅威をモニタリングするため、対応プロトコルを改善するため、これらの活動に関する政府との関係を強化するため、自らの組織構造や手続を再調整しようという同社の試みを反映している」[10]と述べている。

　さらにフェイスブックは、安全保障・テロ対策として、反テロポリシーと危険組織に関する管理者を採用し、２０１８年には、世界中で７５００人を、テロリストに関係するコンテンツ等をモデレートするチームへと組み入れたという。[11]加えて同社は、反テロポリシーを発展させたり、コンテンツモデレーションに関する決定を審査させたりするために、約１５０人の反テロ専門家によって構成されるチームを創設した。[12]外国勢力による選挙介入への対抗としては、政府と協働

○6 Elena Chachko, "Platform At War," *Lawfare* (March 28, 2022), at https://www.lawfareblog.com/platforms-war.
○7 Chachko, *supra* note 5, at 72.
○8 *Id.* at 59.
○9 *Id.* at 71-72.
○10 *Id.* at 72.
○11 *Id.* at 74.
○12 *Id.*

して、選挙介入への脅威を事前にモニタリングすることに注力しているという。そこでは、「脅威アクターのとる手法や、プラットフォームから収集されたその他の情報に関する技術的なインサイトと、政府等が利用できるオフラインの行動や関係性に関する情報とを統合」し、「同様の脅威に対する自動化された防御（automated defense）の技術開発」などが行なわれる。[13] こうした活動は、政府のインテリジェンス分析の業務とも似通っており、実際にフェイスブックは、ロシアの地政学的な利益・目標を同定し、偽情報を拡散するアクターについて事前に一定の情報を得ていたという。この結果、同社は、２０１７年に、大統領選挙にも関与したロシアインターネットリサーチ研究所（the Russian Internet Research Agency：ＩＲＡ）と繋がりのあるネットワークを削除するなどの措置を行なっている。[14] チャチコは、こうした取組みは一定の成功を収めており、２０２０年の大統領選挙では、偽情報を拡散しようという外国アクターの試みを相当程度抑止することに繋がったと指摘している。[15]

最後に、国際紛争への対応として、フェイスブックは、政府や軍などで経験を積んだ専門家で構成される戦略的対応（Strategic Response）チームを設置し、関連ユニットの調整とともに、偽情報やプロパガンダの拡散を防止する技術について提案させるなどしている。この対応は、かつてフェイスブックが、ミャンマーのイスラム系少数民族ロヒンギャに対するヘイトスピーチ等を不用意に拡散させ、ミャンマー国軍によるロヒンギャ虐殺に事実上加担したとして「憎悪をあおるソーシャルメディア」などと激しく非難されたことに端を発している。[16] フェイスブックは、こうした非難を受けて戦略的対応チームを組織し、ＰＦとして国際紛争にも積極的なスタンスを示

○13 *Id.* at 76.

○14 *Id.* at 77-78.

○15 *Id.* at 78.

○16 *Id.* at 80. 海野麻実「ミャンマー『ＳＮＳ戦争』、国軍対フェイスブック」ニューズウィーク日本版（２０２１年３月９日）, at https://www.newsweekjapan.jp/stories/world/2021/03/vs-34.php.

していくことを決意したというのである。実際、2021年2月にミャンマーで軍事クーデターが起きた際には、フェイスブックは、国軍が「誤った情報の拡散を続けている」として、軍に関連するコンテンツ配信を大幅に制限し、軍関係者のアカウント利用を停止するなどしている。[17]ジャーナリストの海野麻実は、この時のフェイスブックを、「国民が一丸となって主権の奪還を求めて〔国軍と〕戦う傍らで、民主主義を懸けて軍と闘うもう1つの『戦士』[18]」と表現したが、それは国際紛争に対するフェイスブックのスタンスを的確に言い当てている。

ツイッターやグーグルも、フェイスブックほど官僚的・体系的ではないが、近年、同様の動きを見せている。ツイッターは、やはり〈2016年〉以降、安全およびサイト・インテグリティに関するチーム（Safety and Site Integrity teams）を組織し、政府などと連携しつつ、安全保障上の脅威に対処してきている。実際、連邦議会襲撃事件後、いわゆるQアノンと関連する7万以上のアカウントを凍結したり、「制度的権力を後ろ盾とし、我々〔PF〕のサービスを意図的に濫用する人物や組織は健全な言説を促進しない[19]」との理由で、中国、ロシア、サウジアラビア等による影響工作（Influence Operation）やプロパガンダと関連した8万5000以上のアカウントを公開したりしている。[20]グーグルも、脅威分析グループ（Threat Analysis Group：TAG）を組織し、政府が背後にいるハッキング攻撃等に対抗している。現在、TAGのトップは、オーストラリアのインテリジェンス機関の元高官が務めており、「小さな諜報機関」とか、「民間の大規模な反スパイ組織」などと呼ばれている。[21]グーグルは、こうした組織のおかげで、複数の国家を標的にしたロシアの影響工作にある程度対処できていると言われている。さらに信頼と安全（Trust and

○17 海野・前掲注(16)。

○18 海野・前掲注(16)。

○19 Yoel Roth, "Information Operation on Twitter: Principles, Process, and Disclosure," *Twitter Blog* (June 13, 2019), at http://perma.cc/WHR4-87L5.

○20 Chachko, *supra* note 5, at 83.

○21 *Id.* at 84.

Safety）部門のトップであったクリスティ・カネガロ（Kristie Canegallo[22]）は、２０２０年のアメリカ大統領選挙に先立ち、ＦＢＩ等の政府機関と連携して外国勢力による選挙介入に対抗すると述べていた。以下が、その際の彼女の発言である。

「ＰＦへの干渉に対抗するための継続的取組みの一環として、ＦＢＩの外国影響タスクフォース（Foreign Impact Task Force）等の政府機関や他のテクノロジー企業と緊密に連携している。また、グーグルのＴＡＧやユーチューブに所属する他のメンバーと協力して、悪意のあるアクターを特定し、彼らのアカウントを無効にし、ユーザーに警告し、関連情報を業界関係者や法執行機関と共有している。今後も、国家を後ろ盾としたフィッシング攻撃、組織的な影響工作、偽情報の拡散に関する調査結果を踏まえ、アップデートを続けていく[23]」。

では、マイクロソフトやアマゾン（ＡＷＳ）はどうか。ロシアによるウクライナ侵攻初期において、フェイスブックやユーチューブがロシアの国営メディアの利用を制限してロシアの「情報戦」を封じたことはよく知られているが[24]、ＡＷＳも、ロシアとベラルーシでの新規契約の受付けを停止するなど、地政学的影響力を行使している。またマイクロソフトは、「ロシアによる不当でいわれのない不法な侵略を非難する」という、同社社長スミス（Brad Smith）の公式声明とともに、ロシアでの製品・サービスの新規販売を全て停止した[25]。もとよりスミスは、既に２０１７年の段階で、ＰＦが赤十字国際委員会（International Committee of the Red Cross：ＩＣＲＣ）のような積

22 カネガロは、ブッシュ政権およびオバマ政権で安全保障にかかわる仕事に従事し、オバマ政権下では首席補佐官代理を務めた。なお、グーグルの信頼と安全部門のトップを務めた後、ＮＳＣを経て、２０２３年現在は国土安全保障省の長官代理を務めている。

23 Kristie Canegallo, "Supporting the 2020 U.S. Election," *Keyword* (Feb 3, 2020), at http://perma.cc/BV2M-TQG9.

24 ロシアは逆にこのようなＤＰＦへの接続遮断を行ない、ＤＰＦを通じて「ファクト」が国内に流入することを抑制しようとしたが、実際には、ＶＰＮ（仮想私設ネットワーク）を通じてアクセスが維持されている。「ロシアでＶＰＮ利用急増」日本経済新聞２０２２年４月23日。このことは、最終的にＤＰＦが国家にとってun-controllableな存在であ

極的役割を果たすべきと国連で演説し、ＰＦを中心とする民間テック企業でＣＲＣ（Cyber Red Cross）を創設することを提案していた[26]。翌２０１８年には、こうしたスミスの呼びかけに応じて、マイクロソフトやフェイスブックを含むテック企業34社が、国家によるサイバー攻撃からユーザーを保護することを定めた「サイバーセキュリティテック協定（Cyber Security Tech Accord）」に調印している。スミスは、企業間で交わした同協定を「デジタル版ジュネーブ条約」と位置づけている。[27]。さらに２０１９年には、やはりマイクロソフトが中心となり、サイバー攻撃に対処し、平和と安定を推進するためのＮＧＯ「サイバー平和機関（CyberPeace Institute）」が設置された。サイバーセキュリティ法の研究者であるキロバティ（Ido Kilovaty）は、こうした動きを受けて、ＰＦはいまや自らが国際秩序に責任を持つ政治主体であることを自認し始めたと指摘している[28]。

かように、ＧＡＦＡＭに代表されるグローバルな民間ＰＦは、我々のコミュニケーションのインフラを構成しつつあるとともに、これまで伝統的に主権国家が担ってきた安全保障にも深く関与するようになってきている。しかも、この地政学的役割を受動的・消極的に果たしているのではなく、それを自ら引き受け、時に主権国家をリードし、または主権国家と対抗しながら、積極的・主体的にその役割を果たしているように見える。

(2) 背　景

チャチコは、このような「プラットフォームの地政学的転回」の背景には、ＰＦの制度的優位

ることを示唆している。

○25 「米ＩＴ大手、ロシア事業停止拡大」日本経済新聞２０２２年３月５日。

○26 Ido Kilovaty, "Privatized Cybersecurity law," *UC Irvine Law Review*, Vol. 10, No. 4 (2020), p. 1190.

○27 *Id.* at 1197.

○28 *See id.* at 1190. キロバティによれば、ＤＰＦは国際法の執行者というだけでなく、「立法者」でもあるという。彼らの「法」は、「拘束的な法的義務という感覚をつくりだす国家による繰り返しの実践、すなわち国際慣習法を通じて主に実現される」。*Id.* at 1188.

性と、国家の政治的決定の回避があるという。

制度的優位性とは、ＰＦはまさにコミュニケーションのインフラとなっていることで、安全保障上の脅威に対抗し得る「制度的に最も適したアクター」[29]になっていることを指す。例えばＰＦは、ユーザーに関するさまざまな情報をグローバルに集積できるため、地政学的に重要な情報を国家よりも先に入手し、詳細な分析を加えることができる。またＰＦは、コミュニケーションのグローバル・インフラとなっていることで、アカウント停止やアクセス制限といった措置を、国家による情報戦を封殺する「軍事的」制裁として利用できる。他方で国家は、そのような情報収集・分析能力を持たない上、表現の自由やプライバシーといった憲法上の制約をダイレクトに受けるために、安全保障上の脅威があるからといってコンテンツの削除を命じたり、その発信元に関する情報を収集し、国家の機関間で共有・分析したりすることが簡単にはできない。その意味では、安全保障上の脅威に対処する能力について、国家とＰＦ間で「制度的な格差」が生じている。実際、ウクライナ侵攻に関しても、情報戦に対する初期防衛について指導的な役割を果たしたのはむしろＰＦであった。例えばマイクロソフトは、ロシアからのサイバー攻撃に関する助言（サイバー攻撃の検出、マルウェアパッケージの使用特定や、マルウェアの攻撃を防ぐための手順に関する技術的アドバイスの提供、ウクライナ政府への防御方法の提案等）や、ロシアに対する同社サービスの提供中止といった「デジタル支援」により、ウクライナのゼレンスキー大統領から平和賞を受けるに至っている。[30]

国家の政治的決定の回避とは、国家自らが安全保障のための政治的行動をとろうとすると、国

○29 Chachko, *supra* note 5, at 108.

○30 例えば、ウクライナのフェードロフ副首相兼デジタル転換相のツイート参照。https://twitter.com/FedorovMykhailo/status/154380112633962497

内で政治的分断をもたらしたり、国外で外交的緊張を高めたりするため、国家はこうした行動を回避し、代わりにＰＦがその空白を埋めるための地政学的行動をとることを指す。例えば、国家があるサイバー攻撃の実行者やその背後にいる国家を特定・公表すると（パブリック・アトリビューション）、その国家との関係を悪化させ、緊張を高めることになるため、かかる攻撃への対応を民間ＰＦに委ねる傾向があるという。[31]

○31 Chachko. *supra* note 5, at 114.

（3）公法学的課題

チャチコは、このような背景から、ＰＦがコミュニケーション・インフラとなり、これまで主権国家が独占していた安全保障領域において重要な役割を果たしていくことはやむを得ないし、そのメリットは大きいとしながら、ＰＦの統制という点で公法学上きわめて重要な課題を生じさせていると指摘する。それは、ＰＦが主権国家にまつろわぬ存在だからである。

チャチコの指摘するように、これまでも国家が安全保障を民間企業に委ねることはあった。兵士や戦略的助言などを提供する民間軍需産業は確かに存在し、国家はそうした民間企業と協力してきたのである。しかし、チャチコによれば、こうした「伝統的な安全保障の民営化」は、委任や契約といった「フォーマルな制度的取決め」を通じて、政府機能の「外注（contracting out）」というかたちで行なわれ、国家はそうした企業の行為について垂直的にコントロールできていたという。[32]

○32 *Id.* at 124-129.

これに対して、国家とＰＦとの関係は、「法的な形式性（legal formalities）というより、握手（handshakes）によってかたちづくられている」[33]。いまや安全保障の「門番」は主権国家ではなくＰＦなのであり、国家とＰＦとの関係は、垂直的というよりも水平的で、ＰＦ側に大きな裁量がある「戦略的関係」だというのである。そこでは、国家が委任等を通じてＰＦを垂直的にコントロールすることはできない。ＰＦは、国家に命じられるのではなく、先述したような自らの役割規定から、「自らが果たしたい機能を選択している」のである[34]。

実際、国家が一方的にＰＦに安全保障上の機能を命じようとすると、ＰＦはその基盤性や制度的優位性を背景に、国家に強く抵抗することがあり得る。例えば、オーストラリアでは、安全保障とも密接に関連する健全なコミュニケーション空間を構築するため（信頼できるジャーナリズムを持続可能なものにするため）、２０２０年12月に、ＰＦ（「指定デジタルプラットフォーム事業者」）が既存メディア（「登録ニュースビジネス事業者」）のニュース記事を使用する場合に、当該メディアとその使用料について交渉することをＰＦに義務づけ、両者が合意に至らない場合には政府が選任する仲裁人の裁定に従うべきとする内容の法案（ニュースメディアおよびデジタル・プラットフォーム義務的交渉法）を提出した[35]。これに対し、フェイスブックとグーグルが激しく抵抗した。とくにフェイスブックは、２０２１年2月18日以降、オーストラリアのメディアおよび海外メディアのニュース記事をオーストラリアで閲覧・共有できなくするという対抗措置をとったのである。オーストラリアでは、フェイスブックは最も人気のあるＳＮＳで、国民の66％（約１６００万人）が月間のアクティブユーザーとなっており、国民の52％がＳＮＳをニュースの獲得源として利用

○33 *Id.* at 125 (quoting Jon D. Michaels, "All the President's Spies: Private-Public Intelligence Partnerships in the War on Terror," *California Law Review*, Vol. 96, No. 4 (2008), p. 901).

○34 *Id.* at 125.

○35 詳細は、木下昌彦「デジタル・メディア・プラットフォームの憲法理論」情報法制研究９号（２０２１年）24頁、30～33頁参照。

しているという。[36] そうなると、ニュースの閲覧制限というフェイスブックの対抗措置は、国家にとってコミュニケーション・インフラの重要部分を機能停止させられるのと同程度〝手痛い〟。実際、オーストラリア政府は、かかる対抗に屈し、法案の内容をPF側に配慮するかたちで大幅に譲歩することを余儀なくされた。先述の仲裁制度について、仲裁人介入の前に2か月の調停期間を設けること、PFが既存メディアに「多大な貢献」をなしていれば法の適用対象とならないことなどが規定され、ようやく成立（3月2日）に至ったのである。

日本も、安全保障と関連する電気通信事業法の改正が、PFらの激しい抵抗によって大幅にその内容を変更させられた経験を持つ。2022年6月、電気通信事業法が改正され、利用者のウェブ閲覧履歴などの外部提供行為が規律されることとなったが、総務省「電気通信事業ガバナンス検討会」（座長：大橋弘東京大学公共政策大学院院長）で検討されていた当初案では、利用者情報の外部提供行為には利用者本人の同意を必要とするとしていた。しかし、GAFAMが加盟する在日米国商工会議所（The American Chamber of Commerce in Japan：ACCJ）や楽天などがリードする新経済連盟等の激しい抵抗により、最終的に、同意ではなく、通知や公表により本人に確認機会を与えれば外部提供可能ということになったのである。また、当初案で導入が予定されていたクラウド事業者の電気通信事故の報告義務等は、ACCJの強い反対により、見送りになっている。ACCJは、総務省の前記会議において、「仮にこのような規制が先例となり、さまざまな事業分野で導入された場合、CSP〔Cloud Service Provider：クラウド事業者〕は顧客に対し柔軟かつ効率的にITリソースを提供することが困難となり、利用者側も効率的なITリソース

36 *See* Social Media Statics for Australia (Updated January 2023), *Genroe*, at https://www.genroe.com/blog/social-media-statistics-australia/13492.

の活用が妨げられ、新たなサービスの展開やイノベーションが阻害され、ひいては日本におけるDXの実現に重大な支障となることが懸念される」[○37]と主張した。かように、総務省で熟議が重ねられてきた電気通信事業法の改正案は、PFの抵抗によっていとも簡単に覆ってしまったのである。

その他、ソーシャルメディアでの誹謗中傷やフェイクニュース対策について議論する総務省「プラットフォームサービスに関する研究会」（座長：宍戸常寿東京大学大学院法学政治学研究科教授）でも、フェイスブックやツイッターに対し、日本国内での削除件数など、日本での対応状況について情報開示を求めてきたが、具体的な数値等の開示を拒絶し続けている。[○38]

以上見てきたように、グローバルPFは、いまや我々のコミュニケーション・インフラを担っており、安全保障上もきわめて重要な役割を果たしているが、これまでの「安全保障の民営化」とは異なり、委任等を通じて国家が垂直的にコントロールし得ない存在――まつろわぬインフラ――になってきていると考えられる。

3 〈ビヒモス〉の両義性

(1) ビヒモスの危険／リヴァイアサンの危険

コミュニケーション・インフラが国家にまつろわないことは、安全保障上の脅威となり得る。

周知のとおり、近年EUは、情報通信領域における主権的権力をグローバルPFから取り戻そう

○37 総務省（第15回）電気通信事業ガバナンス検討会（2022年1月11日）。資料15―1―1・在日米国商工会議所資料「『電気通信事業ガバナンスの在り方と実施すべき措置』に対する懸念点」9頁, at https://www.soumu.go.jp/main_sosiki/kenkyu/sd_governance/02kiban05_04000489.html. 改正の経緯については、若江雅子「デジタル日本その政策形成における課題」世界2022年6月号参照。

○38 「ツイッターなどIT大手　ネット中傷対策で聴取　総務省、改善求め」日本経済新聞2022年3月8日。

という「デジタル主権（digital sovereignty）」の考えを推し進めているが、これは、産業政策としての側面のみならず、安全保障政策としての側面も有している。例えば、２０２０年には、ドイツ、フランスを中心に、ギリシア神話で大地の象徴とされる女神「ガイア」の名を冠した欧州統合データ基盤プロジェクト（ＧＡＩＡ‐Ｘ）が正式にスタートし、「欧州の、欧州による、欧州のためのクラウド」構築が目的として掲げられた。[39] ここでは、「アマゾンやグーグル、メタ……といった米国のハイパースケーラー／大手クラウドサービス事業者に代わる信頼性の高いデータインフラを構築し、欧州企業に向けて標準クラウド基盤を提供すること」[40]が明確に目指されている。

このような「デジタル主権」の発想は、近代主権国家体制を前提にすれば、真っ当な議論のように思われる。近代主権国家は、対内的には諸侯・貴族に対して最高性・超越性を主張し、対外的にはローマ教皇・カトリック教会に対して自立性・独立性を主張することによって成立した。こうした理解によれば、国家が、その領域内のコミュニケーション・インフラをまつろわぬグローバルＰＦに握られ、対外的な安全保障政策についてもＰＦなしで独立して立案・実行できない状態がアノマリーであり、ＥＵの発想こそが正常である。しかし、これからのデジタル社会において、デジタル主権の貫徹は、現実的に困難であるだけでなく、規範的にも一定の問題を抱えているように思われる。

現実的困難性という点では、２０２１年4月以降、ＧＡＩＡ‐Ｘへの参加資格が欧州でビジネス展開する非欧州企業へも開かれ、この結果、「ＧＡＩＡ‐Ｘの本来の目的だった、欧州ローカルの技術系会社のニーズや要望が全く反映されないようになってしまった」[41]という指摘が重要で

○39 同プロジェクトのために、２０２０年10月には、ＥＵ27か国が共同宣言（「ＥＵの企業および公的部門向け次世代クラウドの構築宣言」）を行ない、２０２１年から２０２７年に20億ユーロ（２０２３年現在の為替で約３１６０億円）を拠出（企業投資と合わせて１００億ユーロ〔２０２３年現在の為替で約1兆５８００億円〕）することに合意している。

○40 麻生川静男「『欧州のためのクラウド』という理念に迷走するＧＡＩＡ‐Ｘ、メンバー間企業に不協和音」Impress Business Media（２０２２年5月25日）、at https://itimpress.co.jp/articles/-/23216.

○41 麻生川・前掲注（40）。

ある。このことはデータにも表れている。すなわち、「2017年から2021年の4年間で、欧州クラウド市場における欧州企業のシェアは27%から16%に低下」した一方、「米国勢のアマゾン、マイクロソフト、グーグルの3社のシェアは70%に上り、さらに伸ばしている」[42]というのである。こうした事実は、GAFAMのようなPFがグローバルな市場において既に制度的優位性を確立しており、国家がこれを完全に排除することが現実として困難であることを示しているように思われる。実際、欧州においても、「ハイパースケーラーの参加に対して難色を示したり、あるいは完全に締め出したりするのは大人げないだけでなく、GAIA-Xの目的を達成できない恐れがある」[43]とする指摘がある。現実的に重要なのは、彼らを排除したり敵対したりすることではなく、彼らと適切なパートナーシップを結び、当該国家の憲法価値にうまくコミットさせることであろう。

デジタル主権を貫徹させることの規範的課題を検討する上で思い出すべきなのは、2021年1月にアメリカで起きた連邦議会襲撃事件である。周知のとおり、前年に行なわれた大統領選挙で敗れたトランプ大統領（当時）は、ツイッター等において「選挙は盗まれた」などと執拗に主張し、その支持者らに対し、憲法にもとづき選挙結果を確定しようとする連邦議会に「向かおう、私も一緒に行く」、「強さを見せるのだ」、「我々は戦う。死ぬ気で戦う」などと呼びかけた。このPF上の檄に刺激された、「Qアノン信者」を含むトランプ支持者の一部が、同月6日、連邦議会を襲撃したのであった。当時、トランプはまだアメリカ合衆国の大統領だったから、この議会襲撃事件を、国家自身による、立憲民主政を否定するクーデターと見ることもできるだろう。[44] この国

[42] 麻生川・前掲注(40)。

[43] 麻生川・前掲注(40)。

[44] 園田耕司『トランプ大統領のクーデター』（筑摩書房・2022年）。

家的クーデターの抑圧に重要な役割を果たした存在こそ、国家にまつろわぬPFだった。フェイスブックやツイッターは、1月6日、規約違反を理由にトランプのアカウントを一時凍結し、その後、永久凍結した。トランプにとってそれは、自らのアカウントだけでなく、そのフォロワー（ツイッターにおいては8877万）を失うことも意味した。またツイッターは、11日までに陰謀論に関連する7万のアカウントを削除している。さらにAWSが、トランプ支持者が多く利用していたSNS（Parler）に対するクラウドサービスの提供を、同SNSが利用規約に反し、暴力行為を助長・扇動する投稿を放置しているとの理由で停止した（1月10日。OS事業者のグーグル、アップルも、同月8日から9日にかけてParlerを自らが運営するアプリストアから排除した）。

もし仮に、「デジタル主権」の名の下に、国家がこれらのPFに対する強力なコントロール権を持っていたならば、トランプ政権は、命令等を通じてPFに介入し、立憲民主政を擁護するためのPFの反国家的行為を抑え込んでいたかもしれない。[45] そうすることで、トランプは情報戦の「戦場」で激しく檄を飛ばし続け、またそのフォロワーはそれに刺激され続け、アメリカの立憲民主政は本当に死んでいた可能性もある。こう考えると、まつろわぬPFをあえてコミュニケーション・インフラの一部として維持し、国家に対抗し得る力を蓄積させておくことにも積極的な意味がありそうである。実際、フェイスブックやツイッターが陰謀論等の偽情報に対して積極的措置をとれた背景には、通信品位法（Communications Decency Act：CDA）230条が、ホストするコンテンツの取扱いについてPF等を免責し、デジタル領域における彼らの擬似主権的権力を増強させていたことがあったように思われる。[46]

○45 国家による命令等を裁判所で争うことも考えられるが、暴走した国家に対して裁判所の判決・命令がどこまで有効かは疑問である。この点、PFは、クラウドサービスの停止やソーシャルメディアにおけるアカウント凍結といった「サイバー制裁」を行なう「実力」を有している。詳細は、山本龍彦「近代主権国家とデジタル・プラットフォーム」山元一（編）『講座立憲主義と憲法学第1巻　憲法の基礎理論』（信山社・2022年）所収参照。

○46 *See* Chachko, *supra* note 5. at 99.

また、最近では、ＩＴ法（Information Technology〔Intermediary Guidelines and Digital Media Ethics Code〕Rules 2021）にもとづき、ＳＮＳに対する政府の監督権限を強化し、デモを支持するような政治的言説を――国家安全保障の名の下に――封殺しようとしてきたインド政府に対し、ツイッターやワッツアップ（フェイスブック傘下）といったＰＦが反旗を翻していることも注目される。報道によれば、ワッツアップは、同法の発信者情報提供義務に対して、「通信の秘密という基本的な人権を侵害するもので容認できない」との公式見解を発表し、「国際世論の支持を呼びかけた」[47]。またツイッターは、「全ての者は、国の議会で可決された法律に従う責任がある」とするインドの電子・情報技術相の声明を激しく非難した上、インドのＩＴ法は「恣意的で、比例性に反し」、表現の自由を侵害するなどと主張して、インド政府からの削除命令等の一部に従わず（また与党政治家のツイートを「操作されたメディア」とラベルづけするなどし）、政府と闘う姿勢を示しているという[48]。ニューヨーク・タイムズ紙は、「インド政府に対するツイッターの法廷闘争は、世界中で起きている、最も巨大なテック企業と政府との間の、どちらが上かを競う広範な闘い（battle）の一部である」[49]と指摘している[50]。

ほかにも、２０１５年12月、アメリカのＦＢＩが、裁判所の令状を得た上で、銃乱射事件の被疑者が利用していたｉＰｈｏｎｅのロック解除をアップルに求めたにもかかわらず、プライバシー保護の観点からアップルが頑なにそれを拒否した事件を挙げることができる。実は、この事件の後、トランプ大統領（当時）は、「我々は貿易や多くの問題で常にアップルを助けてきた。しかし、彼らは……ロック解除を拒否している。彼らは……この素晴らしい国を助けるべき

47　小柳建彦「米フェイスブック、インド政府と激突　新ＩＴ規制巡り」日本経済新聞デジタル版２０２１年６月23日。

48　Karen Deep Singh & Kate Conger, "Twitter Challenging Orders to Remove Content. Sues India's Government," *The New York Times* (July 5, 2022, updated July 8, 2022), at https://www.nytimes.com/2022/07/05/business/twitter-india-lawsuit.html.

49　*Id.*

50　もっとも、このようなＰＦの抵抗に悲観的な見方も示されている。「インド政府の意向に従う巨大テック企業と、『民主的な価値観』との深まる溝」ＷＩＲＥＤ（２０２１年10月13日）、at https://wired.jp/2021/10/13/big-tech-is-bending-to-the-indian-governments-will/.

だ」と強く圧力をかけたのだが、それでもアップルは、暗号化データへのアクセスを可能にする「バックドア」を構築することでプライバシーが強く侵害され得るとの懸念から、政府によるロック解除要請を拒否し続けている。[51] 国際法研究者のヴァレンティーナ・ゴルーノヴァ（Valentina Golunova）は、このアップルの姿勢を、歴史的称賛に値する「プラットフォームの不服従（platform disobedience）」と表現している。[52]

以上論じてきたことを一言で表現するならば、リヴァイアサン（国家）は時に暴走する、ということだろう。このリヴァイアサンがコミュニケーション・インフラに対する完全なコントロールを有している場合、この暴走は国内において、現実に誰も止められなくなる。他方、グローバルなPFが、旧約聖書で海獣リヴァイアサンと2頭1対をなす怪物として描かれるビヒモスのごとく[53]、国家のコミュニケーション・インフラを巣窟に一定の「力」を蓄積している場合、リヴァイアサンの暴走は抑止される可能性がある。例えば、もし戦前のドイツや日本のコミュニケーション・インフラにGAFAMの影響が強く及んでいたならば、政府のプロパガンダはモデレーションされ、暴力誘発的な政治家のアカウントは凍結されて、最悪な事態は回避できていたかもしれない。要するに、主権国家がコミュニケーション・インフラを完全にコントロールすべきとする「デジタル主権」論は、規範論的にむしろ一定の問題を抱えている可能性がある。[54] まつろわぬビヒモス――安全保障上のアクターであることを自認し、その実現に向けて積極的な取組みを進める怪物――がリヴァイアサンのインフラの一部に巣食うほうが、憲法保障という点でかえってメリットがある場合も想定し得るのである。[55]

○51 小久保重信「ぶれぬアップル、iPhoneのロック解除要請を拒否」ヤフーニュース2020年2月15日。

○52 Valentina Golunova, "Digital Constitutionalism Reversed?," *The Digital Constitutionalist* (April 4, 2022), at https://digi-con.org/digital-constitutionalism-reversed/.

○53 周知のとおり、ホッブズは、ビヒモスをコモンウェルス的な国家とは異なるもうひとつの社会体制として描いた。ホッブズ（山田園子訳）『ビヒモス』（岩波書店・2014年）。そこでは内乱集団の象徴として描写されていたが、リヴァイアサンと向かい合う現代のビヒモスをグローバルなPF企業と捉えることも不可能ではないだろう。詳細は山本・前掲注(45)。なお、グローバルPFを、旧約聖書に登場するペリシテ人の巨人兵士ゴ

(2)〈ビヒモス〉の制御

もちろん、コミュニケーション・インフラがビヒモスによって管理・運営されることのリスクは大きい。彼らは基本的に民間の営利企業であり、民主的な統制を直接受けるものではないからである。しかし、GAIA-Xの動向からも看取できるように、グローバルPFの制度的優位性は現実に否定し難いし、先述のように、リヴァイアサンが憲法の制約を超えてその権力を濫用するとき、そのブレーキになり得る。そうなると、国際法研究者であるアイケンサー（Kristen E. Eichensehr）が述べるように、リヴァイアサンとビヒモスとの「二重主権（dual sovereignties）を受容した上で、〔PF〕企業の疑似的主権を批判的に評価することが重要」[56]（傍点筆者）ということになろう。換言すれば、国家とPFとが抑制と均衡の関係に立ちつつ、両者の戦略的なパートナーシップを維持することが、現実的にも、また規範的にも重要であるように思われるのである。しかし、チャチコがいみじくも指摘するように、リヴァイアサンとビヒモスとのこの新たな関係を制御する公法理論は未だ登場しておらず、ビヒモスが暴走した場合の対応は今後の重要な法学的課題と言える[57]。以下では、その方向性を試論的に示すにとどめたい。

まず、チャチコが述べるとおり、国家と企業との垂直的関係を前提とした「民営化（privatization）」論[58]は基本的には妥当しないだろう。これまでの考察によれば、両者の関係を検討する際に重要なのは、国内法的思考というよりも国際法的な思考である。GAFAMは確かに国家ではない。しかし、時にそれは国家を凌駕するほどの権力的存在であり、単なるグローバル企業というより、

リアテに擬え、国家とPFとの対抗を「リヴァイアサン対テック・ゴリアテ」と捉えるものとして、Golunova, *supra* note 52.

54 「デジタル主権」が、市民を外国PF企業から守るために有用であると同時に、主権国家が市民を強力にコントロールするために有用でもある（中国のデジタル統治の例）という点で両義性を有するとの指摘として、Anupam Chander & Haochen Sun, "Sovereignty 2.0" (Aug. 12, 2021), Georgetown Law Faculty Publications and Other Works. 2404, University of Hong Kong Faculty of Law Research Paper No. 2021/041. Available at SSRN: https://ssrn.com/abstract=3904490 or http://dx.doi.org/10.2139/ssrn.3904949.

55 ゴルーノヴァも以下のように述べる。「『テック・ゴリアテ』の

疑似国家的な国際法的政治主体である。[59] そうなると、国家とグローバルPFとの関係は、垂直的な規制的関係ではなく、水平的で戦略的な外交的関係として捉えるべきではないだろうか。そして、かかる思考を前提にすると、例えばグローバルPFが電気通信事業を営む場合でも、当該事業を所管する省庁（総務省）が、単なる一対象事業者として応対するのではなく、よりexecutiveな機関（憲法73条2号参照）が、外交関係を処理するようにPFと応対すべきことになる。先述した電気通信事業法改正のドタバタ劇も、グローバルPFが、いまや一所管省庁が相手にできるような存在ではなくなってきていることを示している。

実際、他国には、グローバルPFとの関係を外交関係として捉える動きもある。例えば、ロシアの侵攻を受けたウクライナは、かつてフェイスブック関連会社のCEOであったフュードロフ副首相兼デジタル転換相の手により、まさに外交として、PFトップらに支援を求める書簡を送っていた。[60] この「外交」的要請に対し、例えばマイクロソフトのスミス社長が、「このような状況では、政府関係者と協議を進めることがとくに重要となるため、今回当社はウクライナ政府をはじめ、欧州連合や欧州各国、米国政府、NATO、国連と絶えず緊密に連携を取っています」と公式に述べたように、[61] PF側も、疑似国家的な国際法的政治主体として応対していたように思われる。

また、既に2017年の段階で、デジタル先進国であるデンマークは、グーグルやフェイスブックと「外交」関係を構築するために、新たな大使ポストとして、世界ではじめて「デジタル大使(digital ambassador)」を任命している。

外務大臣が、この大使ポストの新設について次のように述べていたことが注目される。

台頭は、民主主義原理と法の支配を維持するひとつの道筋であり得る」。「増大するグローバルPFの規制的影響力は、憲法秩序への脅威としてだけでなく、国家の強制に対して憲法秩序を強化(reinforcing)する手段としてもみなされるべきである」。Golunova, *supra* note 52.

○56 Kristen E. Eichensehr, "Digital Switzerlands," *University of Pennsylvania Law Review*, Vol. 167, No. 3 (2019), p. 730.

○57 *See* Chachko, *supra* note 5, at 137.

○58 *See, e.g.*, Gillian E. Metzger, "Privatization as Delegation," *Columbia Law Review*, Vol. 103, No. 6 (2003).

○59 山本・前掲注(45)は、ローマカトリック教会が「教皇聖座(Holy See, Sancta Sedes)」という国際法的主体を有することとのアナロジーを検討している。

「他の国家と外交的な対話を行うのと全く同様に、グーグル、フェイスブック、アップルといったテック・アクターとの包括的な関係を構築し、これを重要視する必要がある。多くの企業、そして新技術は、多くの点で、デンマーク市民の日常生活にかかわり、その一部になっているからだ。これらの企業の中には、国家に匹敵する規模の企業もある。かくして我々が、現在進行中の出来事に参加し、その物語において何か発言権を持とうとするならば、テック大使を擁する必要がある」[62]。

このような動向から見ても、国家とＰＦとの関係を外交関係類似のものと捉え、それに見合った統制手法を構築すべきことは明らかであるように思われる。現行憲法は、内閣総理大臣に「外交関係について国会に報告」することを求め（憲法72条）、内閣が他国と条約を締結する場合には、国会の承認を得ることを求めている（憲法61条、73条3号）。これは、国民主権原理の下、「政治的に重要な国際約束」（１９７４年2月政府見解）、すなわち、国民生活等に重大な影響を与え得る国際約束については、国民代表機関である国会が民主的にチェック（統制）し、民主的な正統性を与えなければならないという趣旨に出たものである。この趣旨を徹底するならば、グローバルＰＦと国家との間の一部の国際約束も政治的に重要な意味を持つはずであり（安全保障にも直結する）、その交渉過程に対するアカウンタビリティを確保した上で、これを民主的に統制する必要が出てくるだろう。もちろん、領域によっては最終的に「法律」という形式で国家がＰＦを制御することが求められるが、その場合でも、法律に至るまでの交渉プロセスは外交的なものとな

○60「対ロシア戦、通信が命綱　ウクライナの対外発信支える」日本経済新聞２０２２年４月26日。

○61 Brad Smith, "Digital technology and the war in Ukraine," *Microsoft on the Issues* (Feb. 28, 2022), at https://blogs.microsoft.com/on-the-issues/2022/02/28/ukraine-russia-digital-war-cyberattacks/.

○62 Adam Taylor, "Denmark is naming an ambassador who will just deal with increasingly powerful tech companies," *The Washington Post* (Feb. 4, 2017).

るだろうし、法律制定後の具体的な関係も外交的なものとなるだろう。したがって、そのプロセスが可能な限り透明化され、民主的に統制される必要がある。[63]

また、それには、グローバルPFによるロビー活動も規律される必要があるように思われる。2022年1月の報道によれば、GAFAMは、アメリカ政府や連邦議会に対して行なうロビー活動として、2021年の1年間で計約7000万ドル（約80億円）近くを投じ、過去最高を更新したという。[64] このような実態は、米国には1995年ロビー開示法（the Lobbying Disclosure Act of 1995：LDA）があるから明らかになるのであり、そもそもそのような立法を欠く日本ではロビー活動の実態すらわからず、PFの力がどの程度国政に影響しているのかも暗部に潜ってしまう。グローバルPFとの関係を外交に類似した関係とみるならば、ロビー活動の内容を透明化し、それに対する民主的チェックを可能にするためのフレームワークを構築すべきであろう。[65]

もちろん、PFとの関係を外交的なものと捉え、PFに対しexecutiveな機関が応対したところで、国家がその交渉過程においてPFに圧倒され、自らの憲法的価値にPFをコミットさせることに失敗するという事態も十分考えられる。その場合に重要なのは、多国間での交渉であろう。グローバルなPF等に対するデジタル課税の国際合意で見られたように、[66] リヴァイアサンが協調・連携し、巨大化したビヒモスを統制する国際的なフレームワークを構築することが必要である。例えば、言論空間におけるPFの権力性を抑制しようとしたオーストラリア政府の試み（ニュースメディアおよびデジタル・プラットフォーム義務的交渉法）が後退したのは、これをオーストラリア政府が単独で行なったことも関係していよう。もしオーストラリアが、ニュース使用対価の支

○63 国家とPFとのやりとりをどのように記録し、公開するかも論点になり得る。外交記録については、外交記録公開に関する規則（平成22年5月25日外務省訓令第7号）がある。

○64 「米IT五強、ロビー費が過去最高に」日経新聞2022年1月28日。

○65 若江・前掲注(37)38～39頁参照。なお、先述のように、外国PFとの関係は安全保障の問題にもかかわる。この点、アメリカには、非米国企業のロビー活動について、米国外国代理人登録法（the Foreign Agents Registration Act：FARA）がある。

○66 「特集　国際課税の歴史的合意」ジュリスト1567号（2022年）13頁以下に所収の諸論攷を参照。とくに、増井良啓「経緯」同14頁、南繁樹「デジタル課税」同21頁以下。

払いをＰＦに義務づけるＥＵの著作権指令（２０１９年改正）のように、日本など他の主権国家を巻き込んで同様の試みを行なっていれば、ＰＦに対してもう少し踏み込んだ態度がとれた可能性がある。こうした多国間での交渉および合意は、あるひとつのリヴァイアサンが暴走した際に――事実上執行力を持たない国連等の国際機関ではなく――ビヒモスの力を借りてこれを抑え込む国際的なメカニズムとしても機能することが期待される。

４　おわりに

本章（初出時）の脱稿間近に、「ウクライナの防衛――サイバー戦争の初期の教訓」[67]と題する文書が、ある組織から発出された。この文章には、今後、「サイバー脅威を阻止するには新たなステップが必要」で、それには以下の「４つの共通原則」が重要であると述べられている。すなわち、①デジタル・テクノロジー、ＡＩ、データの進歩の重要性を認識すること、②官民の協力を強化すること、③開かれた民主的社会を守るための、政府間の緊密な協力体制を確立すること、④民主主義社会における表現の自由を守り、検閲を避けること、である。

この、国家安全保障のための指導的な文書を発出したのは、いったいどの組織か。

それは、マイクロソフトである。この文書は、以下のような一節で閉じられている。「マイクロソフトは、企業として、政府、企業、ＮＧＯ、大学を支援するテクノロジ、データ、パートナー

[67] ブラッド・スミス「ウクライナの防衛―サイバー戦争の初期の教訓」Microsoft Japan News Center（２０２２年７月４日）, at https://news.microsoft.com/ja-jp/2022/07/04/220704-defending-ukraine-early-lessons-from-the-cyber-war/.

シップへの継続的かつ新たな投資などを通じて、これらの取り組み〔民主主義の未来を守るために不可欠な効果的対策〕を支援していくことにコミットします」。

このような文書は、本章が紹介した「ＰＦの地政学的転回」という見立ての適切さを証明するものと言えよう。そしてそれは、民主主義を守護する怪物ビヒモスが国家の情報通信インフラを担うことのメリットないしは不可避性をも示唆している。しかし、本章がたびたび指摘してきたように、彼らはリヴァイアサンに匹敵し得る力を持った「怪物」なのであり、これを統制するメカニズムが何としても必要である。

世界の若手憲法研究者らが立ち上げた「デジタル立憲主義者――立憲主義の未来（*The Digital Constitutionalist: The Future of Constitutionalism*）」というウェブサイトでは、４つある重点検討項目の中のひとつとして、「デジタル権利」などと並んで、「プラットフォーム・ガバナンス」が掲げられている。「民間の諸アクター、とくにビッグテック企業が、デジタル・インフラストラクチャーや公的空間の形成において不可避的な役割を果たしているのであり、デジタル・ガバナンスに関する全ての議論は、彼らによって行使される権力を検討するものでなければならない」[68]、というのがその理由である。本章もこの考えに深く賛同するものである。ビヒモスの両義性とその制御理論構築の必要性を多少なりとも示せたとすれば、本章の目的は大方達成されたことになろう。

○68 Francisco de Abreu Duarte et al., "Welcome to the Digital Constitutionalist," *The Digital Constitutionalist* (January 22, 2022), at https://digi-con.org/welcome-to-the-digital-constitutionalist-digi-con/.

デジタル空間とどう向き合うか

※初出：2022年

◉デジタル空間の中で崩れつつあるもの

　2021年日本でデジタル庁が発足し、国を挙げてのデジタル推進が始まった。しかしそれ以上に大きな力で、社会のデジタル化を推し進めたのが、2019年から始まったコロナパンデミックだった。人との対面が阻害され、世界中がデジタルに頼らざるを得ない状況になり、必然的にデジタルの恩恵に与ることとなった。

　こうしてデジタル空間が私たちの生活に深く浸透する一方で、私たちの民主主義や自由にかかわる大切なものが崩れつつあると警鐘を鳴らす教授がいる。憲法学者としてプライバシー権やAI、ビッグデータを研究されてきた、慶應義塾大学大学院法務研究科の山本龍彦教授だ。

◉インフラとしてのプラットフォーム

　コロナ禍を経て、LINE、フェイスブック、アマゾン、グーグル、インスタグラム、ヤフーといった巨大デジタルプラットフォーム（以下、DPF）は、社会インフラとしての存在感を一層強めた。

　SNSや、ニュース・動画の配信、ショッピングなどの場面でインターネット上に場を提供し、ユーザーがどんなことに興味があるかといったデータを、広告主に売るのがDPFのビジネスモデルである。自分が今何に興味があるかについて口にしていないにもかかわらず、自分の関心のあるコンテンツが画面に次々と表示される。私たちの心の動きは、プラットフォームを利用する限り常に読み取られ、見方によっては、私たちの行動はプラットフォームに操られているとも言える。山本教授によれば、このことが個人の権利を脅かし、さらには民主主義の根幹を揺るがしている可能性があるという。

その山本教授がこの状況に対して、国、プラットフォーム事業者、メディア、ユーザーといった各ステークホルダーが、今後どう対応すべきかについて意見提起した著書〔鳥海不二夫＝山本龍彦『デジタル空間とどう向き合うか――情報的健康の実現をめざして』〔日経BP〕〕を2022年7月に出版された。デジタル空間にどのような問題点が存在していて、私たちは自らの権利や自由、そして健全な民主主義の実現のためにどうすべきなのか。山本教授には同書と、現在携わっているプラットフォーム経済に関するプロジェクトのことを中心にお話をうかがった。〔文・聞き手：鈴木薫〔慶應義塾大学グローバルリサーチインスティテュート・サイバー文明研究センター　研究コーディネーター〕〕

――山本教授がプラットフォーム（以下、PF）を研究対象とされるようになった経緯や理由を教えていただけますか。

山本　アルゴリズムの権力性に関心があったからだと思います。近代までの言論を規制する主体は国家権力で、検閲などを行なっていました。

現在ではPFがアルゴリズムやAIを使って問題のある投稿を削除する、順位づけを行なう、おすすめのコンテンツを送るといった、言論空間のコントロールを行なっています。言論の規制者というよりも、言論の統治者といったほうが近いのかもしれません。言論空間のルールがアルゴリズムにもとづいて決められている状況に懸念を感じました。

今までは「法」というものが私たちの行動を規定し、拘束するものでした。しかし、私たちの行動を変容させ制限するものが、もちろん法もそのひとつですが、次第に民間ＰＦのアルゴリズムに変わっていきました。アルゴリズムにより行動を決められている部分があるわけです。それは言論空間だけではなくビジネス空間も同じで、アマゾンがどういう順位づけをするのかによって私たちが買うものは決まり、ビジネスサイドからするとアマゾンにまず掲載されなければビジネスにならない現状があります。最近では、食べログでどのように店の評価がされるのかのアルゴリズムがブラックボックスになっていることが批判され、裁判にもなりました。私たちのあらゆる行動がＰＦのルール、すなわちアルゴリズムにより左右されています。そういう意味で、ＰＦはひとつの権力主体になり始めていると考えているのです。

近代に移行する前までは、国家と個人の間に「中間集団」があり、その代表例が教会でした。教会が決めるルールと国家が決めるルールの二重のルールによって個人が拘束されていました。ほかにも、国家と個人の間には貴族や封建領主がいた。国家と個人の間にいろんな集団があり、それらの中間集団が重畳的に個人の行動を拘束していました。それが近代市民革命によって中間集団が否定、整理されて、国家と個人がダイレクトに向き合うようになります。国家が、ホッブズがかつて言ったようにリヴァイアサンという海の怪獣のような、非常に大きな権力主体になります。中世では中間集団が強く、国家は弱かったわけですが、近代になり中央集権化する中で君主が絶対権力を持つことによって国家が強くなりました。しかし、その国家が強くなりすぎてしまうと国民をいじめてしまうから、法を作って国家の権力を統制していく必要が出てくる。そのために作られたのが憲法という基本法です。

このように、かつては権力主体として想定されたのは国家だけだったわけですが、近年ＰＦという新たな権力主体が立ち上がってきました。そうなると、ＰＦがいかにその権力行使をしているのかを、私たち国民は観察し、チェックする必要があります。国の法律とアルゴリズムがどういう関係に立つのかを見ておかないと、国際的な法秩序形成のありようが正確に描けません。良い国際秩序を作っていくためには、ＰＦの存在抜きには語れないと考えています。

以前からプライバシーの研究をしていたので、もともとＡＩやデータといったものに関心がありました。ＰＦ権力の源はＡＩでありデータですから、自然と私の関心はそこに向かったのだと思います。ＰＦ権力をどのように統制していくのか、ＰＦ権力をどのように活かしていくと民主主義にとってプラスになるのかという問題意識で、ＫＧＲＩ〔慶應義塾大学グローバルリサーチインスティテュート〕にプラットフォーム経済のプロジェクトを立ち上げました。ＰＦにはフェイクニュースや誹謗中傷を生み出す要素がありますが、ＰＦを上手く活かせば社会的課題を解決していける。そのような両義的な側面があります。その良い面を活かしていくためにどうすればいいのかが課題と考えています。

――巨大化するＰＦ権力に対して危機感を感じていますか？

山本　危機感と希望が両方あります。

――ＰＦを厳しく見つつも、その将来性に期待されているんですね。

山本　先ほど話したリヴァイアサンという海の怪獣ともうひとつ対になる存在で、ビヒモスという怪獣が旧約聖書には出てきます。国とＰＦの関係は、リヴァイアサンとビヒモスのふたつの力が拮抗している関係性に近いと考えています。当初はＰＦ権力に対して危機感のほうが強くありました。しかし、２０２１年1月にトランプ大統領がトランプ支持者を煽り、彼らが連邦議会を襲撃する事件がありました。あの時、アメリカのデモクラシーは相当危険な状態にあったと思います。

トランプやトランプ支持者によるあのクーデターを誰が止めたかというと、これはさまざまな見方ができますが、ひとつはＰＦだと思います。ＰＦ事業者はトランプと陰謀論者のＳＮＳアカウントを閉鎖しました。その結果、反民主主義的な言動はある程度封じ込められ、アメリカの民主主義はかろうじて守られたようにも思えます。この状況を見て、ビヒモス的存在のPFが強い力を持っているがゆえに、国家がおかしな方向に走るのを押さえられる存在でもあると感じました。PFは民主主義を壊す存在でもあるけれど、彼らが適切にその力を行使すると、民主主義や自由をその破壊者から守れる可能性があるということです。

ほかにも、アップルとFBIがやり合ったことがありました。FBIがあるテロリストの情報を得たいがために、そのテロリストのiPhoneの中を見ようとロック解除をアップルに求めた。けれども、アップルはユーザーのプライバシーを守るという観点からこれを拒否しました。これには賛否両論ありましたが、これを認めてしまうとスマートフォンがその後も安易にロック解除され、ユーザーのあらゆるデータが国家にとられることにもなり得た。そういった捜査権限の濫用をアップルが止めて、ユーザーのプライバシーを守ったという見方もできます。

国がおかしな方向に進んだ時、それを本気で止めるためには「力」が必要で、PFがその力を持ち始めていると理解することもできます。国家権力をどう抑えるかが憲法学の課題でしたが、今の時代ではリヴァイアサンとビヒモス、つまり国家権力とPF権力の両方を見ながら、民主主義と自由を守るために、それらをどう統制していくのかが、憲法学の新しい課題ではないかと思っています。ただそれは私一人でできることではなく、さまざまな立場からの知見が必要だと思い、プロジェクトとして立ち上げたということになります。

——PF事業者に対して政府が規則や制度を作ったら彼らは従わないといけないわけですから国家のほうが断然強いと思っていましたが、今のお話を伺って、もはやPFは国と対等にやりあえる力を持ち始めているのでは、と思いました。

山本　国家に対して喧嘩を売れるくらいの力をPFは持ち始めてきたのではないかと思っています。フェイスブックのユーザー数は30億人くらいいて、さまざまな言語でサービスを提供している。さらにメタが稼ぐ額は、国家の総生産の額を超えている今、もはやひとつの国家をはるかに超える力を持っていると言えます。その上、国家よりも我々人間のことをよくわかっています。人間のあらゆるデータを取れるわけですから、その感情や考え方をコントロールでき、国家ができないことをできるとも言えます。それにPFが本気になったら戦争すらコントロールできてしまいます。ロシアによるウクライナ侵攻も情報戦のインフラはPFですから、PFがどちらかの味方につけば片方は負けるわけです。そう見ると、国家のほうがPFより断然優位とは言えないと思います。

――それは危険だと思われますか?

山本　ヨーロッパはこの状況に強い危機感を示しています。ヨーロッパは「デジタル主権」という考え方を強く押し出している。それは、デジタル領域においても国家、さらに言えばそれを構成する国民が主権を持たないといけないという考え方です。デジタル領域においてPFが強い力を持っているという強い危機感から、主権を国家や国民が取り戻す動きと見ることができます。EUではGDPRというかなり厳格なデータ保護法が作られ、デジタルサービスアクト(DSA)というPFを対象とした包括的な法も作られ、PFを強くコントロールしようとする動きが見られます。

ヨーロッパは民主主義がある程度成熟しているので、こうしたことが可能なのかなと思います。国家がPFに対して強い力を持つことは、国家に対して国民が信頼していないと難しいわけです。EUのデジタル主権は、国家あるいは民主主義への信頼を背景にしているように思います。他方で、中国やロシアのように国がPFを強く押さえつけるのは怖いことです。アメリカはもともと民主主義を高らかに謳い、頑張っていた国ですが、今は分断した状況で、国がPFを押さえつけることで国家が強くなりすぎることには警戒感もあるのではないでしょうか。

例えば、トランプ氏が再び大統領になったとき、国家がPFを抑えるということが何を意味するのかは予測し難いものがあります。権力者の暴走を止める役割をPFが果たすことはあり得るのではないかと私は思っています。もちろんＰＦの権力濫用を国家が止めることも重要です。お互いがお互いをチェックし合う関係ができることが理想的な状況だと思います。この両者の睨み合いの構造をどう上手く作るかが、このプロジェクトの一番のテーマですね。

——ただ、ＰＦはあくまで常にビジネス原則のもとで動いていますよね。ユーザーの情報的健康のためにプラスになることをするのと経済的利益を天秤にかけた場合、ＰＦが前者を優先する可能性はあるのでしょうか？

山本　重要な点だと思います。国が何も規制をかけないのは良くない。国家がＰＦ事業者に対して何かしら義務づけていくことは必要です。そうしない限り、ＰＦは経済的利益を最大化するようなかたちで動き続けるでしょう。国がＰＦに対して公共的利益を実現するよう促すことがポイントになると思います。それにはアルゴリズムの透明性を義務づけるのがまず重要です。

もうひとつは、ＰＦがある程度競争している状態が確保されなければならないと思います。ひとつのＰＦしかいなければいくらアルゴリズムが透明化されてこのＰＦを利用するのは嫌だなと思ったとしても、ユーザーとして選択の余地はないということになりますから、ユーザーはＮＯを突きつけることはできません。この透明性と競争的介入が重要だと思っていて、そこで一定の競争が働けば、情報的健康を害するようなアルゴリズムを使っているようなＰＦは、市場において淘汰されることが期待できます。公共的利益のみ重視させるのはビジネスの世界では難しいですが、ある程度の公共的価値をＰＦに求めていく余地はあるのではないかと思います。ＰＦにどう公共性を目指すように仕向けていくかも課題です。

——現状では、私たちが利用できるＰＦは限られていますよね。

山本　通信会社を思い浮かべるのがいいかと思います。日本では、ドコモ、ソフトバンク、ａｕといった事業者が市場で競争しています。ソフトバンクがひどいことをすればドコモやａｕに乗り変えられる。逆もまた然りです。PFでも競争は限定されるでしょうが、3つ4つの事業者が競争している状況を確保することは可能だし、また必要だと思います。

――先ほどのアルゴリズムの透明性についてですが、国がPFに対してアルゴリズムの透明化を義務づける制度を作ろうとした場合、PF事業者からは反発が予想されるでしょうか。

山本　ヨーロッパは透明性の確保をDSAによって強く求めました。もちろんPF事業者からは反発があったと思いますが、フェイスブックでの内部文書が報道され、彼らが内部でよからぬことをしていることが世間に明らかになった中で、透明化は嫌だとPF事業者が表立って言いにくい状況ができつつあるのではないかと推測されます。

――DSA施行後、ユーザーはアルゴリズムを選べるようになるのでしょうか。

山本　はい。PFでニュースを見る時、基本的にはパーソナライズ化されたニュースが表示されます。そのユーザーが見たいものをAIが予測してリコメンドするわけです。そういう時のアルゴリズムを選べるようにすることや、そもそもプロファイリングをかけないで情報提供していく仕組みを作りなさいともDSAでは言われています。どんな情報を摂取するかに関するコントロール権をユーザーが持てるようになるわけです。

――それはとても画期的なことですね。

山本　そうですね。EUにはデジタル主権の考え方が背景に強くあって、PFが不透明な中でユーザーの行動や考え方をコントロールするのは良くないという考えが以前からありました。

また、EUの面白いところで、立法プロセスがそもそもあまり民主的ではない点があります。立法提案権を持っている欧州委員会のメンバーは選挙で選ばれたわけではないので、非民主的な組織が立法提案権を独占しているとも言えます。EU議会も5年に1回しか選挙されません。EUレベルになってしまうと、選挙とやや距離がある世界にならざるを得ません。そして何よりエリアが大きい。そうなると、EUの立法関係者は、選挙での落選や組織票の動向を考えずに、わりと大局を見て立法することが可能になります。そういう立法過程の違いもあってGDPRやDSAが実現したのではないかと思います。

――山本教授は国のいくつかの検討会の委員を兼ねていらっしゃいますが、専門家として意見を提起されることで、国が動きそうな余地はあるのでしょうか？

山本　透明化に関しては可能性が高いのではないかと思っています。ただ、例えば電気通信事業法が最近改正されましたが、それはPF含む経済団体から強い反対があって、当初思ったような改正には至りませんでした。クッキー情報などの端末情報をサードパーティー（第三者組織）に流すことは、企業側がプロファイリングする上では重要なのですが、そうした外部送信について、本人の同意を条件にすることを当初の案では盛り込んでいました。

しかし、PFを含む経済団体からの反対を受けてそこまで進みませんでした。外部送信についても必ずしも同意までは必要とせず、通知・公表でもいいという話で終わったので、かなり後退してしまったと言えます。ただこういった、デジタル主権に近い動きを少しずつ積み上げていくことはできます。また、そういった動きを支持する国民の声も必要です。そうした世論を作っていくこともこの本〔鳥海＝山本・前掲書〕のひとつの目的でした。

私自身は、情報自己決定権や自己情報コントロール権、誰とどういう情報をシェアするかを主体的・自律的に決められる、そういった権利を基本的人権として確立すべきという立場なのですが、今回の改正ではそうした考えは後景に退いています。ファーストパーティーから何らかのサービスを受けたいから、自分の個人データを差し出すわけであって、別の主体であるサードパーティーにまでそのデータを差し出したいわけではない、こうした共有相手に関する自己決定が完全にスルーされてしまいます。今の改正では不十分だと思います。

――今回の著書（鳥海＝山本・前掲書）は一般の読者を意識して書かれたのでしょうか？

山本　はい。そのために食べ物のアナロジーを使って、偏った情報ばかり摂取つまり「偏食」していると、フェイクニュースや陰謀論に引っかかりやすくなるといったような話もしました。ただもうひとつ読者として想定していたのが、ＰＦ事業者と既存メディアです。ＰＦ事業者に対しては一定程度規制しないといけないという気持ちと、頑張ってほしいという気持ちがあります。透明性は義務づける必要がありますが、国家がＰＦのやることに強く介入していくのにはリスクがあると思っています。国家があまり規制をしなくて済むように、ＰＦには自主的に公共性を考えた動きをしてほしく、それを促す意図もありました。また新聞や放送といった既存メディアに対しては、メディア本来の役割を果たしてほしいという気持ちがありました。

――現在の既存メディアは信用が落ちているとありましたが、それはどこに表れていますか？

山本　まず、新聞もテレビも以前ほど接触されなくなりました。信頼がなくなっているというよりも、触れられなくなっているというのが正しいですね。新聞や放送は、実は栄養バランスを考えた「定食」を出していたのではないかと思います。政治のニュースもあれば経済のニュースもあり、柔らかいニュースも、スポーツのニュースもある。そういう意味では「情報的健康」にとって重要な存在でした。ただ現状を見ると、彼らが存続していくには制度的な支援がなされる必要があると思います。しかし今のマスコミ批判が強い中で、マスメディアを守るような仕組みを国が作ったとしたら、多くの国民は反対するでしょう。だとすると新聞や放送も自己改革を徹底しないといけないと思います。

――新聞メディアがＰＦに負けているのは価格競争ゆえではないでしょうか？

山本　信頼できる情報を提供するには金がかかります。取材して、しっかり裏を取って、編集する。そうした地道な作業が必要です。「国営」を避ける以上、読者から対価を得る仕組みは維持しないといけないと思います。ただ、ＰＦが新聞社の記事を安い価格で利用しているという現状も指摘されています。要は叩き売られているというわけですね。適正な価格をＰＦが新聞社に支払うように、両者の交渉力の格差を是正していくような法律がオーストラリアなどでは法制化されてきています。そうすれば新聞は一定の収益を継続的に得ることができます。こうした循環が進む可能性はあります。

――ネットの世界ではアテンション・エコノミーが蔓延(はびこ)っていますが、それに代わる経済モデルは出てくるでしょうか。

山本　それはまだわかりませんね。まずはアテンション・エコノミーというビジネスモデルを知ること、つまり「気付き」が重要だと思います。私たちユーザーがどういう情報環境・言論空間に置かれているかを可視化する必要があります。それがこの本〔鳥海＝山本・前掲書〕の中でやろうとしたことでもあります。そうした「気付き」があってはじめて、どういった経済モデルを次に作っていくべきか考えることができるのではないでしょうか。

ひとつポイントとなるのが広告ビジネスです。大手広告代理店がどう動くかも重要でしょう。フェイクニュースやアテンションを引くだけの刺激的コンテンツに対して広告をつけるのかどうか、彼らの動きがキーになると思います。広告主の巻き込みも重要です。彼らが金のルートを遮断すればフェイクニュースやアテンション狙いの刺激的コンテンツは儲からないわけで、作る人も少なくなります。そういう意味で広告ビジネスをどういうふうに今後改革していくのかも関係してきます。

――今日お話を伺うまでは、まず国が変わって、その後にＰＦ事業者、メディア、最後にユーザーという順でないとなかなか今の状況は変わらないと思っていましたが、ユーザーレベルの方から意識が変わり、今自分たちがどのような情報環境に置かれているかを客観的に理解することも優先的に必要だと思いました。

山本　やはり相乗効果だと思います。国がＰＦの透明化を法制化するなど何らかのアクションを起こす。ただそれだけでは不十分で、こうした取り組みがうまく回っていくには、ユーザーの意識、世論がその動きに連動していかないといけません。どこかひとつが変わろうとしても、アテンション・エコノミーという、非常に根が深い構造を揺さぶることはできないので、各ステークホルダーが今の状況に気づき、何かおかしいという意識が醸成されていかないといけません。

――木村花さんの事件にしても、何か事件化した時に「誹謗中傷をした個人が悪い」と多くの人は思いがちですが、それだけではなくて根源はＰＦの仕組みにもあるということですね。

山本　はい。ＰＦのビジネスモデル自体が、誹謗中傷を増幅・加速させやすい構造になっています。アテンション・エコノミーでは刺激的なものが利益を生むので、人を攻撃させるものが儲かりやすいわけです。そういう構造では必然的に誹謗中傷は広がっていきます。誹謗中傷する人が第一に悪いのかもしれませんが、そういう状況にさせているのはこのビジネスモデルであって、構造自体を変容させていかないと誹謗中傷もフェイクニュースも減らないと思います。

【著者】
山本 龍彦（やまもと・たつひこ）
慶應義塾大学法学部法律学科卒、同大学院法学研究科博士課程単位取得退学。博士（法学）。現在、慶應義塾大学大学院法務研究科（法科大学院）教授、慶應義塾大学グローバルリサーチインスティテュート（KGRI）副所長。司法試験考査委員、ワシントン大学ロースクール客員教授などを歴任。現在、総務省「プラットフォームサービスに関する検討会」委員、経済産業省「データの越境移転に関する研究会」座長、総務省「ICT活用のためのリテラシー向上に関する検討会」座長、内閣府消費者委員会委員などを務める。著書に『憲法学のゆくえ』（共編著、日本評論社・2016年）、『プライバシーの権利を考える』（信山社・2017年）、『おそろしいビッグデータ』（朝日新書・2017年）、『AIと憲法』（編著、日本経済新聞出版社・2018年）、『憲法学の現在地』（共編著、日本評論社・2020年）、『デジタル空間とどう向き合うか』（共著、日経プレミア・2022年）などがある。

〈超個人主義〉の逆説――AI社会への憲法的警句

2023（令和５）年11月15日　初版１刷発行

著　者　山本　龍彦
発行者　鯉渕　友南
発行所　株式会社　弘文堂　101-0062　東京都千代田区神田駿河台1の7
TEL 03(3294)4801　振替 00120-6-53909
https://www.koubundou.co.jp

装　幀　宇佐美純子
組　版　堀江制作
印　刷　三陽社
製　本　井上製本所

ISBN978-4-335-35953-8
JASRAC　出2307661-301